子育て支援が日本を救う

政策効果の統計分析

柴田 悠
Shibata Haruka

勁草書房

子育て支援が日本を救う

政策効果の統計分析

目　次

日本のこれからを考えたいすべての人々へ

図表一覧

はじめに

客観的政策論のすすめ

本書は、「経済成長率」「労働生産性」「出生率」「子どもの貧困率」「自殺率」などの重要な社会指標に対して、子育て支援などのさまざまな社会保障政策がどのように影響するのかを、統計的に分析したものである。そしてその結果にもとづいて、「子育て支援が日本を救う」という結論を導いている。

ここで本書の内容に入る前に、まずはじめに、「データに依拠する」ことの重要性について確認しておきたい。

日本の未来を選択する有権者の方々や、政策決定過程に深く関わる政治家・官僚の方々に対して、私が本書を通じて伝えたいのは「主観的な印象だけでなく、できるだけ客観的なデータにも基づいて、政策を検討していただきたい」ということだ。

政策は日本で生きるすべての人々に影響を与える。したがって政策は特定集団の視点（主観）だけでなく、特定の視点を超えたより幅広い人々の視点（より客観）からも、検討されなければならないと思う。そのような「より客観的な検討」の際に、根拠となるのは、「特定集団による主観的な印象」ではなく、できるだけ幅広い人々の「生の証言」であり、また、それらの証言を集積した「データ」だ。そのため、有権者の方々や政治家・官僚の方々には、主観的な印象だけでなく、できるだけ客観的なデータにも基づいて、政策を検討していただきたいのである。

さまざまな「データ分析の試み」を

そのような思いがあるために、私は客観的な政策論のための「参考資料」を提供すべく、さまざまなデータの分析を行ってきた。その際に私が使ったデータは、OECD（経済協力開発機構）や世界銀行や日本政府がインターネット上で公表してきたデータであり、誰もが数値をチェックできて（インターネット上などで）異議申し立てができるという意味では、かなり客観的なデータだ。

しかし私の分析では、その使用データの範囲や量は限られている。またそもそも、分析のための理論モデルや推定法も、（私なりに最善は尽くしているものの）あくまで一つの試みにすぎない。そのため、もっとたくさんの研究者が、それぞれにデータ分析を試みるようになれば、と私は願っている。それらのさまざまな分析結果を収集して、相互に比較してこそ、政策をより客観的に検討するための土壌（より客観的な参考資料）が整うからだ。

くりかえせば、私の分析はあくまで一つの試みにすぎない。その分析結果が世に出て、さまざまな研究者の目にとまり、彼らが「もっと精緻な分析をしなければ」と思い立つことで、さまざまな研究者の分析結果が世に出て、より客観的な政策論が実現していくことを願っている。

「社会保障の政策効果」の分析はまだまだ足りない

しかし少なくとも、「経済成長率」「労働生産性」「出生率」「子どもの貧困率」「自殺率」などの重要な社会指標に対して、子育て支援などのさまざまな社会保障政策がどのように影響するのかについては、まだまだ分析が足りない（あるいはあったとしても有権者に十分に知られていない）と思う。

そこで本書では、そういった分析について、私が現時点で得ている結果を、紹介していきたい。あくまで一つの試みにすぎないが、参考資料の一つとして、有権者・政治家・官僚の方々にはご参照いただければ幸いである。*1

本書の読み方

時間のない読者は、本書を要約した「あとがき」だけを、まずは読んでいただけたらと思う。それだけでも十分に、本書のエッセンスは感じ取っていただけるだろう。

そのうえで、本書に関心を持っていただけたなら、政策提言を詳しくまとめた第11章（「結論」）も読んでいただければ、本書の提言がより詳しく分かっていただけると思う。

さらに、その提言の「背景」や「社会的意義」も含めて、もっと広い視野で本書の概要を把握したい読者には、第1章（「本書の問いと答え」）をおすすめしたい。本書の射程の全体を把握できるとともに、本書の意義も深く感じ取っていただけるだろう。

他方で、政策実施のための「財源」の確保策について知りたい読者は、第10章（「財源はどうするのか」）を読んでいただけたらと思う。財源確保についてのさまざまなアイデアや課題をまとめてある。

また、政策がもたらす「効果」についてもっと詳しく知りたい読者は、第9章（「政策効果の予測値」）を読んでみていただきたい。細かい数字がたくさん出てくるので、関心のある部分だけをピックアップしていただけたらと思う。

さらに踏み込んで、そういった政策効果を「どういうデータを使ってどのように推計したのか」を具体的に知りたい読者は、本書の中核部である「統計分析」の諸章（第3～8章）に足を踏み入れる必要があるだろう。「財政余裕」「労働生産性」「女性労働力率」「出生率」「自殺率」「子どもの貧困率」に対して、各種の社会保障政策がどのような効果を示すのかを、OECD諸国のデータから推計している。統計分析の説明なので文体は素っ気ないが、関心のある部分をピックアップしていただけたらと思う。

そして最後に、「本書で使われている統計分析の方法を、一から理解したい」という、最も熱心な読者には、「分析方法」について一から解説した第2章をご用意してある。第2章を読んでいただければ、そもそもどういう前提やどういう手法で推計を行ったのかを、おそらく基礎から理解していただけるだろう。

このように、本書の読む順番は、手っ取り早く読める順番で並べれば、「あとがき→第11章→第1章→第10章→第9章→第3～8章→第2章」となる。しかし、論理的な「積み重ね」に忠実に並べれば、本書の構成どおり、「第1章→第2章→……→第11章→あとがき」となる。どの部分からどのような順番で読んでいただいても、だいたいは理解できるように書いてある。必要に応じて、以前の章の関連個所を読んでいただければ、論理の積み重ねを一つずつ追えるようになっている。

それでは、関心のある章から読んでいただけたらと思う。

注

＊1　本書で紹介する分析のうち、一部（第5章・第6章・第7章）は、これまで私が学術研究として（学術雑誌などで）発表してきた分析の延長であるため、ある程度「研究」としての性格が残っており、「先行研究との比較」を多少行っている。他方で、他の分析（第3章・第4章・第8章）は、これまで私が政策議論のための参考資料として（一般メディアなどで）発表してきた分析の延長であるため、「先行研究との比較」を行っていない。このように本書は、「学術書籍」としての内容と「一般向け書籍」としての内容の両方を含んでおり、その点はあらかじめご留意いただきたい。

第1章

本書の問いと答え

——子育て支援が日本を救う

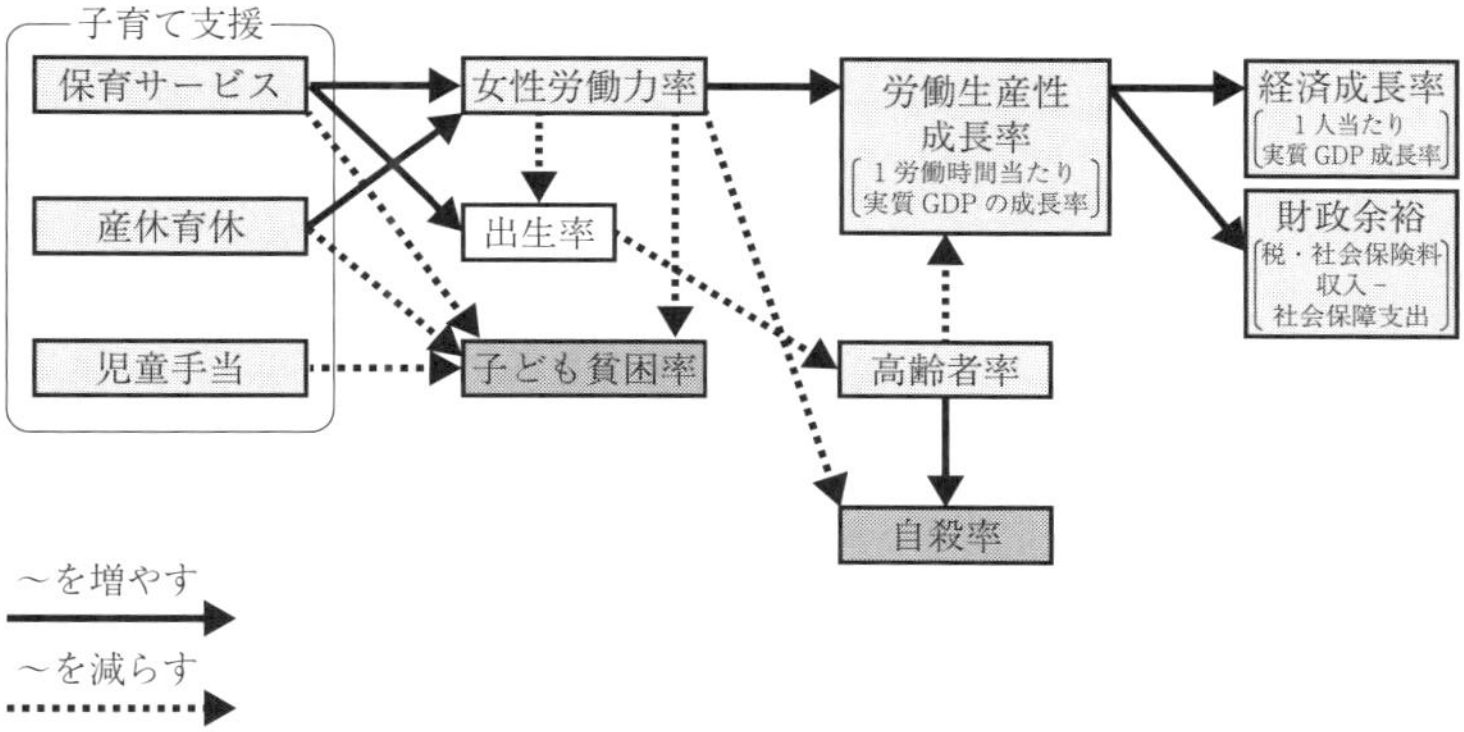

「子育て支援」の政策効果

上図は、本書の統計分析から得られた複数の結果の一部を、一つのフローチャートとしてまとめたものである（第2章第8節で述べるとおり、構造方程式モデリングは用いていない）。それらの統計分析で使ったデータは、日本・欧米を含むOECD28ヵ国1980～2009年（主にはデータが揃いやすい2000年代）の国際比較時系列データであり、OECD・世界銀行・WHOがインターネット上で公表した数値である。そして、主に2000年代においてOECD諸国で見られた平均的な傾向（～を増やす、または、～を減らす）のうち、「偶然では説明しがたい（＝有意な）傾向」のみを、矢印で表現している＊1。以上の説明は、以降で掲載した同様のフローチャートにもすべて当てはまる。

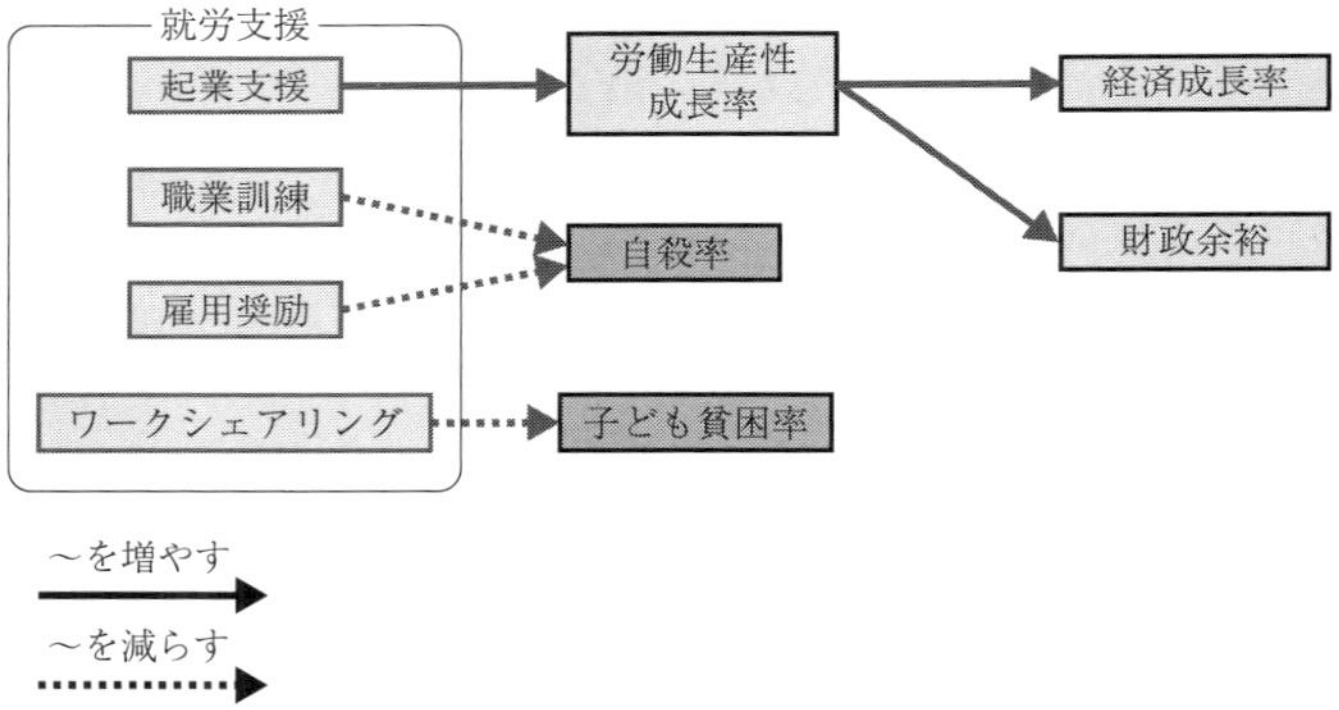
就労支援
起業支援
職業訓練
雇用奨励
ワークシェアリング
労働生産性
成長率
自殺率
子ども貧困率
経済成長率
財政余裕
～を増やす
～を減らす

「就労支援」の政策効果

1・1　労働生産性を高め財政を健全化させる政策——保育サービス・労働時間短縮・起業支援など

日本社会が抱えている重大な問題として、まず挙げなければならないのが「財政難」だろう。日本は、1980年代から史上最速で高齢化し、2005年からは世界一の高齢国になっている。このままいけば、あと半世紀ほどは最高齢国でありつづける。[*2] そのため、「高齢者向けの社会保障支出」（年金・介護・医療）はますます急増し、これからは、「税・社会保険料収入のほぼすべてを社会保障支出だけで使い果たしてしまう」という未曾有の財政難に突入していく（図1-1）。その結果、財政赤字が毎年積み重なり、日本政府の「純債務残高」は、主要国のおよそ倍以上の大きさで推移していく（図1-2）。

そのような状況の下では、政府の予算のうち、抑制されがちなのは「社会保障」だ。そのなかでも、最も抑制されがちなのは「障害者福祉」だろう。というのも、社会保障の対象者（高齢者・患者・子ども・失業者・障害者・遺族・貧困者など）のなかで、権利主張のための言語能力にハンディキャップを抱え、しかも、同様にハンディキャップを抱えた高齢者や子どもよりも人数が圧倒的に少ない（つまり代議制民主主義において立場が最も弱い）のが、「障害者」だからだ。

権利主張において「最も不利」な障害者のための社会保障は、「基本的人権の保障」という日本国憲法の立場に立てば、本来は「最も優先して」確保されるべき社会保障だろう。[*3] しかし実際には、日本の障害者福祉の予算規模は、先進諸国のなかで「最低」のレベルだ（図1-3）。少なくとも日本では、障害者福祉の予算規模は、財政に余裕ができないとなかなか拡充されにくいのが実情のようだ。

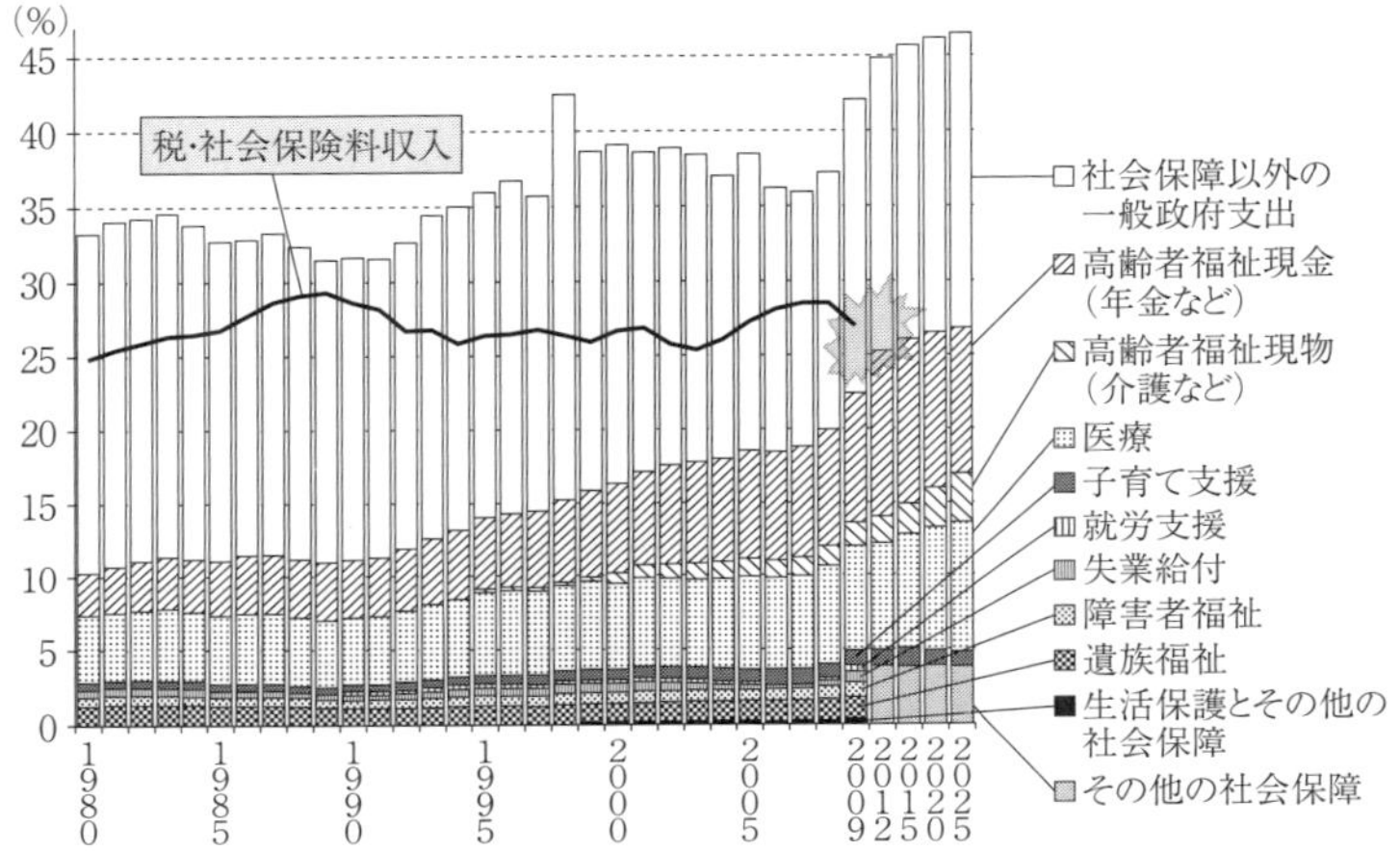

一般政府（中央政府＋地方自治体）の領域別支出と税・社会保険料収入（対 GDP%）。2009 年までは実測値で、OECD（2013a）より作成。2012 年以降は「社会保障と税の一体改革」を実施した場合の推計値で、厚生労働省（2012b: 5）より作成（「その他の社会保障」と「社会保障以外の一般政府支出」は 2009 年の値が続くと仮定）。

図 1-1　日本の一般政府の支出と収入（対 GDP%）

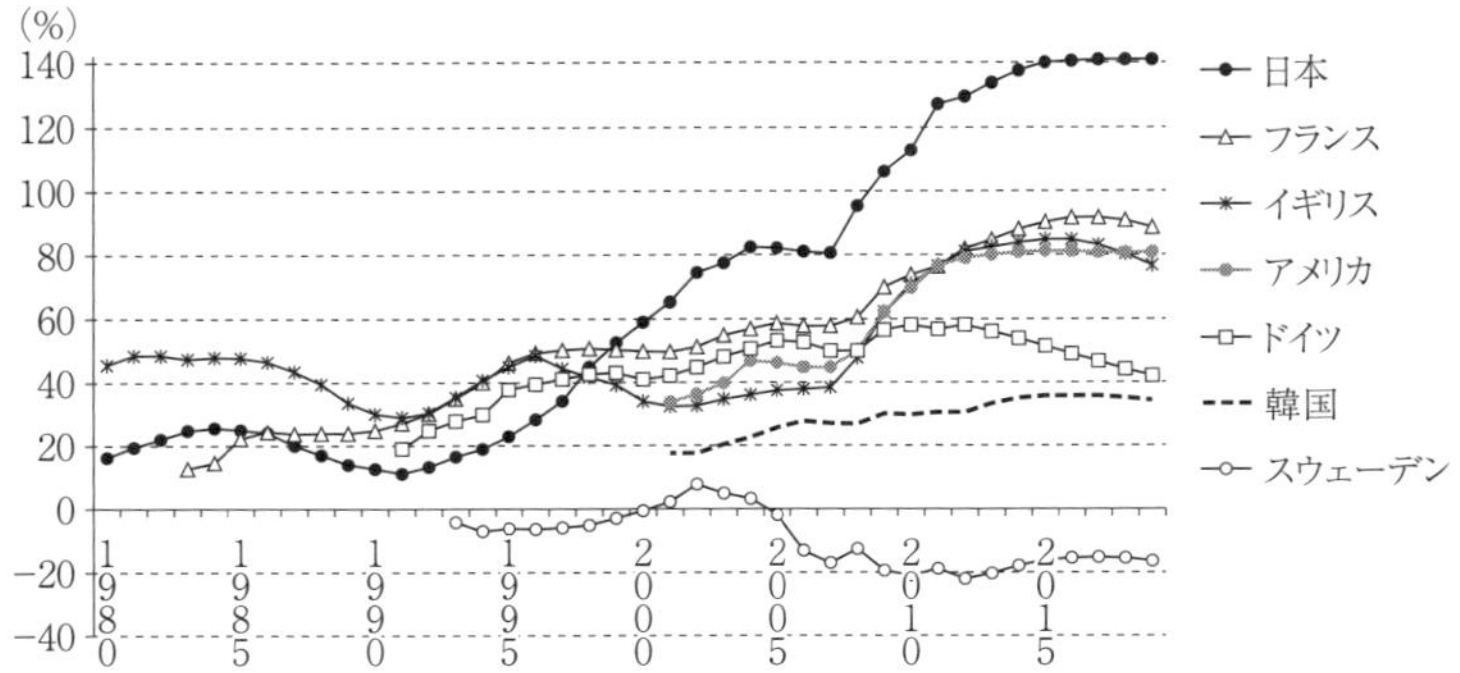

一般政府純債務残高は、一般政府総債務残高から一般政府保有の金融資産（公的年金積立金の運用寄託金、財政融資資金貸付金、外貨証券など）を差し引いたもの。IMF（2014）より作成。2014 年以降は IMF による 2014 年 10 月時点の推計。

図 1-2　主要国の一般政府純債務残高（対 GDP%）

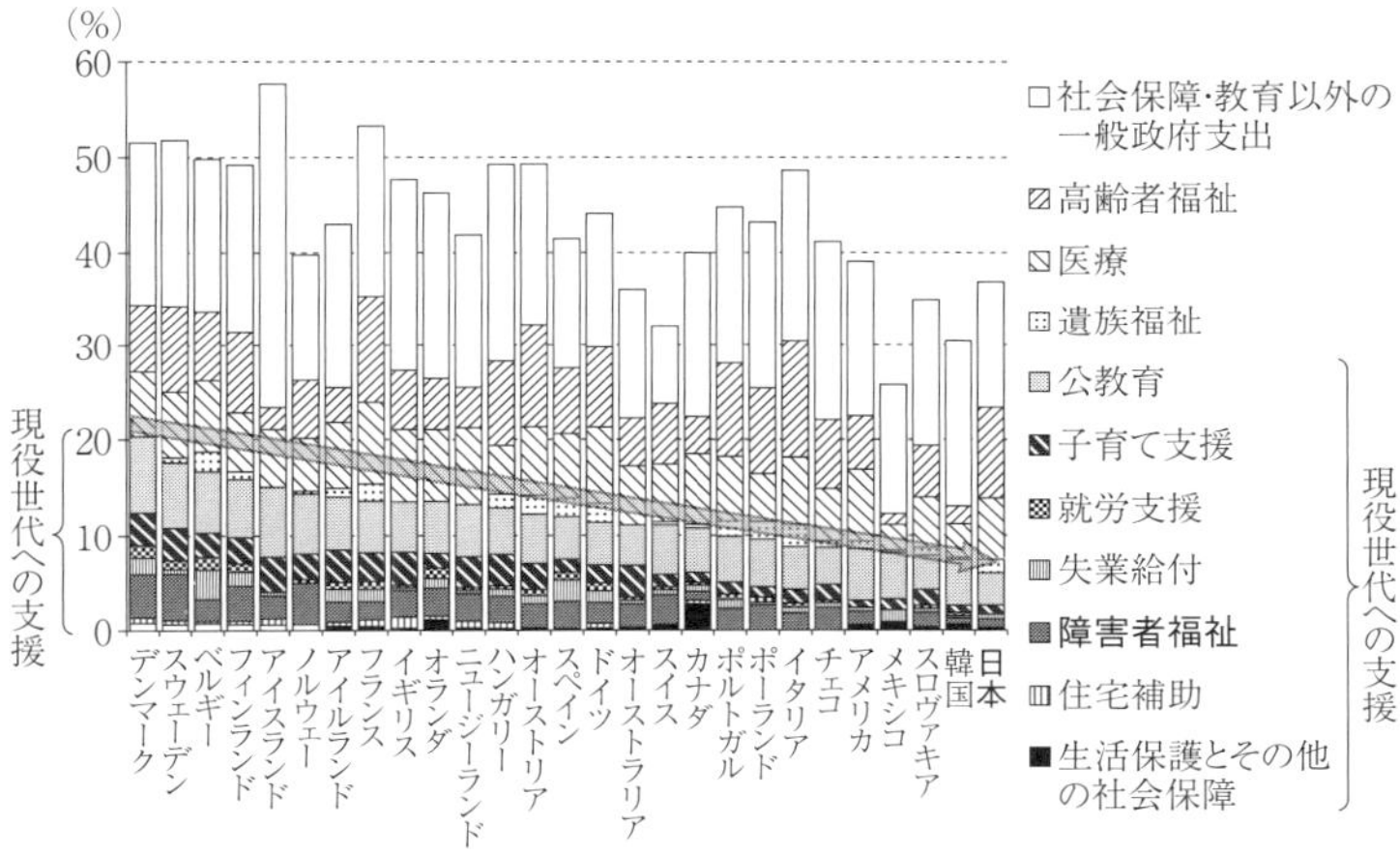

OECD（2013a）（一般政府支出、社会保障支出）および The World Bank（2015）（公教育支出）より作成。「公教育以下の合計支出」の大きさ順で並べた。

図 1-3　OECD 諸国の一般政府支出の内訳（対 GDP%、2008 年）

では、日本政府が今後、財政を健全化させていくには、つまり、「税・社会保険料収入－社会保障支出」を増やしていくには、どのような対策が有効なのだろうか。そこで、次章から第6章までは、財政を健全化させる対策を、統計分析によって検討する。

まず次章では、本書の全体で使う統計分析について、その「データ」と「方法」を解説する。「データ」としては、主に「OECD28ヵ国1980～2009年」の国際比較時系列データを用いる。*4 国際比較時系列データを用いることで、「どのような政策への予算規模を増やせば、その国の社会状況はどう変わるのか」を分析し予測することができるからだ。

また、そのような分析・予測を行うための「方法」としては、現時点で最善の分析方法の一つである「一階階差GMM推定」を用いる。この方法は、財政健全化を扱う次章〜第6章だけでなく、自殺率を扱う第7章でも用いる（他方で、子どもの貧困を扱う第8章では、データに制約があるため、よりシンプルな「一階階差OLS推定」を用いる）。

つづく第3章では、財政を健全化させる（「税・社会保険料収入－社会保障支出」を増やす）ために有効な対策を、統計分析によって検討する。結論を先取りしていえば、財政を健全化させるには、「労働生産性を高める」ことと「失業率を下げる」ことが有効だと考えられる。そこで、それ以降の章（第4章〜第6章）では、それらのための対策を、具体的に検討していく。

まず第4章では、「労働生産性を高めるにはどのような対策が有効なのか」を統計分析によって検討する。結論を先取りしていえば、労働生産性を高めるには、「女性の労働参加」「保育サービス」「労働時間の短縮」「起業支援」「高等教育支援」「個人税の累進性強化」「失業給付」「高齢化の抑制」が有効だと考えられる。

これらのうち、「保育サービス」「労働時間の短縮」「起業支援」「高等教育支援」「失業給付」が拡充されれば、男性であれ女性であれ、個人が「より多様な働き方の中から、自分により合った働き方を、より自由に（また必要に応じて学んで）選べる」ようになり、雇用の流動化と、より適材適所な人材配置が進んで、社会全体の労働生産性が高まると考えられる（ただし、雇用の流動化を促す際の必須条件として、「生活保護・就労支援などのセーフティーネットの充実」や「同一価値労働同一賃金などの公正な労働環境の整備」は必要だ）。

またこれらの拡充策のうち、「保育サービス」「労働時間の短縮」「起業支援」「高等教育支援」「個人税の累進性強化」「失業給付」は、それ自体が具体的な社会保障政策や税制・規制なので、実施しやすいのに対して、「女性の労働参加」「高齢化の抑制」は、具体的な政策・税制・規制ではなく、曖昧な「社会現象」にとどまっている。そのため、「どのような対策を実施すれば、女性の労働参加が進むのか、また、高齢化が抑制されるのか」については、さらなる統計分析を要する。そこでつづく第5章と第6章では、それらの分析を行う。

第5章では、女性の労働参加を促す要因を分析する。その結論を先取りしていえば、女性の労働参加を促すためには、「保育サービス・産休育休・高等教育支援を拡充する」「女性の労働移民をより多く受け入れる」といった対策が有効だと考えられる。

つぎに、高齢化を抑制するためには、根本的には出生率を高める必要がある。そこで第6章では、出生率を高める要因を分析する。その結論を先取りしていえば、出生率を高めるには、「保育サービス」が最も有効だと考えられる。なお、先進諸国一般では、「移民受け入れ」も有効だが、日本は、移民を受け入れても出生率が上がらない傾向にある。これは、日本社会が、平均的に出生意欲の高い移民にとってさえも、子育てしにくい環境であるためだと考えられる。

財政を健全化させる残りの対策は、「失業率を下げる」という対策である。これについては、すでに数多くの先行研究で、国レベルの分析でも個人レベルの分析でも、「失業給付を減らせば、失業率が下がる」との結果が得られており、通説となっている（OECD 2006=2007：91, 253）[*5]。本書でも、第9章で失業率の分析を簡潔に行い、やはりこの通説を支持する結果を得ている。

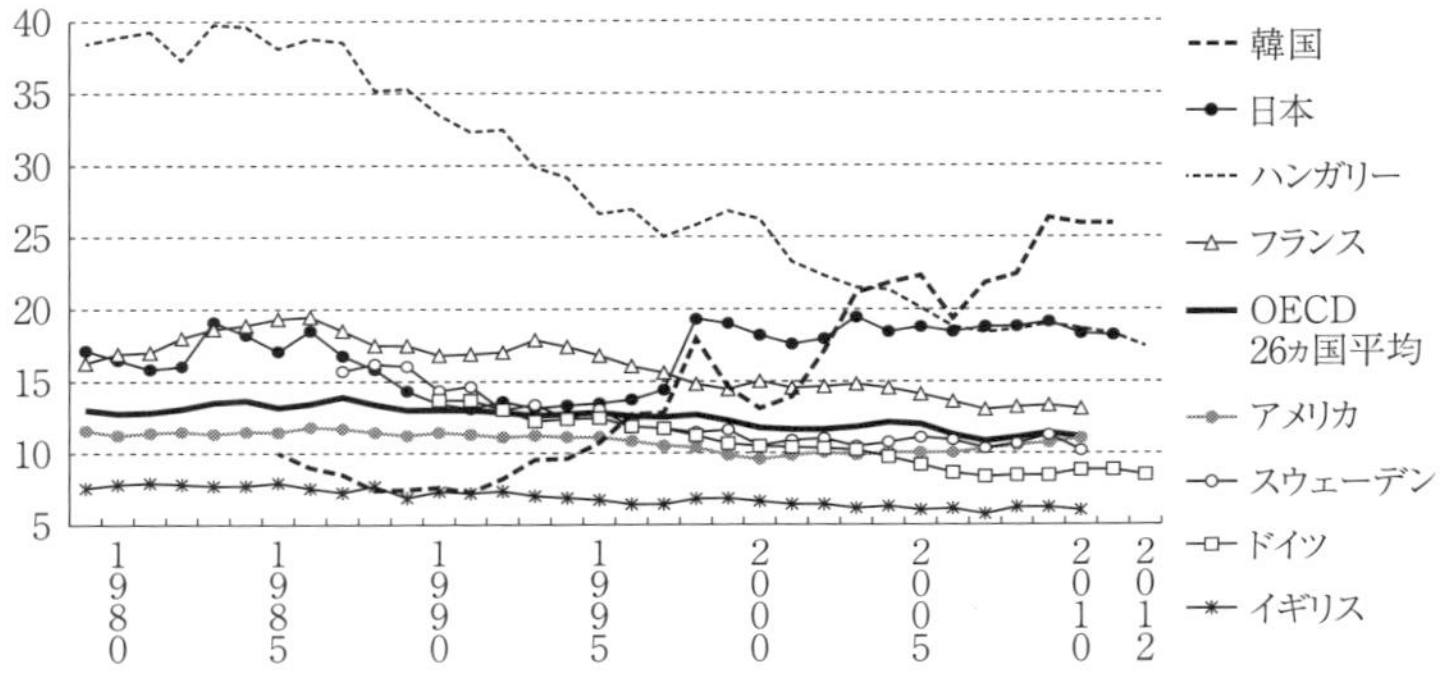

データは、年齢によって標準化された、人口10万人当たりの自殺による死亡数。WHO（2014）より作成。自殺率の上位3国（日本、韓国、ハンガリー）とOECD26ヵ国平均に加えて、欧米における3つの福祉国家レジームを代表する諸国（自由主義のアメリカ・イギリス、保守主義のドイツ・フランス、社会民主主義のスウェーデン）（Esping-Andersen 1990=2001: 82）を表示した。

図1-4　日本の人口10万人当たりの自殺数（年齢調整済）

1・2　自殺を減らす政策——職業訓練・結婚支援・保育サービスなど

日本社会が抱えている重大な問題として、「財政難」の他に、「自殺率」も挙げなければならないだろう。なぜなら、以下で見るように、大規模災害の犠牲者の数を超える2万人以上の人々が、毎年、自殺によって亡くなっているからだ。しかもそのなかで、「貧困や孤立によって不本意に自殺に追い込まれる人」は1990年代末から増えた。つまり、貧困や孤立といった社会的状況による犠牲者が増えたのだ。日本社会が多くの犠牲者を毎年生み出しているのだから、自殺率の高さは、日本社会が抱えている重大な問題といえるのである。

まず、基本的な統計データを見てみよう。

OECD諸国のほとんどでは、1980年代半ば以降、自殺率は下がる傾向にある。しかし日本と韓国だけは、その傾向から外れており、アジア

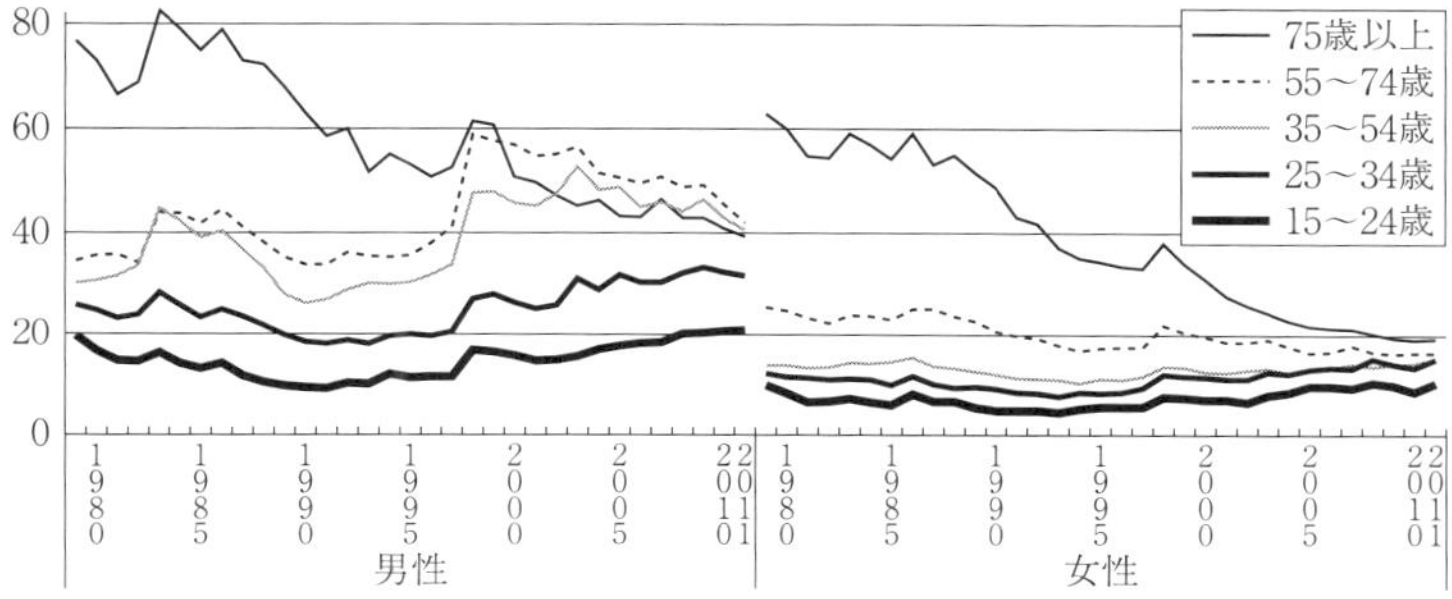

データは、当該年齢人口10万人当たりの意図的自傷による死亡数。WHO（2014）より作成。

図1-5　日本の性別・年齢層別人口10万人当たりの自殺数

通貨危機直後の1998年から自殺率が急上昇した（図1－4）。

日本では、1998年以降、自殺率が高止まりしており、2015年には2万4025人が自殺した（内閣府・警察庁 2016）。平均すると一日当たり66人にも上るが、そのほとんどは「個人的なこと」とみなされ、小さなニュース記事にさえならない。しかし自殺は、社会学がその創成期から指摘してきたように、必ずしも「単に個人的なこと」ではなく、社会的な状況によって影響を受けている（Durkheim 1897=1985）。

たとえば、自殺率の変化の傾向は、社会的な層によって異なっている。日本人の自殺率は、年齢層別・性別でみると、1950年代には「高齢者」と「若者」で高かったが、それ以降は、先進諸国のトレンドと同様に、ほぼすべての年齢層・性別で低下傾向にある。しかし例外として、1998年前後に20～60代の広い年齢層で一時的な上昇がみられ、とりわけ「中年男性」（30～50代）ではその後も継続的な上昇がみられた（厚生労働省 2005）。さらに2003年以降は、中年での率が低下し、代わりに「20代」で最も顕著な上昇がみられた（内閣府 2011-2014）。つまり日本人の自殺は、終戦直後は主に「高齢者」と「若者」の問題だったが、

1998年以降は主に「中年男性」の問題となり、さらに2003年以降は再び「若者」の問題となっている（図1-5）。

では、そのような自殺率の変化には、どのような背景があるのか。

1980年代以降の国レベルや都道府県レベルの統計分析（地域比較時系列分析）によれば、日本の自殺率は、失業率と正比例しながら連動している（Chen et al. 2009；澤田ほか 2010）。原因・動機別の警察庁統計で見ると、1998年以降、「経済・生活問題」（主に生活苦）と「家庭問題」（主に夫婦関係の不和）による自殺が、最も顕著に増えた。*6「経済・生活問題」による自殺者数（2015年4082人）や「家庭問題」による自殺者数（2015年3641人）は、2000年代からは交通事故死亡者数（2015年4117人）にも匹敵する数で推移している。*7また状況別に見ると、男女ともすべての年齢層で、「無職」や「離死別」の場合に自殺率が比較的高い傾向にある（2003〜2007年の平均値）（厚生労働省 2010）。

よって、1998年以降の日本で増えた自殺の主な背景は、「貧困」と「孤立」であると考えられる。つまり、「自殺を好む人」が増えたのではなく、「貧困や孤立といった社会的状況によって否応なく不本意に自殺に追い込まれる人」が増えた（そしてその社会的状況はとりわけ「中年男性」や「若者」で悪化した）、と考えられるのだ。

ここで、憲法第13条において「国民の生命の権利を最大限尊重すべき」とされている日本政府は、政策によってそのような社会的状況を改善し、「不本意な自殺」を予防する責務を負っているといえるだろう。では、日本ではどのような政策が自殺の予防に有効なのか。

そこで第7章では、「どのような対策を実施すれば、自殺率が下がるのか」を、統計分析によって検討する。結論を先取りしていえば、自殺率を下げるには、「職業訓練（就職活動サポートや求職期間中の生活保障も含む）」「結婚支援」「女性就労支援（第5章によれば保育サービス・産休育休など）」「雇用奨励」が有効だと考えられる。

1・3　子どもの貧困を減らす政策――児童手当・保育サービス・ワークシェアリング

子どもの貧困が増えている

日本社会が抱えている重大な問題として、「財政難」「自殺率」の他に、最後に挙げなければならないのが「子どもの貧困」（による「機会の不平等」）だろう。[*8]

日本では、1980年代以降、「高齢者の貧困」は大幅に減ってきた。しかしその裏で、「子どもの貧困」がじわじわと増えている。「相対的貧困率」（所得または消費額が全人口での中央値の半分未満である者の割合）[*9]を消費額ベースで見ると、たとえば65～69歳の高齢者の貧困率は、1984年には約11％だったが、1994年には約8％、2004年には約6％にまで下がった。それに対して、5～9歳の子どもの貧困率は、1984年には約5％だったが、1994年には約6・5％、2004年には約7・5％にまで上がった。つまり今日では、5～9歳の貧困率が、65～69歳の貧困率を上回っているのである（大竹・小原 2011：150）。[*10]

高齢者の貧困率が下がった主な原因は、「高度経済成長」と「公的年金・介護保険」にあるだろう。

貧困率が大幅に下がった世代（1944年以前生まれ）は、高度経済成長期と安定成長期（バブル崩壊まで）に働いて「総中流」化していった世代だ。彼らが25～50歳のとき、経済成長率は平均4％を超えており、実質賃金は実に5倍以上に上昇した（加藤 2011: 56, 39）。また、1961年から国民年金が施行され、公的年金制度がほぼすべての高齢者をカバーしたのに加えて、2000年から介護保険も施行されて、高齢者のいる世帯が負担する介護費用が軽減されてきたため、高齢者の貧困が改善されていった。

では、近年の子ども（主に1980年以降生まれ）で貧困率が上がった原因は何か。それは、高齢者の貧困率が下がったのと逆を考えればいい。つまり、彼らの親たち（主に1955年以降生まれ）が25～50歳のとき、途中でバブル崩壊が起き、経済成長率は平均3％に届かず、実質賃金は高くても3倍にしか上昇しなかった（加藤 2011: 56, 39）。しかも2000年代以降に就職した若い世代では、男性においても、低収入で不安定な非正規雇用が広がっている。にもかかわらず、保育サービス・産休育休・児童手当などの「子育て支援」や、授業料免除などの「教育支援」は、予算規模で見れば、ほんの少しずつしか拡充されてこなかった。つまり、子育てにかかる費用の負担は、子育て世帯に重くのしかかったままだ。そのため、子育て世帯に貧困が広まり、子どもの貧困が増えてきたのである。

こうして今や、日本の子どもの相対的貧困率（所得ベース）は、先進諸国でアメリカ、イタリアに次ぐ高さになってしまっている[*11]（図1-6）。

政府は貧困を「放置」してきた

さきほど、「保育サービス・産休育休・児童手当などの子育て支援は、予算規模で見れば、ほんの少

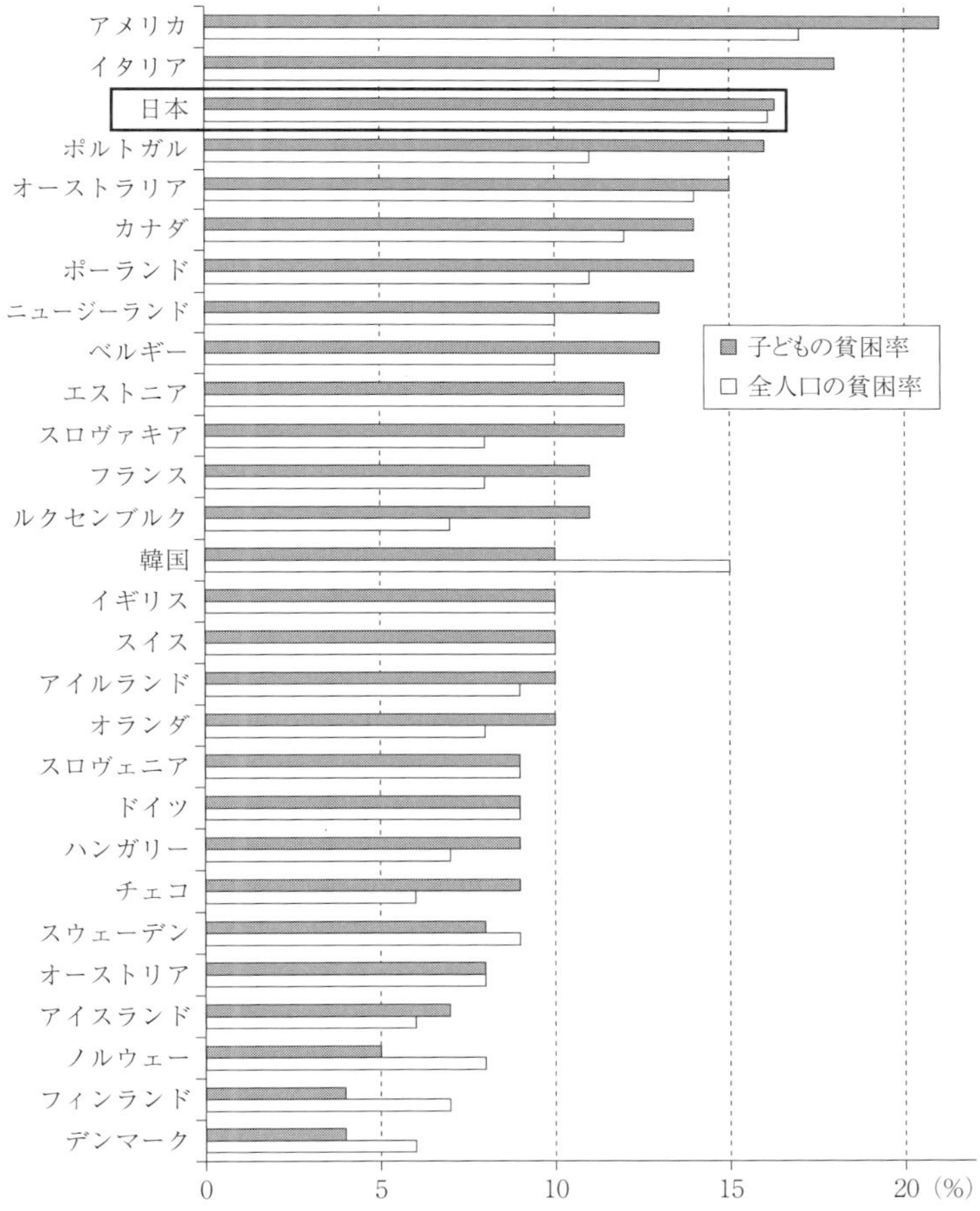

当該人口（黒＝18歳未満人口、白＝全人口）に占める「等価可処分所得が全人口での中央値の半分未満の世帯に住む者」の割合（%）。OECD（2014a）より作成。ただし日本は2012年の「国民生活基礎調査」による値（18歳未満人口で16.3%、全人口で16.1%）に替えた。

図1-6　相対的貧困率の国際比較（2010年または最新年）

しずつしか拡充されてこなかった」と述べた。このことを具体的なデータで確認していこう。

まずは、ショッキングなデータを紹介しよう。それは、日本政府が2000年代になるまで子どもの貧困を実質上「放置」してきた、という事実を示すデータだ。

図1-7は、先進19ヵ国を対象に、政府が所得再分配を行う「前」と「後」での、「子どもの相対的貧困率」をグラフにしたものだ。所得再分配というのは、本来、貧困を減らすための政策である。実際に、この19ヵ国のうちのほとんどでは、所得再分配の「前」よりも「後」で、子どもの貧困率が減っている。しかし、唯一日本だけは、1980年代から2000年頃にかけて一貫して、所得再分配によって子どもの貧困を（減らすのではなく）むしろ「増やして」きたことが分かる。

2010年頃になって、日本政府の所得再分配は、ようやく子どもの貧困を「ほんの少しだけ」減らした。それでもなお、減らした後の貧困率は、先進諸国の中ではアメリカとイタリアに次いで高いレベルだ。つまり、いまだに、先進国としてはあまりにも多くの子どもが、貧困状態のまま「放置」されてしまっているのである。

子どもの貧困は「機会の不平等」をもたらす

しかし、子どもの貧困については、次のように考える人も多いかもしれない。

「『貧困』といっても、ここで論じられている貧困は、あくまでも『相対的な貧困』だ。日本は豊かになってきたのだから、相対的貧困とされる子どもでも『実質的な生活レベル』は、徐々に上がってきたのではないか。ならば、何も問題は無いではないか。[*12]」

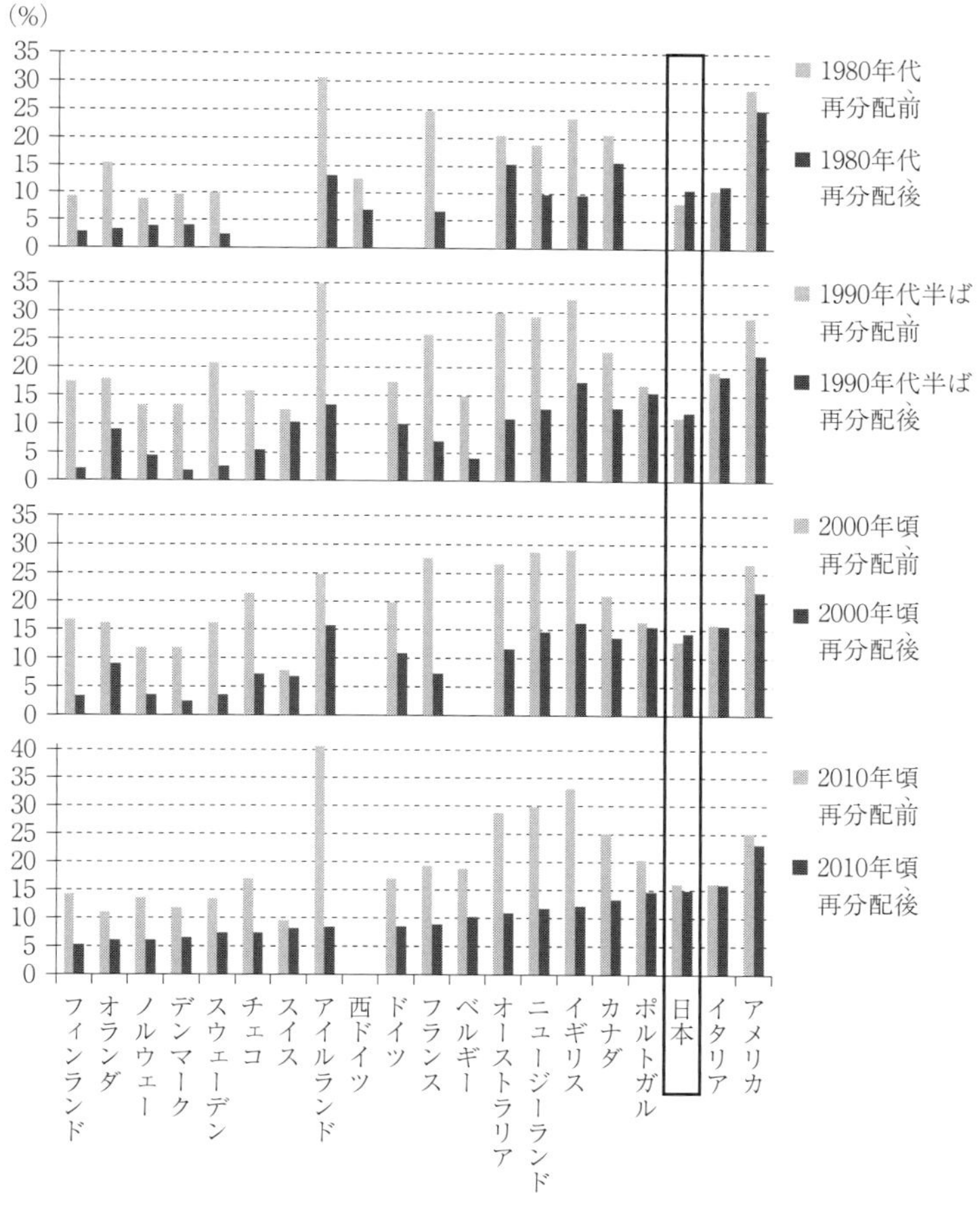

18歳未満人口に占める「等価所得が全人口での中央値の半分未満の世帯に住む者」の割合（%）。所得再分配は、税・社会保険料の徴収と現金給付・税控除。所得再分配の前の等価所得は「等価課税前所得」、後の等価所得は「等価可処分所得」。Whiteford and Adema（2007: 18）とBradshaw et al.（2012: 29）より作成。

図1-7　所得再分配の前と後での子どもの相対的貧困率

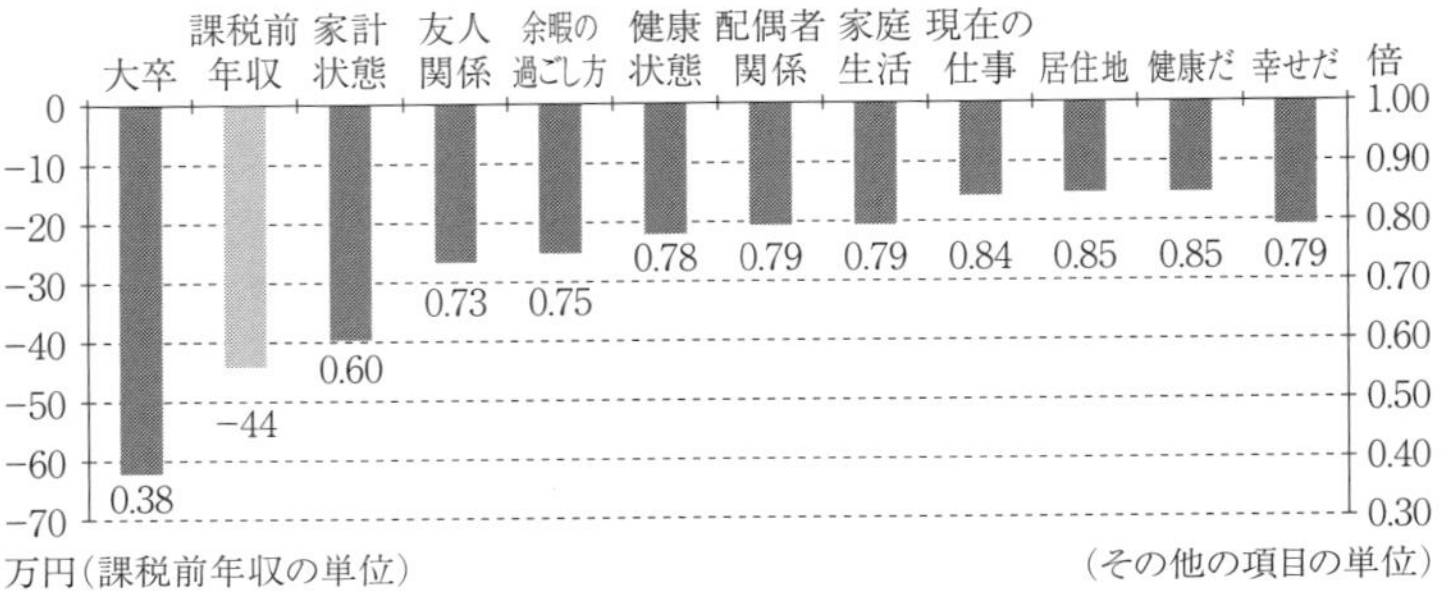

「15 歳時に相対的貧困」ならば、そうでない場合と比べて、「課税前個人年収」が何万円下がるか（左軸）、また、「大学（短大・大学院を含む）を卒業」「～～に満足」「健康」「幸せ」と答える見込み（「～～と答える確率」÷「～～と答えない確率」）が何倍になるか（右軸）、を示す（仕事満足・居住地満足・主観的健康・幸福は 10% 水準、他は 5％水準で有意）。データは JGSS-2008。対象は日本全国在住 20 ～ 59 歳非学生男女 2,570 人。方法は、年収は重回帰分析、その他はロジスティック回帰分析（ともに年齢層と性別を統制）。

図 1-8 「15 歳時の相対的貧困」がその後の「大卒確率」「年収」「各種満足確率」「主観的健康確率」「幸福確率」に与える影響

なかにはホームレス生活を強いられる子どももいるけれども[*13]、たしかに大部分の子どもにとっては、経済的な生活レベルそのものは問題ないのかもしれない。しかしそれ以前に、そもそもの前提として議論すべき問題がある。それは、「相対的に貧困な子ども」と「相対的に貧困でない子ども」とのあいだで、「機会の不平等」がどの程度存在しているのか、だ[*14]。

相対的に貧しい子どもは、その貧困についてまったく責任がない。生まれてくる家庭を選べないし、年齢によって就労機会も制約されているからだ。にもかかわらず、その貧困のせいで、その後の人生での「有利さ」（学歴・所得）や「生活の質」（満足感・健康感・幸福感）が下がってしまうとしたら、どうだろう。彼らの「人生の機会」は、他の子どもたちよりも、始めから狭められていたことになる。つまり、「機会の不平等」が存在していたことになる。

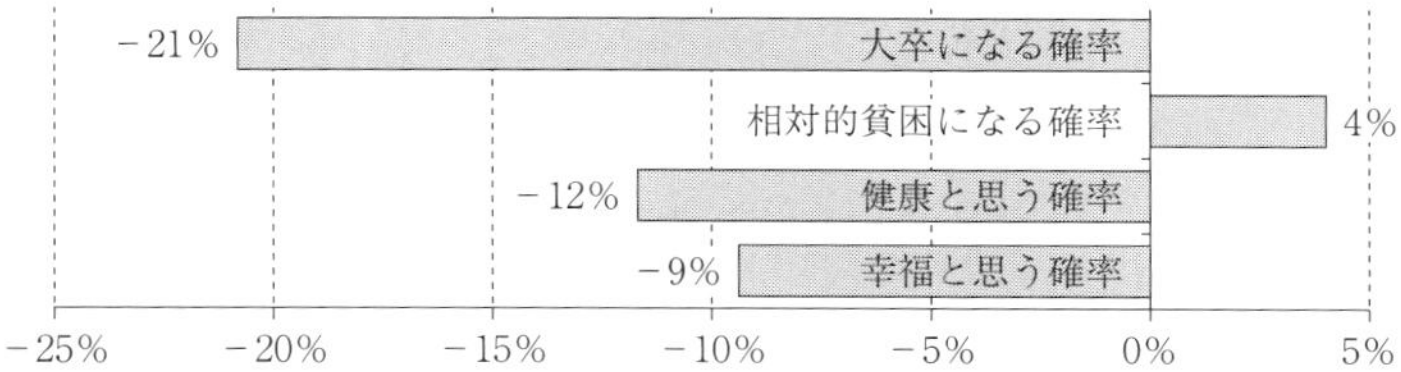

2000 ～ 2006 年に調査された日本全国 7,002 人のデータによる。小塩（2012: 163）より筆者作成。

図 1-9　「15 歳時の相対的貧困」がその後の「大卒確率」「相対的貧困率」「主観的健康確率」「幸福確率」に与える影響（内生性を制御）

そこで、日本における「人生機会の差」を調べるために、全国規模のアンケート調査[*15]のデータを分析してみよう。調査の回答者は、２００８年の全国成人男女約２６００人だ。

分析結果は図１‐８のとおりだ。このグラフは、「年齢」「性別」の影響を取り除いた上で、「15歳時に相対的貧困だった」と答えた人々が、それ以外の人々と比べて、「大卒確率」「年収」「各種満足確率」「主観的健康確率」「幸福確率」が高いか低いか、を示している。一番上の横線よりも下側に棒が伸びていれば、「(偶然では説明できないほどに)低い」ということを意味する。

結果は明らかだ。「15歳時に相対的貧困」だった人は、そうでなかった人と比べて、その後「大卒」になる見込みが約０・38倍に下がり、「課税前年収」が約44万円低くなる。同様に、「家計状態に満足」と感じる見込みが約０・60倍に下がり、「友人関係に満足」と感じる見込みが約０・73倍、「自分は健康だ」と感じる見込みが約０・85倍、「自分は幸せだ」と感じる見込みが約０・79倍に下がる。つまり、「15歳時に相対的貧困」だった人は、それ以外の人よりも、「大卒確率」「年収」「各種満足確率」「主観的健康確率」「幸福確率」のすべてが、低い傾向にある。

このように「子ども期の相対的貧困」は、人生スタート地点の「相対的な不利」をもたらし、その後のさまざまな「人生機会」を減じてしまうと考えられるのだ。[*16]

さらに、「15歳時に相対的貧困だった」という答えに含まれる「回答者の思考傾向（思い違い）による歪み」（内生性）を制御した、より慎重な分析もある（Oshio et al. 2010）。それによれば、「15歳時に相対的貧困だった」と答えた人は、その答えが「思い違い」である可能性を除去してもなお、現時点で「大卒」「相対的非貧困」「主観的健康」「幸福」である確率が低かった（図1-9）。

したがって、子どもの相対的貧困は、ほぼ確実に「機会の不平等」を発生させている。「機会の不平等」は、今日の社会では多くの人々によって「良くないこと」とみなされている。またそれだけでなく、「機会の不平等」は、「才能のある子どもがその才能を発達させて社会貢献する機会」を減らしてしまうため、社会全体にとっても大きな損失だ。[*17] したがって政府は、「機会の不平等」を縮小させるために、子育て支援や就労支援によって、育児する親の家計を補助したり就労を支援することで、子どもの相対的貧困率を下げる必要があるだろう。[*18]

では、子育て支援・就労支援などの社会保障政策のなかで、具体的にどの政策が、子どもの相対的貧困を減らす効果があるのだろうか。そこで第8章では、この問題を扱う。結論を先取りしていえば、子どもの相対的貧困を減らすには、「保育サービス」「児童手当」「ワークシェアリング」「失業給付」が有効だと考えられる。

1・4　財源確保の方法——相続税拡大・資産税累進化など

以上のように、本書（第3～8章）で行うOECD28ヵ国1980～2009年データの統計分析によれば「日本社会の三つの問題」（財政難・自殺率・子どもの貧困）を解決するには、主に「子育て支援」と「就労支援」が有効だと考えられる。具体的には、保育サービス・労働時間短縮・産休育休・公教育・失業給付・起業支援・職業訓練・結婚支援・雇用奨励・児童手当・ワークシェアリングだ。

詳しくいえば、子育て支援や就労支援といった「現役世代向けの社会保障」は、日本社会の労働生産性を高め、財政赤字を減らし、出生率を高め、自殺を減らし、子ども貧困を減らすと期待できるのである。とくに「子育て支援」は、女性労働力率を高めることによって、日本の根本的な社会構造を（流動性の高いグローバル社会に合わせて）バージョンアップし、「労働生産性・財政難・出生率・自殺率・子どもの貧困」のすべてに抜本的な改善をもたらすと期待できる。つまり、「子育て支援が日本を救う」のである。

残される問題は、「子育て支援・就労支援のための財源をどう確保するのか」という問題だ。そこで第9～10章では、この「財源」の問題を検討する。

まず第9章では、子育て支援と就労支援のどれをどのくらい拡充すれば、どのような波及効果が得られるのかを、さまざまに予測する。そのうえで、そういった拡充をするには、今後どのくらいの財源が新たに必要なのかを試算する。

つぎに第10章では、その財源を確保するための方法を検討する。その結果、もっとも効果的な方法として、「相続税の拡大」「資産税・所得税の累進化」「被扶養配偶者優遇制度の（低所得世帯への）限定」などを小規模ずつ組み合わせる方法（小規模ミックス財源）を提案する。

そして最後の第11章では、以上の議論を簡単にまとめたうえで、「これからの日本にはどのような選択肢があるのか」を整理し、今後の日本社会の可能性を展望する。それによって、「子育て支援が日本を救う」ということ、そして、そのための財源は私たちの合意によって十分に確保できるということが、結論として導かれる。ただしそれと併せて、本書の分析には一定の限界があり、多くの課題も残されていることも、明記される。それらの課題の解決を今後に託しつつ、本書は閉じられることになる。

1・5 日本の「現役世代向け社会保障」が乏しい背景——人口構造・民主主義・宗教

本書は、このように「日本に残された選択肢」を整理し、その選択肢（とりわけ子育て支援などの「現役世代向け社会保障」の拡充）によって日本社会が実際にどのように変わるのかを、予測するものである。

しかし、日本の有権者が、実際に投票などによって「現役世代向け社会保障の拡充」を選択するのかどうかは、また別の問題である。そして、過去の事実としては、（以下で見るように）これまでの日本の有権者は「現役世代向け社会保障の拡充」を十分に選択してこなかった。それだからこそ、日本社会には、「労働生産性が低く、財政赤字が膨らみ、出生率が低く、自殺率が高く、子ども貧困率が高い」という諸問題が、いまだに根深く残っているのだ。逆に欧米諸国の一部は、これらの諸問題を、「現役世代向け社会保障の拡充」によってかなり解決してきたのである。

ここで、これまでの日本の有権者の選択を、実際のデータで確認しておこう。

日本政府が「子育て支援」や「就労支援」に使ってきた支出の実質レベルは、（東欧を除く）欧米日韓

ＯＥＣＤ26ヵ国の平均の実質レベルよりも低い（図１－10〜図１－14）。

まず、「子育て支援」は、先進26ヵ国平均の約「半分」にすぎない。つまり日本政府は、子ども一人当たりに対して、先進26ヵ国平均のわずか「半分」程度のお金しか、使ってこなかったのである（図１－10〜図１－13）。政府が十分に子育て支援にお金を使ってこなかったからこそ、子どもの貧困はほぼ「放置」され、出生率や女性労働力率、労働生産性が低迷してきたのだ。そして、そのような乏しい状況は、「社会保障・税の一体改革」が当初の予定通り実施されたとしても、ほとんど改善されない見込みだ（図１－10）。

さらに見れば、「子育て支援」だけでなく「就労支援」もまた、およそ先進諸国よりも低い水準で推移している（図１－14）。つまり、日本は「現役世代向けの社会保障」が乏しい国なのだ。

しかし、この子育て支援や就労支援の乏しさは、「財政難が理由」ではない。なぜなら、高齢者一人当たりに対しては、先進26ヵ国の「平均並み」のお金（高齢者福祉支出）が、使われてきたからである。しかもそのような潤沢な状況は、バブル期よりもむしろ2000年代以降に見られる。また、「社会保障・税の一体改革」によって大幅に削減されるというわけでもない（図１－15）。

したがって、子育て支援や就労支援が先進諸国の「半分」ほどにすぎないのは、「経済的状況」（財政難）が原因なのではない。経済的な背景が原因なのではなく、むしろ、社会的な背景が原因なのだ。

では、その「社会的な背景」とは何か。さまざまに考えられるが、ここでは代表的なものとして、「人口構造の歴史」「民主主義の歴史」「宗教の歴史」を確認しておこう。

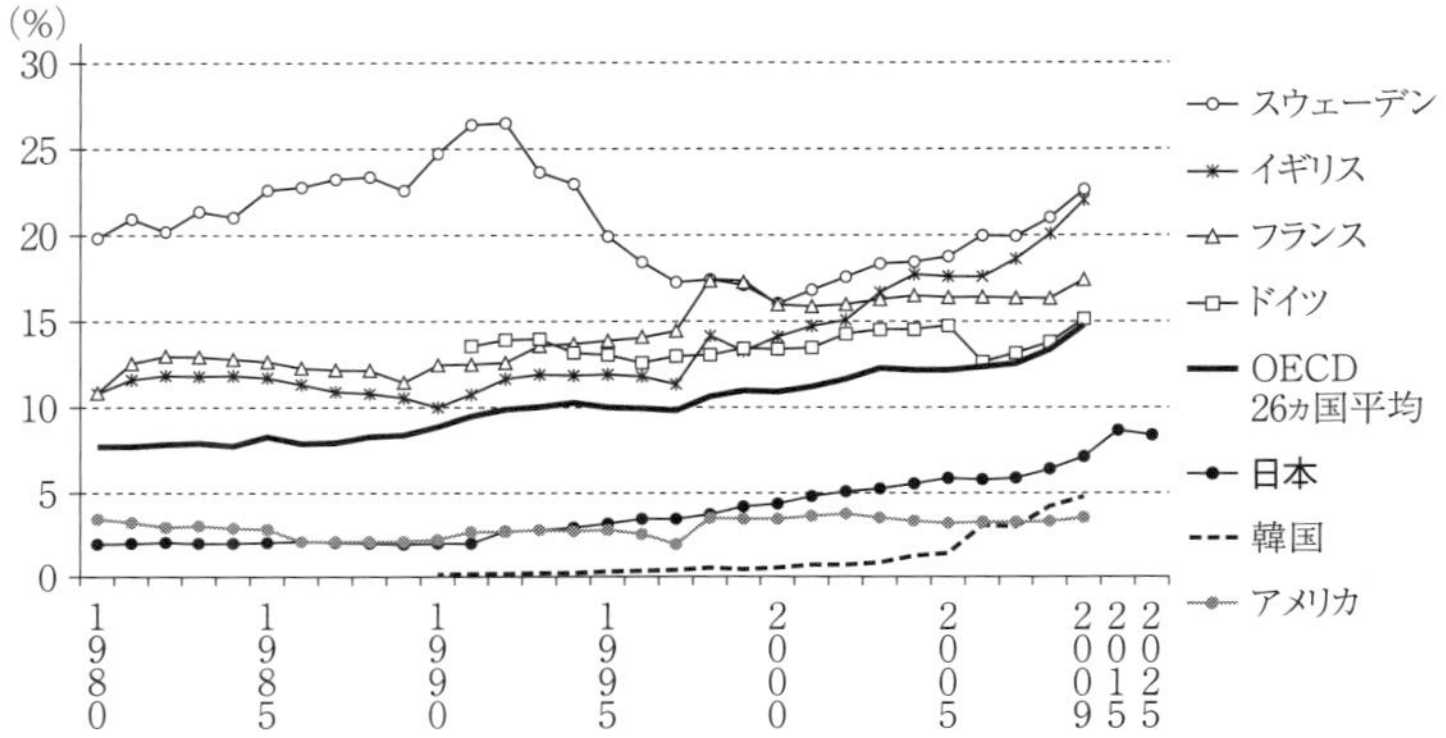

OECD（2013a）と The World Bank（2015）より作成。日本の 2015 年以降は「社会保障と税の一体改革」を実施した場合の推計値で、厚生労働省（2012b: 5）より作成。「子ども人口」は、国際比較データが最も揃っている「15 歳未満人口」とした。

図 1-10　子ども一人当たりの子育て支援支出（一人当たり GDP に対する％）

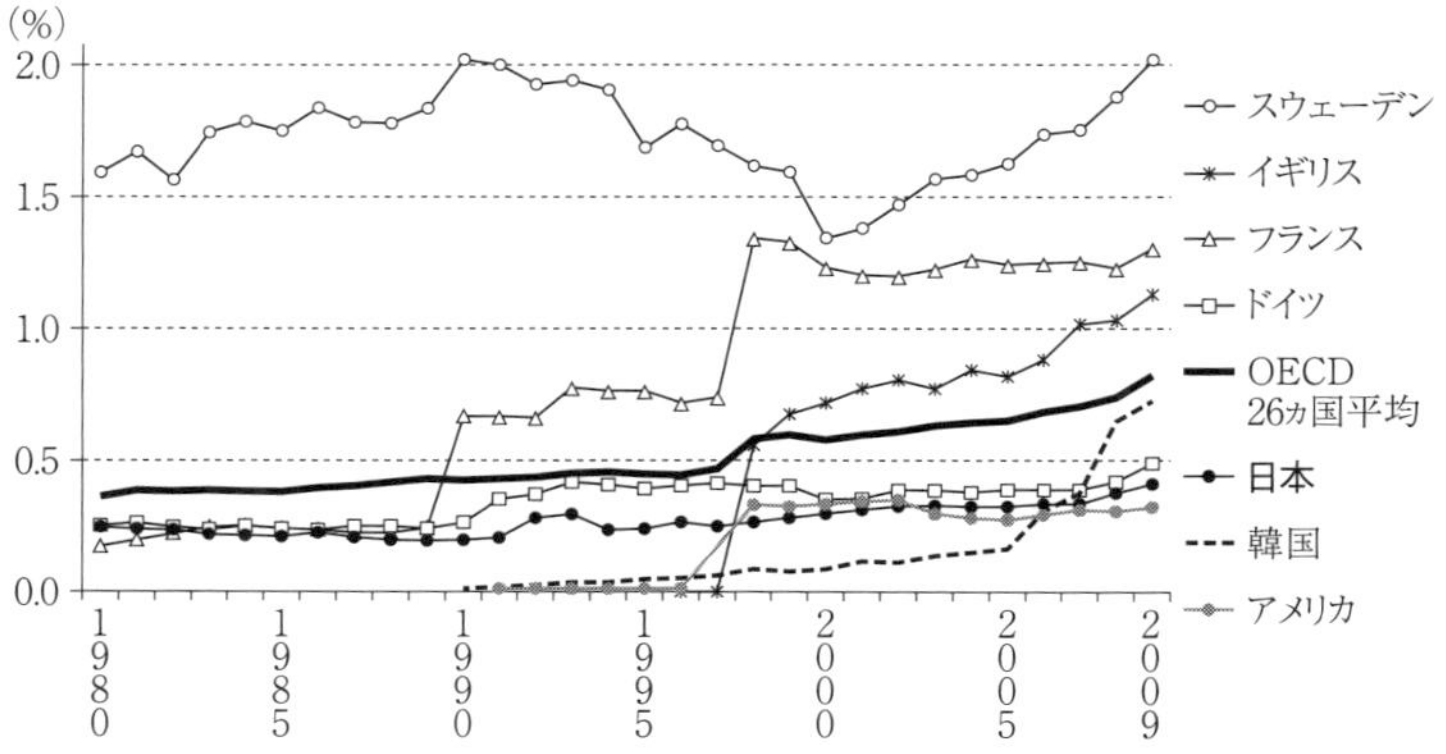

OECD（2013a）と The World Bank（2015）より作成。「子ども人口」は、国際比較データが最も揃っている「15 歳未満人口」とした。

図 1-11　子ども一人当たりの保育サービス支出（一人当たり GDP に対する％）

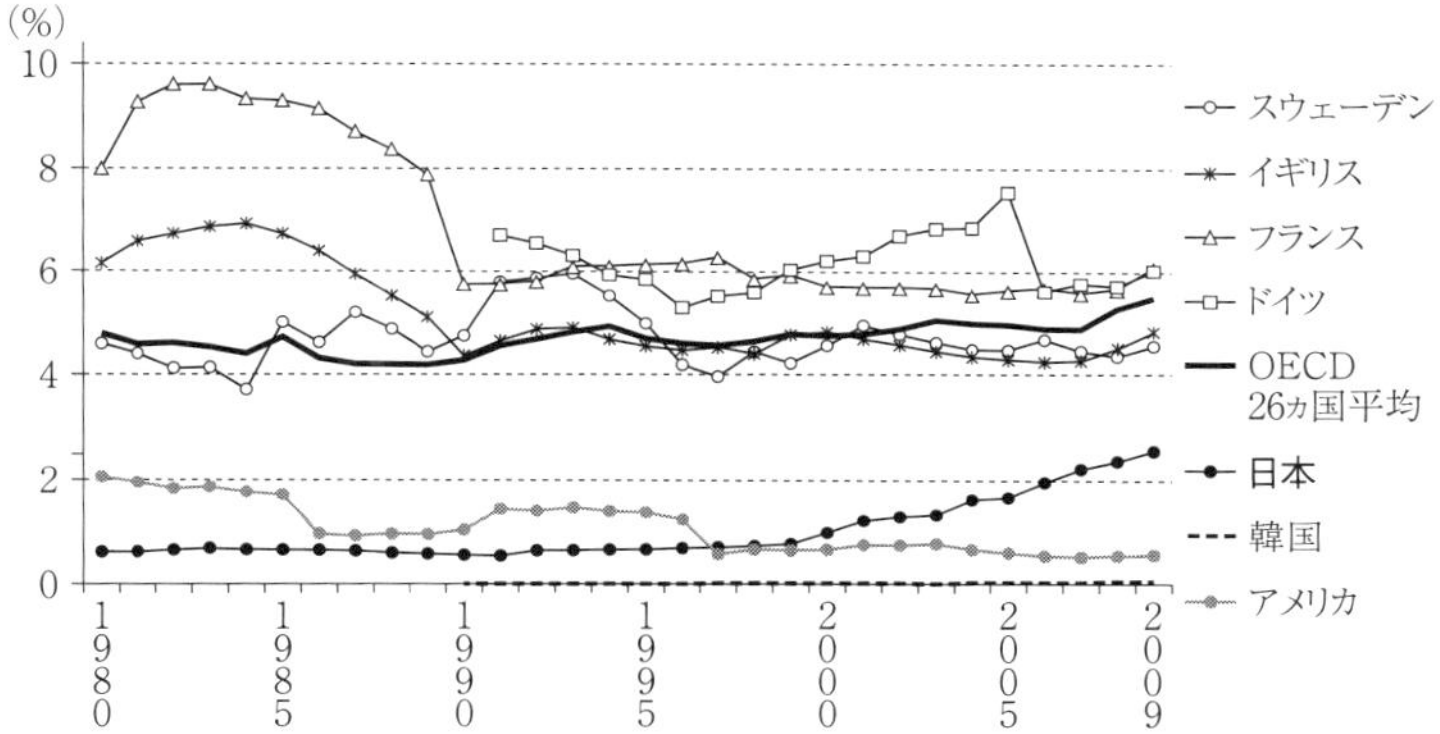

OECD（2013a）と The World Bank（2015）より作成。「子ども人口」は、国際比較データが最も揃っている「15 歳未満人口」とした。

図 1-12　子ども一人当たりの児童手当支出（一人当たり GDP に対する％）

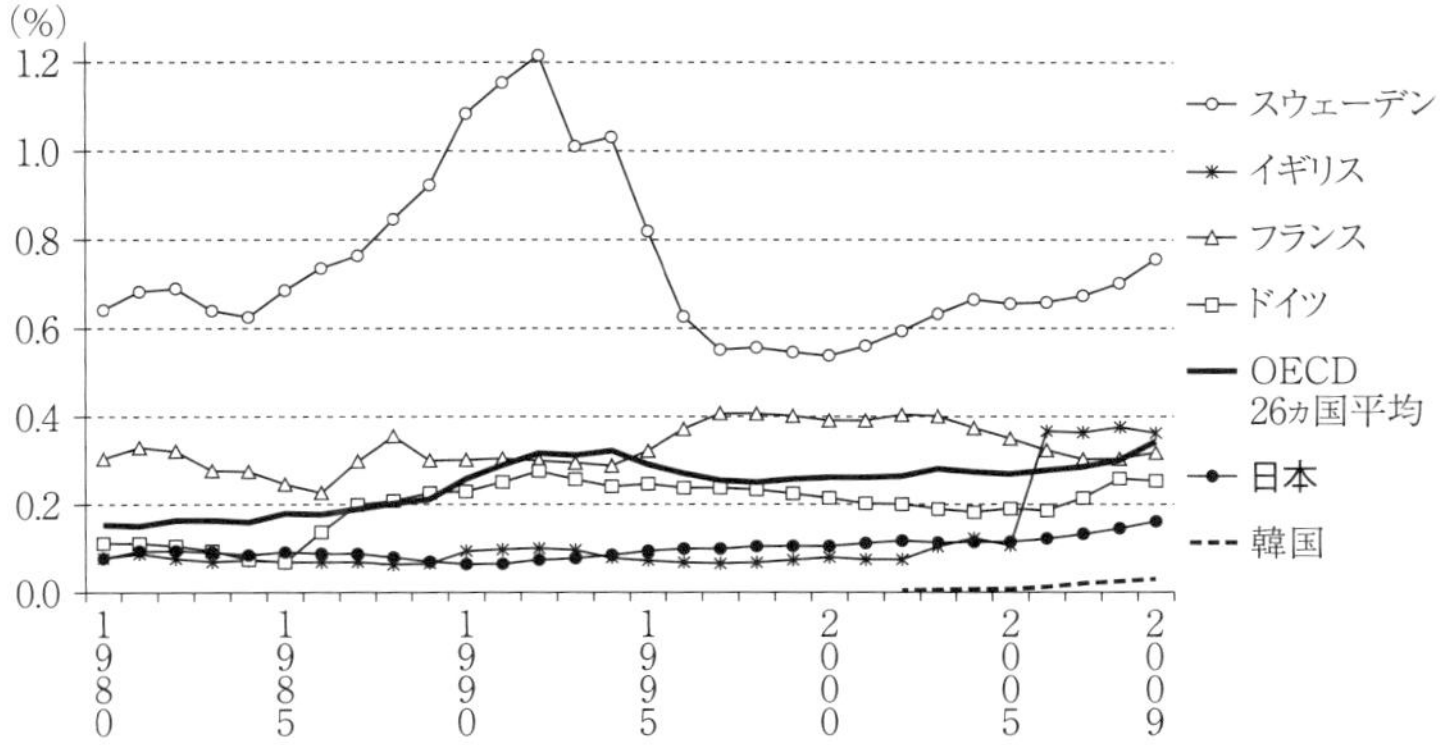

OECD（2013a）と The World Bank（2015）より作成。「子ども人口」は、国際比較データが最も揃っている「15 歳未満人口」とした。

図 1-13　子ども一人当たりの産休育休支出（一人当たり GDP に対する％）

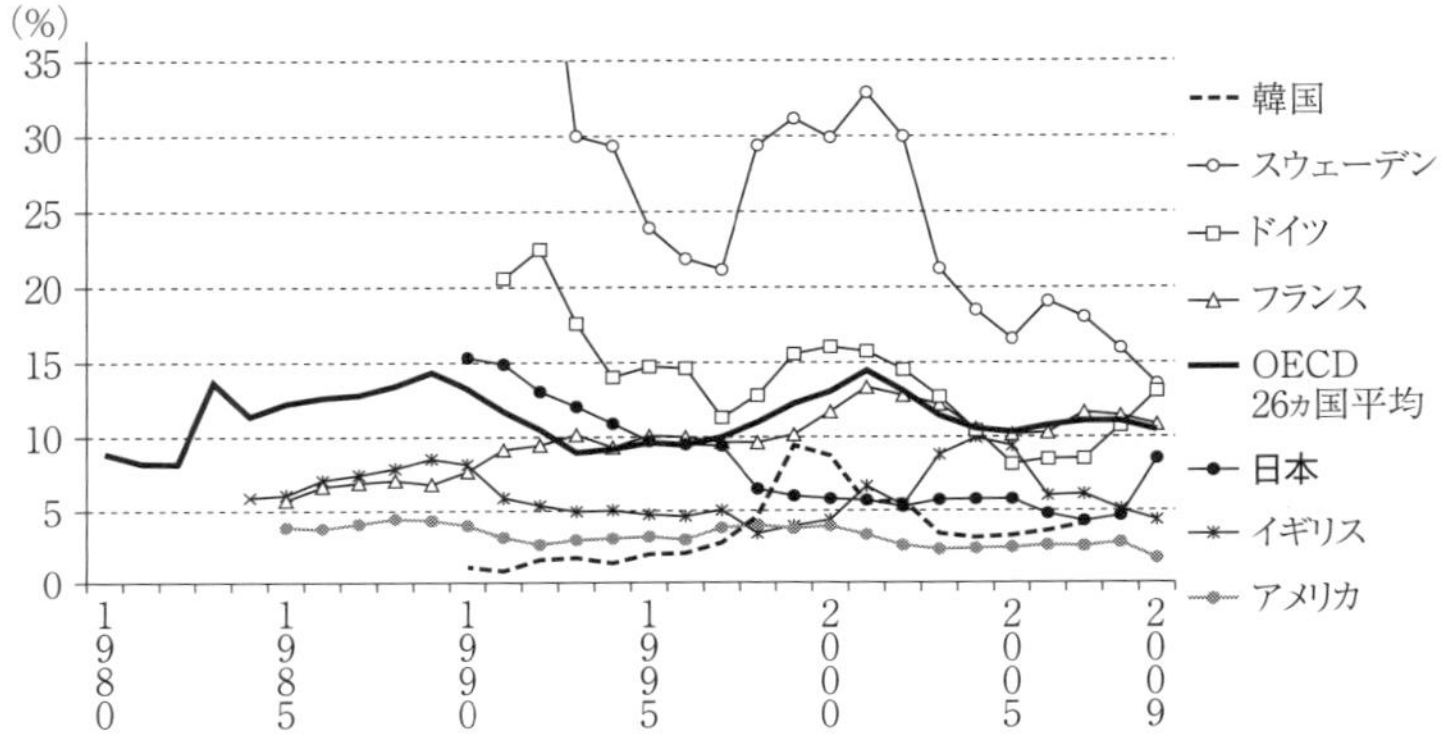

OECD（2013a）と The World Bank（2015）より作成。

図 1-14　失業率一％当たりの就労支援支出（一人当たり GDP に対する％）

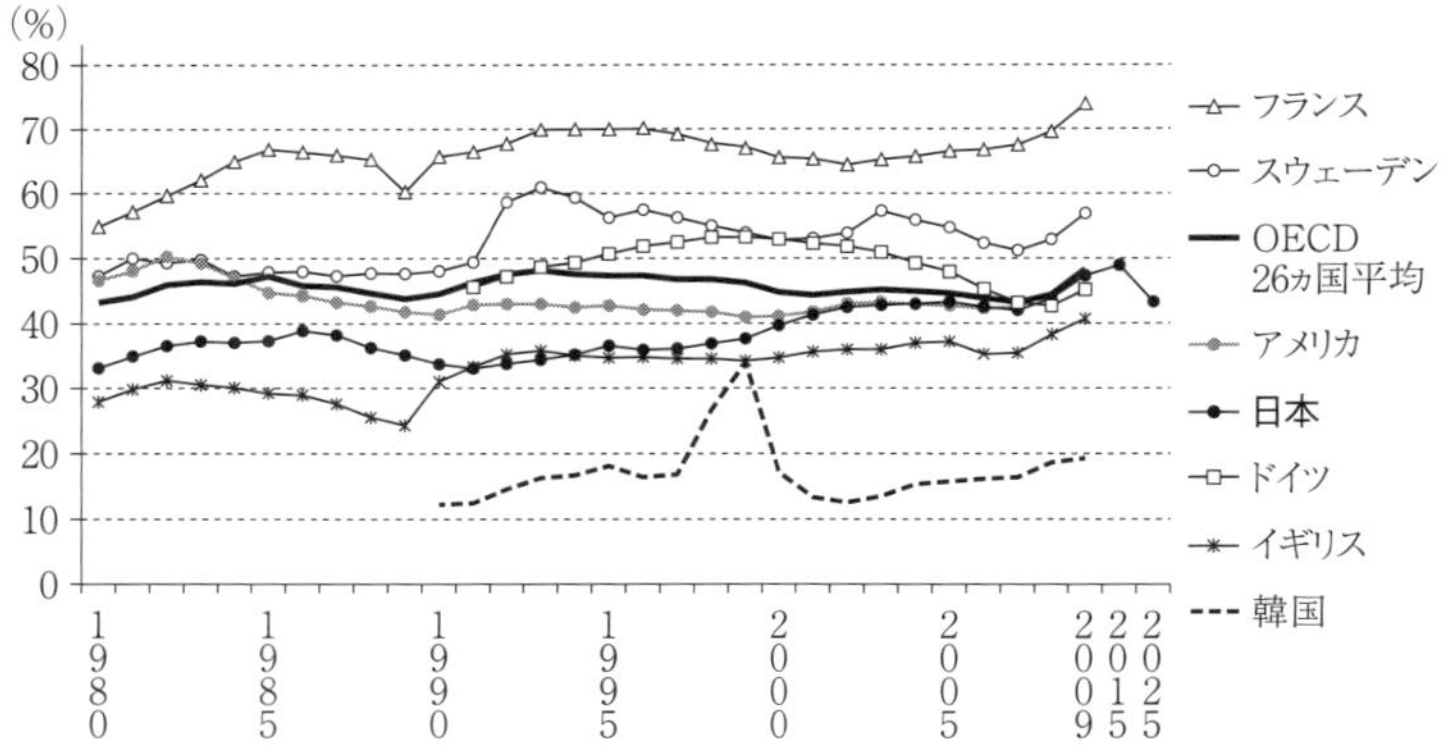

OECD（2013a）と The World Bank（2015）より作成。OECD の社会支出分類における「老齢期のための社会支出」。ここには「医療支出」は含まれない。日本の 2015 年以降は「社会保障と税の一体改革」を実施した場合の推計値（老齢年金支出＋老齢介護支出）で、厚生労働省（2012b: 5）より作成。「高齢者人口」は「65 歳以上人口」とした。

図 1-15　高齢者一人当たりの高齢者福祉支出（一人当たり GDP に対する％）

背景①——人口構造の歴史

子育て支援が先進諸国の半分にすぎない原因としては、まずは人口構造的な背景として、「日本は、高齢化については、他の先進諸国よりも遅れつつも、その後急速に経験したが（United Nations 2014）、少子化（合計特殊出生率の低下）については、他の先進諸国よりも遅れつつ、かつゆっくりと経験した（Ochiai 2009: 62）」という事実が挙げられるだろう。（ただしこれは就労支援が先進諸国の半分にすぎないことの原因としては当てはまらないため、「現役世代向け社会保障」が乏しい原因の説明としては、十分とは言えない）。

高齢化も少子化も、いずれも欧米に遅れて経験したわけだが、その後の進行スピードは、高齢化のほうがより顕著に急速だった（United Nations 2014）。これは、「日本人の食生活が欧米化によって塩分が抑えられるとともに、塩分以外では非常に健康的な日本食がその後も食べられ続けたこと」（Marmot and Smith 1989）などによって、日本人の平均寿命が（1960～70年代に）欧米を超える速さで伸びたことに、由来している。

それに対して、出生行動については、日本人のそれは、日本食ほどには際立った伝統的特性がなかった。そのためか、少子化は、もちろん欧米からの「遅れ」はあった（それゆえに多産多死から少産少死への「第一の人口転換」は欧米よりも急速だった）ものの、合計特殊出生率が人口置換水準（人口を維持できる約2・1）を下回っていく「第二の人口転換」については、先進諸国ときれいに足並みを揃えて、1970～80年代以降にゆっくりと経験していくことになった（Ochiai 2009: 74）。そのため、危機感と予算配分においては、少子化対策よりも高齢化対策のほうが優先され、子育て支援支出が低迷し、そ

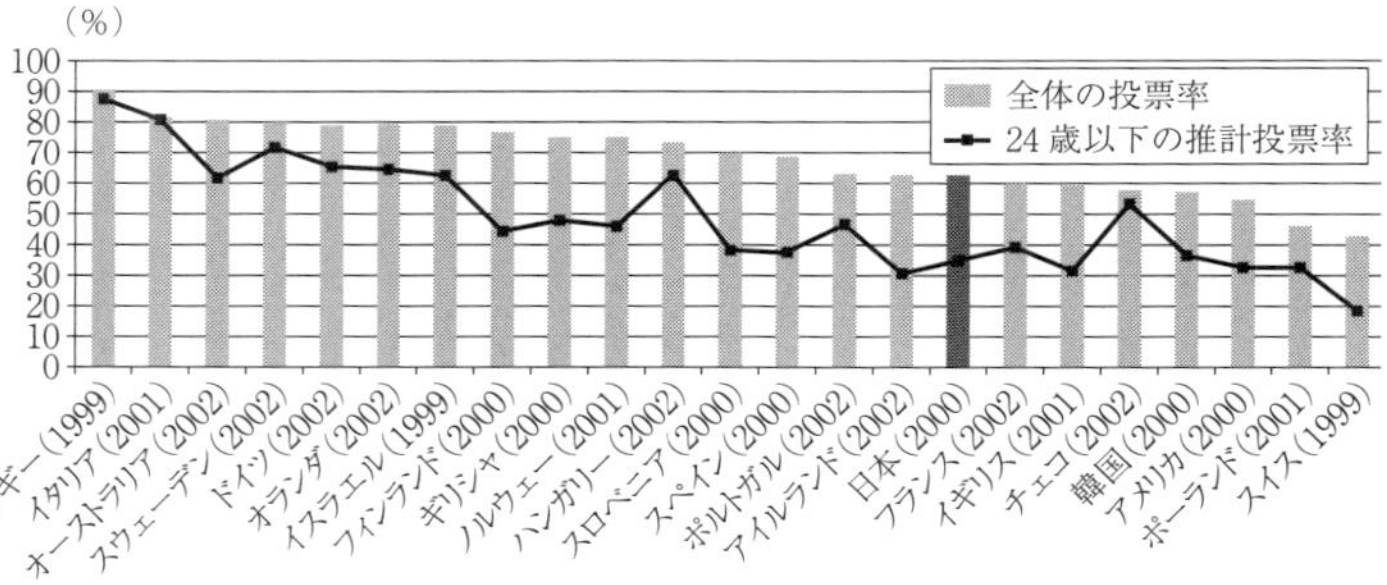

国立国会図書館調査及び立法考査局（2010: 97）より引用。韓国の若年層の投票率は、20 歳から 29 歳までの投票率である。Fieldhouse et al.（2007）を基に、日本、韓国、アメリカのデータを加えて、佐藤令（国立国会図書館調査及び立法考査局政治議会課）が作成。

図 1-16　全有権者および 24 歳以下有権者の投票率

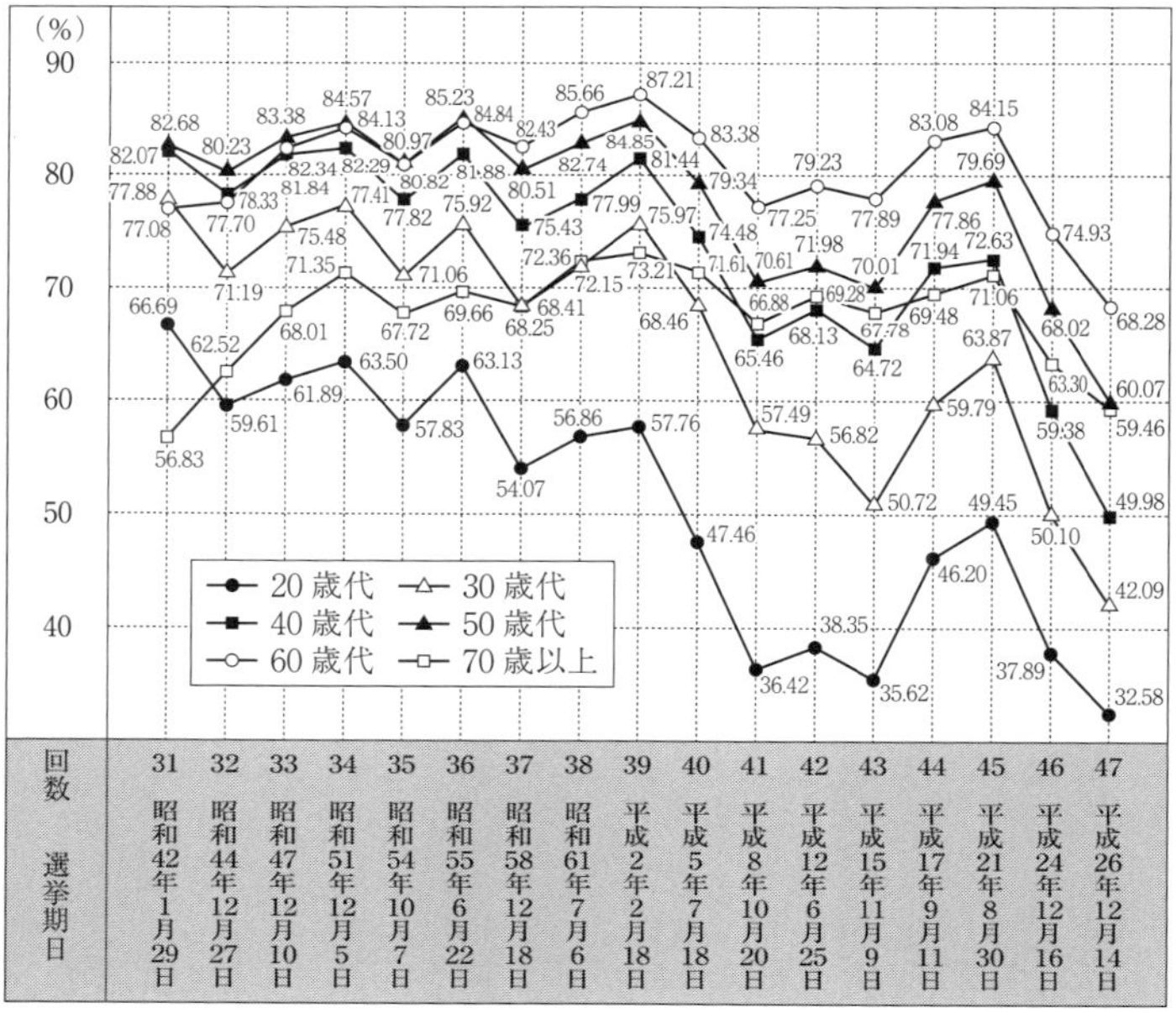

明るい選挙推進協会（2015）より引用。

図 1-17　衆議院議員総選挙の年齢別投票率

れがさらなる原因となって１９９０年代以降、欧米よりも深刻な少子化を経験することとなったと考えられる。

背景②——民主主義の歴史

子育て支援や就労支援が先進諸国の半分ほどにすぎない原因としては、つぎに政治的な背景として、「高齢世代よりも若者世代の方が、少子化によって人口が少ない上に、投票率が格段に低い（図１‐16）ので、政治家は、高齢者優先の政治（高齢者の人気を得て得票数を増やすための政治）をせざるをえない」といった状況も挙げられるだろう。

若者世代の投票率が低い背景には、そもそも「投票に基づく代議制民主主義」は欧米から輸入されたものであるから、その分、欧米に比べて、投票行動が「内発的な動機」（民主主義それ自体への関心）ではなく「外発的な動機」（民主主義それ自体ではなく、国際政治などの外的状況への関心）にもとづく行動になりやすい、ということが考えられる。

実際に、もともと年齢的に政治的関心をもちにくい20代～30代の投票率（どの国でも中高年よりも低い。図１‐16参照）が、日本において顕著に下がったのは、東西冷戦構造が崩壊し、「資本主義か社会主義か」という国際政治の話題が失われた「１９９０年」以降のことであった（図１‐17）。

背景③——宗教の歴史

子育て支援や就労支援が先進諸国の半分ほどにすぎない原因としては、さらには宗教的な背景として、つぎのようなことも考えられる。つまり、欧米諸国では、古代から19世紀にかけて、「血縁を超えた人類愛」（隣人愛）を教義とするキリスト教の影響が強かった。他方、日本では、そのような「人類愛」の宗教が比較的乏しかった。日本で普及した大乗仏教は、「人類愛」（隣人愛）ではなく「生物愛」（一切衆生悉有仏性）を説いているといえよう。[*19] それゆえに、日本では欧米よりも「貧民救済の文化」（困っている人間を救う文化）が乏しかった。そのような歴史的経緯があるために、いまだに日本は、社会保障の支出規模が欧米よりも小さいのだ、という見方である。

まず、社会人類学者ジャック・グッディによれば、欧州では6世紀以降、キリスト教会が「近親婚、親族や近親寡婦との結婚、養子縁組、内縁、離婚など」を禁止した。これは、「旧約聖書や新約聖書で明示されていた禁止」ではなかったため、「親族集団による財産相続の可能性を低め、教会（血縁を超えた人類愛の実践組織）への寄進を誘導するための、禁止」だったと考えられる。これによって、親族集団は縮小し、親族集団の財産は、キリスト教会に寄進されて移転された。そして、「貧困者・孤児・寡婦に住む場所を提供し、彼らをケアすること」は、それ以前は彼らの親族たちが慣習として行っていたが、それ以降は教会がその役割を引き受けることとなった（Goody 1983: 39, 46-7, 95; 上村 2015: 5-6）。

つぎに、歴史社会学者のシグルン・カールによれば、宗教改革以降、そのようなキリスト教の救貧文化は、「教会型（カトリック）」「政府型（ルター派）」「個人型（カルヴァン派）」に分岐した（Kahl 2009）。

カトリックの地域（イタリア周辺）では、教会が信者からの寄付を財源として、貧民救済（とりわけホスピタルに貧民を住まわせる「ホスピタル内救貧」）を担い続けた。実際に、「寄付行動」ではなく、見知らぬ人を直接助けるという意味での「ボランティア行動」で見ると、カトリック諸国のボランティア行

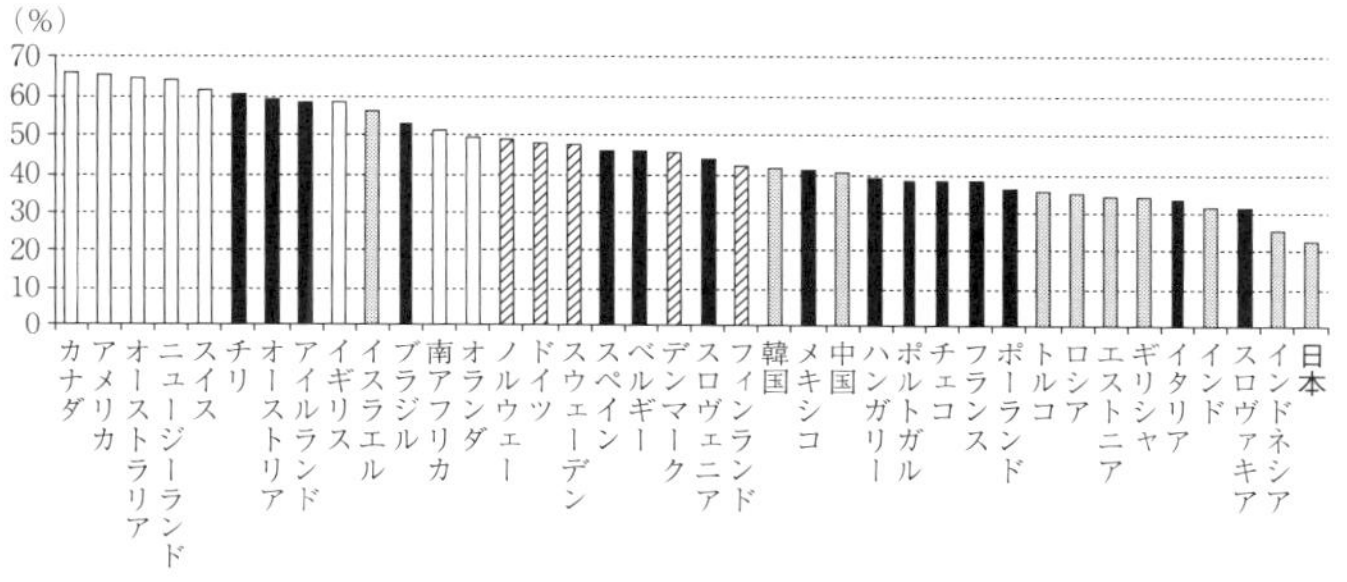

「あなたは過去1ヵ月の間に、助けを必要としている見知らぬ人を助けましたか」という質問に「はい」と答えた割合。OECD（2009）より作成。黒色は歴史的にカトリックの伝統が比較的強い諸国、斜線はルター派の伝統が比較的強い諸国、白色はカルヴァン派の伝統が比較的強い諸国、灰色はその他の諸国。

図 1-18　2008 年のボランティア行動率

動率は、いまだに欧米の中では比較的低い方である（図1‐18）。救貧を（寄付を通じて）教会に任せてきたため、個人的救貧を含むボランティア行動があまり普及しなかったと考えられる。

他方で、ルター派の地域（ドイツ諸都市と北欧諸国）では、ルターの教え（Luther 1520, 1523）に沿って、教会の代わりに政府が、救貧を担うようになった（とりわけ自宅で給付を受けさせる「ホスピタル外救貧」*20）。

このようなカトリックとルター派の違いは、具体的なデータにも表れている。たとえば、1539年にルター派に改宗した都市ベルリンでは、「ホスピタル外救貧」の受給者の対人口比率（受給率）は、1750年の1・2％から1801年の7・1％へと大幅に上昇した。また、1892年のドイツでは、カトリックの諸都市では、「ホスピタル外救貧」の受給率が1～4％にすぎなかったのに対して、ルター派の諸都市では、同受給率が6～7％に高まっていた（Kahl 2009: 272-74）。

なお、ルター派諸国のボランティア行動率は、欧米の中では、低い方にも高い方にも散在しており、国によるばらつきが大きい（図1-18）。これは、基本的には政府が手厚い救貧を行っているため、個人によるボランティア行動の必要性は高くないものの、国によっては、政府が非営利セクターを活用することで、救貧の財政的な効率化を図っていることが反映されていると考えられる。たとえば、北欧一のボランティア行動率を維持しているノルウェーでは、政府が、非営利セクターとそこでの労働者に対して、手厚い税制優遇制度を設けることで、国民のボランティア行動を促してきた（大藪 2006）。

また他方で、カルヴァン派の地域（カルヴァン派が普及したスイス・オランダ・英語圏諸国）では、カルヴァン派の教え[*21]に沿って資本主義（教会への寄付や行政による徴税を拒む）が発達したため、教会による「ホスピタル内救貧」と政府による寛大な「ホスピタル外救貧」がともに批判され、貧民は、教会に助けてもらえないと同時に、公的救貧を受給する場合は、「ワークハウス」と呼ばれる強制労働施設に収容されて、労働を強いられるようになった[*22]。たとえばイギリスでは、1834年に救貧法が改正され、ホスピタル外救貧の段階的禁止とワークハウスへの収容によって、救貧受給者を減らすことが意図され、1840年時点での救貧受給率は7・7%で、その救貧受給者のうちの86%がホスピタル外での救貧受給者であり、14%がワークハウス内での救貧受給者だった[*23]（安保 2005: 44）。

なお、カルヴァン派諸国でのボランティア行動率は、欧米の中では比較的高い方だ（図1-18）。これは、キリスト教の人類愛の伝統が残る中で、教会や政府による救貧が批判された結果、かわりに個人による救貧（ボランティア行動）が発達したのだと考えられる。

このように、人類愛にもとづくキリスト教の救貧文化は、宗教改革以降、「教会型（カトリック）」「政府型（ルター派）」「個人型（カルヴァン派）」に分岐し、それぞれ救貧の主体は異なるものの、救貧そのものは継続して行われていった。

では、日本ではどうだったのか。日本では、1874（明治7）年に、旧藩の救貧制度を引き継いで恤救《じゅっきゅう》規則《きそく》が制定されたが、受給者は最多の年（1892年）でも全国1万8545人（総人口と比した受給率は0・06％）に過ぎなかった（上村 2015: 6）。またボランティア行動率も、欧米諸国と比べて低いほうだ（図1－18）。

こうして、欧米諸国と比べると日本では、宗教組織・政府・個人による「救貧文化」が乏しいまま、現在に至る。そのため、いまだに社会保障の支出規模（およびボランティア行動率）が小さいままにとどまっている、という見方ができるのだ。*24

1・6 「選択」は「歴史」をのりこえる

しかし、たとえ日本の人口構造・民主主義・宗教の「歴史」が、欧米諸国と異なっていたとしても、高齢者福祉に対する日本政府の支出は、介護保険が施行された2000年代以降は、欧米諸国の平均レベルにまで上昇した（図1－15）。つまり、たとえ日本の社会保障にとって不利な歴史的経緯があったとしても、日本の有権者が特定領域の社会保障のニーズを捉え、その領域の社会保障を拡充するための「選択」（投票やロビー活動など）を行っていけば、実際に、その領域の社会保障は拡充されていく。その好例が、「高齢者福祉」だった。日本の有権者は、「高齢世代向け社会保障」を拡充するための「選択」をし、そして、実際にそれが拡充されてきたのだ。

したがって、日本の有権者たちは、何ら悲観する必要はない。有権者たちが「選択」さえすれば、「現役世代向け社会保障」は拡充されるのだ。そして、本書の分析結果によれば、「現役世代向け社会保障」（とりわけ「子育て支援」）が拡充されれば、日本の労働生産性と経済成長率は高まり、財政赤字が減り、出生率が上がり、自殺が減り、子どもの貧困が減ると期待できる。

あとは、有権者たちの今後の「選択」の問題だ。「選択」は「歴史」をのりこえるのである。

注

＊1　したがって、矢印が引かれなかった部分は、有意な傾向が見られなかったということを意味する。ただし、有意な傾向が見られなかったということは、「国や時期によって傾向がまちまちだったため、平均して見れば有意な傾向がなかった」ということにすぎない。そのため、たとえば「日本」だけ（あるいは「一部の時期」だけ）で見れば、何らかの有意な傾向が見られるかもしれない。また同様に、この図で有意とされた傾向についても、たとえば「日本」だけで見れば、逆の符号で有意な傾向が見られるかもしれないし、あるいは何も有意な傾向が見られないかもしれない（「出生率」と「自殺率」の分析ではデータが豊富なのでその点をチェックできている）。これらの点は留意されたい。

＊2　日本の老年人口比率は、２００５年にイタリアを抜いてからずっと、世界記録を更新している。そして今の傾向が続けば、２０６０年ごろに韓国などに抜かれるまでは、世界一のままと予測される（United Nations 2014）。

＊3　日本国憲法第十一条：「国民は、すべての基本的人権の享有を妨げられない。この憲法が国民に保障する基本的人権は、侵すことのできない永久の権利として、現在及び将来の国民に与へられる。」

＊4　なお、本書の分析は、主に数年以内の短期的な政策効果を分析したものとなっている。しかし、政策は、そのような短期的な効果をもたらすだけではなく、5年単位や10年単位の中長期的な効果ももたらす。もちろん、衆議院

議員の任期（4年）や参議院議員の任期（6年）を考えると、5年以上の中長期的な政策効果よりは、数年内の短期的な政策効果を論じたほうが、国会議員の「成果」に直接つながりやすいため、国会議員にとっては参照されやすいと思われる。また、「中長期的な政策効果は、短期的な政策効果の地道な積み重ねである」ともいえるかもしれない。しかし、本来は中長期的な政策効果についても統計的に検証すべきである。したがって、経年パネルデータを5年間や10年間の平均値に変換して、長期パネルデータを作成し、長期的な政策効果を分析することは、今後の課題として残されている。

＊5　なお、「失業給付を減らせば、失業率が下がる」との結果とともに「職業訓練を拡充すれば、失業率が下がる」という結果も得られた国レベルの先行研究としてBassanini and Duval（2006）などが挙げられる（OECD 2006=2007: 91, 258-9）。しかし個人レベルの先行研究では、「職業訓練を拡充すれば、就職確率が上がる」という結果が必ずしも一貫して得られているわけではない（OECD 2006=2007: 102-4, 143-4）。そのため本書では、「職業訓練を拡充すれば、失業率が下がる」という傾向については、「職業訓練の内容などに依存しているため、必ずしも安定的に見られるわけではない」（とりわけ職業訓練が乏しい日本では、就職効果が期待しづらい）と判断し、とくに触れずにおく。

＊6　（　）内は、２０１５年の調査結果（内閣府・警察庁 2016）で最も自殺数が多かった内訳。

＊7　データ出所は、原因・動機別の自殺者数の推移は内閣府（2011-2014）と内閣府・警察庁（2016）（２００７年からの「原因・動機別の自殺者数」は遺書等の自殺を裏づける資料により明らかに推定できる原因・動機を自殺者１人につき3つまで〔２００６年までは１つのみ〕計上可能）、交通事故死者数（24時間以内）は警察庁（2016）。

＊8　本節は、柴田（2013b）と、それを加筆修正した柴田（2013c）および柴田（2015）の、一部を、さらに加筆修正したものである。

＊9　中央値とは「ちょうど真ん中の順位の値」のことである。

＊10　より正確には、「全人口または特定年齢層人口」に占める「等価可処分所得（世帯の可処分所得を世帯人数の平方根で割った値）または消費額が、全人口での中央値（上位50％）の半分未満の世帯に住む者」の割合（％）。たとえば「子どもの相対的貧困率」は、「子ども人口」（18歳未満人口）に占める割合となる。「消費額ベース」の相

対的貧困率は、「貯蓄の切り崩し」なども反映されるため、「所得ベース」の相対的貧困率よりも、実態に近い。

＊11　この国際比較での日本の相対的貧困率は、２００９年「全国消費実態調査」で計算すると10・１％であり、かなり小さな値となる（内閣府・総務省・厚生労働省 2015）。しかし、「国民生活基礎調査」（16・１％）は、２０１２年の「国民生活基礎調査」による。なお、日本の相対的貧困率は、２００９年「全国消費実態調査」で計算すると10・１％であり、かなり小さな値となる（内閣府・総務省・厚生労働省 2015）。しかし、「国民生活基礎調査」では回答記入が簡単なのに対して、「全国消費実態調査」では詳細な家計簿を３ヵ月間毎日記入することが求められるため、よほど時間的にゆとりのある世帯でないと回答に協力しないと考えられる。しかも、「国民生活基礎調査」では標本代替（回答を回収できなかった世帯があれば、同じ調査単位区から別の世帯を抽出し回答を依頼すること）が無い（２０１２年の回収率は72％）のに対して、「全国消費実態調査」では標本代替があるため２００９年の回収率は97％と高い（内閣府・総務省・厚生労働省 2015）。つまり、「全国消費実態調査」では、時間的にゆとりのある世帯に偏った標本によって標本が補填されており、その分、時間的にゆとりのある世帯（つまり比較的高所得の世帯）への標本の偏りがますます大きくなっていると考えられる。そのため、相対的貧困率の算出のためには、「全国消費実態調査」のデータを使う（10・１％）よりも、「国民生活基礎調査」のデータを使った（16・１％）ほうが、実態に近い算出結果が得られると考えられる。

＊12　この考え方は、リベラリズムの代表的論者ジョン・ロールズが定式化した「格差原理」（最も恵まれない人の状況が改善される場合にのみ、格差の拡大は許容される）に相当する（Rawls 1999=2010: 106, 403）。

＊13　「ＮＨＫは…全国の児童養護施設など１３７７箇所を対象にアンケート調査を行いました。その結果、一定期間、社会とのつながりを絶たれた経験のある子どもの数は施設に保護されているだけでもこの10年で１０３９人に上ることが分かっています。このうち、親が家賃を払えず住む場所を失ったり、借金の返済から逃れるために親に連れられて夜逃げをしたりして、85人の子どもがホームレス状態になっていたことが新たに分かりました。車上生活をしていた子どもは61人、路上で暮らしていた子どもが22人、ほかに、ネットカフェなどを転々としていたケースもありました」（ＮＨＫ ＮＥＷＳ ＷＥＢ「子ども85人が一時ホームレスに」http://www3.nhk.or.jp/news/html/20141221/t10014165691000.html, 2014.12.21）。

＊14　この考え方は、ロールズが名づけた「公正な機会均等の原理」（各人は平等な人生機会を持つべきだ。才能・能

力・意欲が同程度であれば、人生の出発点がどのような境遇にあったとしても、同等の教養と達成を手に入れる見通しを持てるべきだ）に相当する。ロールズは、この「公正な機会均等の原理」を「格差原理」よりも優先する（Rawls 1999=2010：90, 106, 403-4）。

＊15　日本版総合的社会調査（ＪＧＳＳ）の２００８年調査（JGSS-2008）。ＪＧＳＳは、大阪商業大学ＪＧＳＳ研究センター（文部科学大臣認定日本版総合的社会調査共同研究拠点）が、東京大学社会科学研究所の協力を受けて実施している研究プロジェクトである。データ入手元：I. Tanioka, N. Iwai, M. Nitta, and T. Yasuda, Japanese General Social Survey（JGSS), 2008. ICPSR30661-v1. A. Arbor, MI: Inter-university Consortium for Political and Social Research. ICPSR 国内利用協議会［distributor］, 2012-03-27. doi:10.3886/ICPSR30661.v1。

＊16　内閣府の「平成23年度　親と子の生活意識に関する調査」でも、親が貧困だと、子どもは抑うつ状態になりやすく学業成績も低くなりがちで、将来に相対的貧困に陥りがちであった（内閣府 2011）。

＊17　Cingano（2014：17-8=2014：2）がＯＥＣＤ31ヵ国の5年間単位の国際比較時系列データを一階階差2段階システムＧＭＭ推定（第2章第9節参照）によって分析したところによれば、１９８５～２００５年に所得格差が増えていなかったとしたら、日本の「25～64歳人口１人当たりのＧＤＰ成長率」（１９９０～２０１０年平均）は年率０・３％ほど高かっただろうと推計されるという。逆を言えば、所得格差が増えたことによって、経済成長率は０・３％ほど下がっていたことになる。ここで、少なくとも日本では、所得格差（ジニ係数）の増大は、子どもの相対的貧困率の上昇と連動してきた（第2章第3節の図２－１参照）。すると、所得格差がもっと小さければ、子どもの貧困率ももっと小さかったはずで、それに伴い、その後の長期的な経済成長率はもっと高かったはずだと考えられるのである。これは、「長期的に見ると、子どもの貧困は、社会全体に経済的損失をもたらす」ということを示唆している。

実際、Cingano（2014：25=2014：3）が教育関連のデータや最近のＯＥＣＤ成人技能調査（ＰＩＡＡＣ）のデータを分析したところ、「所得格差が拡大するにつれ、低学歴の両親を持つ子ども（14歳）の人的資本は悪化する」という傾向が見られたという。この結果からCingano（2014=2014）は、「所得格差は、人的資源の蓄積を阻害することにより、不利な状況に置かれている子どもの教育機会を損ない、社会的流動性の低下をもたらし、技能開発を妨げる」と結論づけている。
＊18　２０１１年の全国調査によれば、専業主婦の12％は相対的貧困であり、彼女らが挙げる「働けない理由」の第１位は「保育の手だてがない」（52％）だ（労働政策研究・研修機構 2011）。また２０１２年の調査では、子育て世帯が拡充を望む公的支援は、「児童手当」が第１位（51～59％）、「保育サービス」が第２位（26～50％）だ（労働政策研究・研修機構 2012）。
＊19　それを体現した法令として、あの「生類憐みの令」（江戸幕府第五代将軍徳川綱吉が、魚類・貝類・虫類・犬・猫・鳥や、人間の幼児や老人といった、幅広い生物に対する殺傷行為を禁じた法令。１６８７～１７００年）を挙げることもできるだろう。同様の動物殺傷禁止令は、朝鮮半島においても６～10世紀に見られたという。しかし、このような動物殺傷禁止令は、キリスト教圏では近代以前には一切見られなかったのではないだろうか。
＊20　その「ホスピタル外救貧」の受給率は、たとえば18～19世紀のスウェーデンでは、南部よりも北部のほうが高かった（Anderson 2009：219）。そもそも寒冷の北欧では全般的に農業生産性が低く、大規模農業へと集約するメリットがなかったため、自営的な自作農が多かった。その中でもとりわけ北部は、農業生産性が低く、生活に苦しむ自作農がたくさんいたであろう。そのため、農民として働きながらも救貧を受けられる「ホスピタル外救貧」は、貧しい農民の多い北部でとりわけ広まったのだと思われる。そして、その「ホスピタル外救貧」の恩恵を受けてきた北部こそが、その後スウェーデンで初めての普通選挙が行われた１９１１年から１９７０年代にいたるまで、社会民主党の支持基盤（得票率の高い地域）になっていき（Todd 1990=1993：61-5）、北欧特有の「赤緑連合」（Esping-Andersen 1990=2001：33）を実現して北欧の社会民主主義の福祉国家レジームを先導していった。ルター派特有の「ホスピタル外救貧」が、社会民主主義レジームの形成につながっていく歴史的経路を、ここに見出すことができるだろう。
＊21　Weber（1920=1989）を参照。カルヴァン派の教えは、典型的にはリチャード・バクスターの『キリスト教生活指針』（１６７３年）に表れているとされる。
＊22　「ワークハウス」は、18世紀当時、イングランドで２００棟存在したが、ドイツのルター派圏ではイングランドよりも人口が多かったにもかかわらず63棟、ドイツのカトリック圏では５棟にすぎなかった。他方、米国では、20

世紀までで計２３００棟が存在した（Kahl 2009：275-6）。

＊23　なお、同じ19世紀のルター派諸国でも救貧受給率は７％でほぼ同じだが、その救貧はすべてがホスピタル外救貧だった（イギリスではその割合は８割台だった）ことに注意が必要である。

＊24　しかし、「なぜ西欧地域でキリスト教という宗教が誕生したのか」「なぜルター派という教派が16世紀ドイツで誕生し、それは（他ではなく）北欧へと広まったのか」という疑問は残るだろう。それらの疑問に答えるには、ジャレド・ダイアモンドの『銃・病原菌・鉄』（Diamond 1997=2000）とエマニュエル・トッドの『家族システムの起源』（Todd 2011）が参考になると考えられるが、本書の範囲を超えてしまうため、考察は別の機会に譲ろう。

第2章

使用データと分析方法

2・1　使用データの概要

本章では、本書で試みる統計分析で使う「データ」と「方法」について、基礎から解説する。まずは、「データ」について解説しよう。

本書の統計分析で使用するデータは、ＯＥＣＤ28ヵ国[*1]１９８０～２００９年の国際比較時系列データだ。国際比較時系列データを用いることで、「どのような政策への予算規模を増やせば、その国の社会状況はどう変わるのか」を分析し予測することができる。

国際比較時系列データは、専門的には「国レベルのパネルデータ」[*2]と呼ばれる。「パネルデータ」とは、「複数の特定個体（個人や国など）に対して繰り返し観測して得られた値の集まり」（追跡調査で得られたデータ）のことである。パネルデータを分析する場合、観測対象は「個体×時点」となる。

本書では、政策の効果をより厳密に検証するために、主に数年以内の短期的な政策効果を分析する。つまり、政策が実施されてから0～2年後に社会に与える影響について、分析する。そのような短期的な政策効果の分析においては、パネルデータの「時点」の単位は、主に「1年間」となる。

もちろん、政策がもたらす効果は、必ずしもそのような短期的な効果だけではない。5年単位や10年単位の中長期的な効果をもたらすこともある。そのような中長期的な効果の分析においては、パネルデータの「時点」の単位は「5年間」や「10年間」などとなる。

しかし本書では、中長期的効果ではなく短期的効果の分析を優先的に行う。具体的には、本書で分析する「経済成長率」「財政余裕」「労働生産性成長率」「女性労働力率」「合計特殊出生率」「自殺率」「子ども貧困率」のうち、「子ども貧困率」以外については、すべて短期的効果の分析を行う（「時点」の単位が「1年間」）。なお、「子ども貧困率」については、データの制約上、長期的な効果しか検証できないため、中長期的効果の分析を行う（「時点」の単位が「5年間」）。

なぜ、中長期的効果ではなく短期的効果の分析を優先的に行うのか。それは、まず第一に、「時点」の単位を「短期間」にしたほうが、「長期間」にするよりも、政策の因果効果をより明確に特定しやすいからだ。5年単位や10年単位で見てしまうと、どうしても政策以外のいろいろな要因（一つの国で偶発的に起こる天災など）がより多く入り込んでしまって、因果関係の特定がますます難しくなる。因果関係を特定するには、できるだけ短期間の前後関係を見て分析したほうが、その因果関係を攪乱するノイズが少ないため、因果関係を特定しやすいのである。

またノイズ以外にも、「政策から影響を受けた社会状況が、今度はその後の政策に影響を与える」ということ（「逆の因果」という）もありうる。そして、データの単位が長期間になると、そのような「逆の因果」が、データの中でより多く生じてしまう。そうなると、「データの変化のなかで、どこまでが政策を原因とした変化なのか」が、ますます区別しにくくなってしまうのだ。

このように、データの単位が「長期間」になると、データの中に「ノイズ」や「逆の因果」がより多く混入してしまう。そのため、データの単位はできるだけ「短期間」のほうが、政策の因果効果を特定しやすい、と考えられる。

また第二に、「政策の『長期的な効果』よりも『短期的な効果』を明らかにしたほうが、その政策がより『実現』されやすくなる」という実際上のメリットもある。というのも、たとえば日本では、衆議院議員の任期は「4年間」、参議院議員の任期は「6年間」である。すると、5～10年間以上の中長期的な政策効果よりは、数年間以内の短期的な政策効果を明らかにしたほうが、国会議員の「実績」に直接つながりやすい知見となるため、国会議員にとっては参照する価値が高くなるだろう。そのため、その短期的効果が「有権者から見て望ましい」（有権者の支持を得やすい）ものであれば、国会議員はその政策を推進しやすくなり、その政策が実際に実現されやすくなると考えられるわけだ。

とはいっても、政策効果には、短期的な効果だけでなく中長期的な効果もありうるのだから、本来は中長期的な効果についても統計的に検証すべきである。その場合は、経年（1年間単位）のパネルデータを、5年間や10年間の平均値に変換して、新たなパネルデータを作成し、中長期的な政策効果を分析すればよい。本書では、短期的効果の分析を優先したので、中長期的効果の分析はできなかった。そのため、中長期的効果の分析は、今後の課題として残しておきたい。

なお、本書で使用したパネルデータの概要は、章末に載せた表2-1のとおりである。使用データの時期は1980～2009年だが、表2-1では、より現代にひきつけて2000～2009年の平均値を載せている。

2・2 分析方法——経済成長の研究から学ぶ

つぎに、本書で用いる「分析方法」について解説していこう。

本書では、統計分析の方法として主に、現時点で最善の分析方法の一つである「一階階差GMM推定」という方法を用いる。そこで以下では、この方法をできるだけ分かりやすく解説する（なお「一階階差GMM推定」以外に用いた方法については、本章の第9節で解説する）。

統計分析の方法は、さまざまな分野で用いられ、発展してきた。そのなかでも、とりわけ本書が扱うような国単位のマクロなデータを使った統計分析の方法は、主に「経済成長の要因」を研究する分野などで応用されながら、発展してきた。

そこで本章では、「経済成長率の要因分析」の系譜をたどることを通じて、本書で用いる「一階階差GMM推定」の方法を説明していくことにしよう。そのように系譜をたどっていったほうが、分析方法の発展を理解しやすいからである。また、以下で確認するように、「経済成長」は、今日の先進諸国で生きる人々のうちの大部分が、否が応にも望まざるをえない対象でもある。

2・3　経済成長とは何か

まず、そもそも「経済成長」とは何か。それは本書では、「国内人口一人当たりの（つまり平均的な）物質的豊かさ（購買力）の増大」を意味する。それを統計データで表現すると、「人口一人当たり実質GDPの上昇率」となる（Barro 1991）。「GDP」とは、「国内総生産」の略であり、国内で生産された付加価値の総計である。「実質GDP」とは、GDPから「物価による影響」を除去したもの（購買力）である。

経済成長を望むかどうかは、人によるだろう。読者のなかにも、経済成長を、望む読者もいれば、望まない読者もいるだろう。あなたは経済成長を望むだろうか。

経済成長を望む読者がいるとすれば、その読者が考えていることは、「もっと自由に商品やサービスを購入できるようになりたい」とか、「経済成長すれば、雇用が（たとえ非正規雇用→正規雇用の順番であっても）増えて、賃金が（たとえ非正規雇用→正規雇用の順番であっても）上がり、貧困に苦しむ人々が減って、よりよい社会になるだろう」などかもしれない。しかし残念ながら、それらはいずれも、必ずしも経済成長と結びついてはいない。経済成長とともに、人々の実際の購買力（実質平均所得）が下がることも、所得格差・相対的貧困率・絶対的貧困率が大きくなることも、大いにありうるからだ。

なぜなら、経済成長によって得られた国内の富が、企業の内部留保や株主への配当や役員報酬により多く配分されれば、従業員の賃金の上昇率は、経済成長率よりも低くなる（投資家・役員と従業員との所得格差が広がる）からである。そして経済学者のトマ・ピケティが指摘したように、資本主義においては、そのような状況のほうがむしろ一般的である（Piketty 2013=2014）。

たとえば図2-1を見ると、日本では、「一人当たり実質GDP」は、1990年以前のバブル期はもちろん、アジア通貨危機（1997年）以降も、おおよそ上昇してきた。つまり、経済成長してきた。しかしその間、バブル期でさえも、所得格差（ジニ係数）と相対的貧困率は増大してきた。また1997年以降は、「一人当たりの所得」（実質等価可処分所得）がおおよそ減少してきており（とくに児童のいる世帯で）、さらに、相対的貧困率も上昇している（とくに子どもで）。平均所得の減少と相対的貧困率の上昇がともに進行しているということは、絶対的貧困率が上昇していることを示唆している。なお、2000年以降のアメリカも、同様の状況にある（内閣府 2012）。

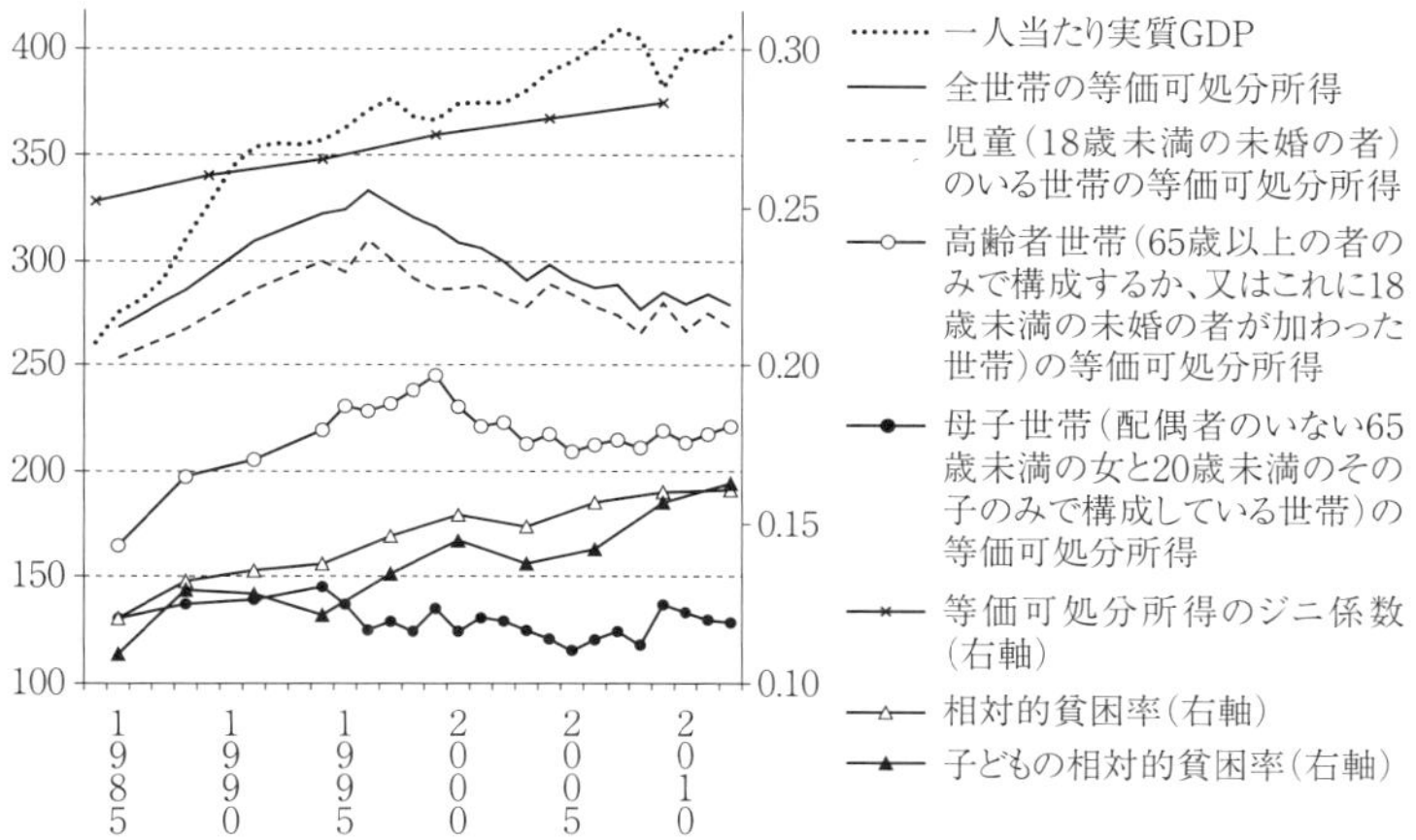

「一人当たり実質 GDP」は IMF（2014）による。「実質等価可処分所得」は、国民生活基礎調査の「等価可処分所得」（可処分世帯所得を世帯人員の平方根で割った値）を「消費者物価指数（2010 年基準、持家の帰属家賃を除く総合）」で割った値。「等価可処分所得のジニ係数」は全国消費実態調査の各回の報告書（厚生労働省 2014）による。「相対的貧困率」（等価可処分所得の中央値の半分に満たない者の割合）は厚生労働省（2013a）による。

図 2-1　日本の一人当たり実質 GDP（万円）・平均実質等価可処分所得（万円）・ジニ係数・相対的貧困率の推移

他方で、経済成長を望まない読者がいるとすれば、その読者が考えていることは、「もはや持続的な経済成長は不可能である」とか、「経済成長は、ほぼ確実に天然資源の消費量の増大を伴うため、天然資源の有限性を考えれば、もはや望むべきではなく、むしろ購買力は縮小させていくべきである」などかもしれない。

しかし、上で見たように、日本の「一人当たり実質GDP」は、バブル崩壊以降やアジア通貨危機を経てもなお、おおよそ上昇している。また、パソコンやスマートフォン向けの新しいアプリケーションがうまく開発されて、インターネット経由で大量にダウンロード販売された場合には、それがなされない場合（開発しようとしたがうまく

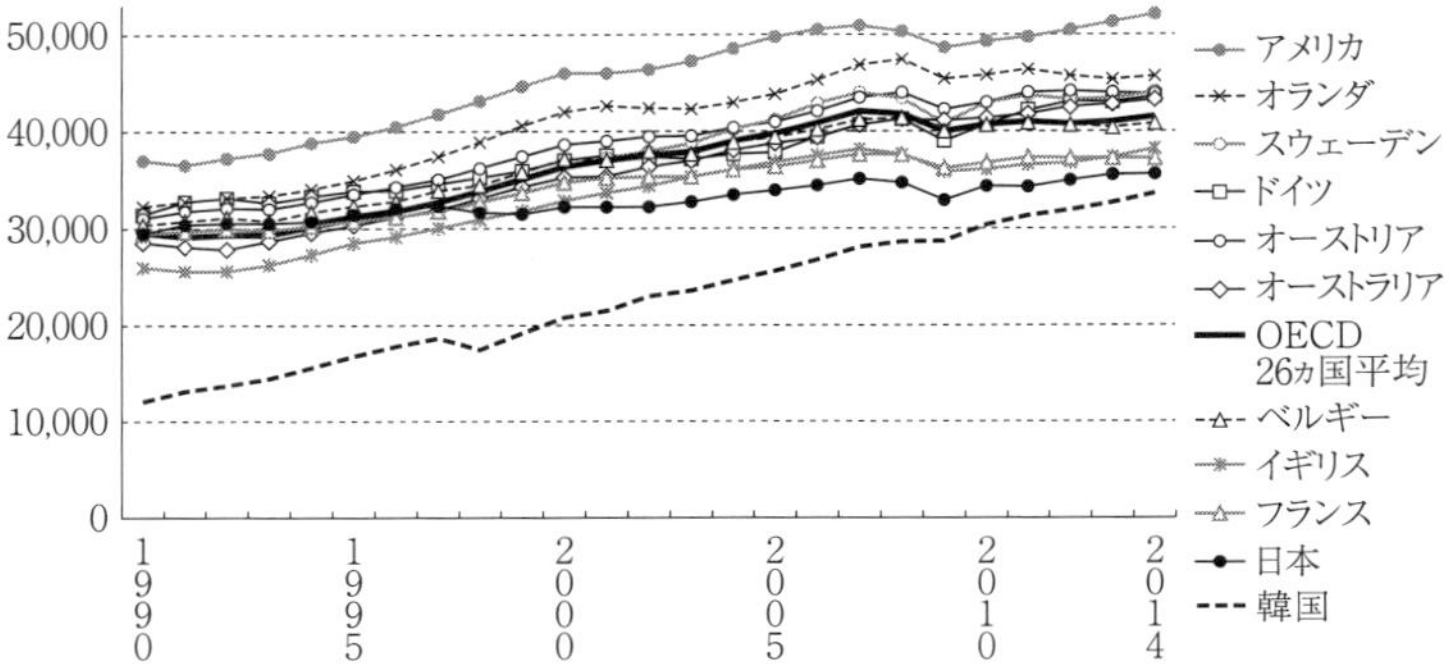

The World Bank（2015）より作成。

図 2-2　一人当たり実質 GDP（PPP, constant 2011 international $）

できなかった場合）と比べて、ＧＤＰはより大きく成長するが、天然資源の消費量はあまり変わらないだろう（いずれにせよ開発者と利用者はパソコンやスマートフォンを使って大量の電気を消費しているのだから）。つまり、少なくとも理論的に言えば、情報技術が発達した現代社会において、経済成長は必ずしも天然資源の消費量の増大を伴うわけではない。もちろん現時点では、伴う場合がほとんどだろうけれども、今後情報技術がさらに発達することで、「天然資源の消費量の増大を伴わない付加価値の生産（経済成長）」は、ますます拡大していく可能性がある。

　したがって、経済成長は必ずしも「人々の実際の購買力を高める」わけでも「人々の貧困を減らす」わけでもないし、必ずしも「不可能」なわけでも「天然資源の消費量の増大を伴う」わけでもない。つまり、経済成長が何をもたらすのかは、不確定だ。したがって、経済成長を望むのか望まないのかは、結局、「何が起こると信じるか」という信念の問題なのである。

　しかしながら、たとえ経済成長のもたらすものが不確かであっても、実際上、日本社会やその他の多くの先進諸国では、「経済成長を望む人々」が多い。というのも、多くの先進諸国では、株式会社で働いて生計を立てている人が多数派である。[*3] 株式会社は、常に利潤を増やしていかなければ、株価が下がり、存続が危うくなる。株式会社が利潤を増やすには、より多くの株式投資を集めて、事業を拡大する必要がある。より多くの株式投資を集めるには、自国の経済がまさに成長しており、その期待感にもとづいて、国外や国内から多くの資金が（国外ではなく）国内の株式に投資される必要がある。それゆえ、株式会社が普及した先進諸国で生きる人々のうちの大部分は、（たとえ自分の実質賃金が上がるとは限らなくても）自国の経済成長を否が応にも望まざるをえない状況にあるのだ。実際、ほとんどの先進諸国では、リーマンショック（2008年）のような一時的ショックを除けば、ほぼ常に経済成長を経験している（図2-2）。

2・4　経済成長率の先行研究

では、経済成長率を高めるためには、どのような政策（とりわけ社会保障政策）が有効なのか。そのテーマに取り組んだ既存の研究（先行研究）では、何がどこまで明らかになっているのだろうか。

まず、ある政策の効果を測るには、「その政策に使われた公的支出（対GDP比）」や「その政策に関する税率・税収」が増えると（または減ると）、社会の状態（たとえば経済成長率）はどうなる傾向があるか、を統計的に分析することが多い。[*4] 経済成長率について、そのような分析を行った先行研究は数多く存在する。[*5]

これらの先行研究の大部分では、(中央政府と地方政府を合わせた)一般政府の公的支出の「総額」が増えると、経済成長率が下がる、という傾向が示されている。つまり、「政府の規模が大きくなると、経済成長率が下がる」ということだ。

しかし、これらの研究も、完璧ではない。まず、ほとんどの研究が、「直近過去の経済成長率」による影響を考慮していない。直近過去の経済成長率が高い場合には、その後の政府支出の対GDP比は、GDPが増えたために小さくなりがちだろう。また、直近過去の経済成長率が高い場合には、景気が良いということであるから、その直後の経済成長率も高くなりがちかもしれない。その場合は、直近過去の経済成長率によって、その後の「政府支出の対GDP比」と「経済成長率」とのあいだに、負(マイナス)の相関が生じることになる。[*6] したがって、直近過去の経済成長率をしっかりと考慮(統制)しないと、「政府支出(対GDP比)」と「経済成長率」との関係は、正確に測定できなくなってしまうのだ。

これらの先行研究のなかで、直近過去の経済成長率を考慮した研究としては、たとえばイェイらの研究がある(Yay and Oktayer 2009)。その研究では、直近過去の経済成長率を考慮する分析方法として、最善の方法の一つである「一階階差一般化積率法推定(一階階差GMM推定)」を使っている。本書で用いる分析方法も、この「一階階差GMM推定」だ。

その研究での分析結果によると、「政府支出(対GDP比)が大きくなると、経済成長率が高まる」という正(プラス)の関係が見られたという。つまり、それ以外の先行研究とは逆に、「政府の規模が大きくなれば、経済成長率が高まる」という傾向が見出されたのだ。

イェイらはその点に注目して、「政府支出のなかには経済成長を促す支出(教育やインフラ投資)もあれば、経済成長を阻害する支出もある。また、政府支出が大きい場合には、クラウディングアウト効果（大きな財政支出をまかなうために国債を大量に新規発行すると、市中金利が高騰し、民間企業の資金調達が困難になること）によって、経済成長が抑制される」と説明している（Yay and Oktayer 2009: 67）。実際、この政府支出の正（プラス）の効果は、銀行信用度と資本回転率が統制された上で、検出されている。

いずれにせよ、「政府支出と経済成長率の関係」は、一筋縄ではいかない。イェイらが論じたように、「政府支出のなかのどの領域での支出が、経済成長を促すのか」を分析しなければならない。

そこで本書の分析では、イェイらの研究の一歩先に進んで、「政府支出の詳しい内訳」を考慮した上で、「一階階差GMM推定」を用いることとする。

そのため、以下では「一階階差GMM推定」を解説することになる。しかしその前にまずは、統計分析の基本を解説する必要がある。統計分析の基本とは、ここでは、「説明変数と被説明変数」「OLS推定」「パネルデータ分析」「操作変数推定」である。そこで以下では、これらを順に解説していこう。

2・5 説明変数と被説明変数

まずはじめに、「変数」という用語について説明する必要がある。

「所得」や「年齢」のように、「観測対象によって値が変わるデータ」を「変数」という。観測対象が個人の場合には、変数としては「所得」「年齢」「女性ダミー（女性なら1、女性以外なら0となる変数）」などがありうる。観測対象が国の場合は、変数としては「一人当たりGDP」「高齢者率（対人口比）」

「経済成長率」「政府支出（対ＧＤＰ比）」などがありうる。

では、たとえば「政府支出（対ＧＤＰ比）が経済成長率に与える影響」を分析したい場合、どのように分析すればよいだろうか。

まず、「政府支出が経済成長率に与える影響」は、いいかえれば「政府支出によって経済成長率を説明できる程度」である。統計分析では、この「説明」という側面に着目して、ここでの「経済成長率」のことを、「説明される変数」つまり「説明を被る変数」という意味で、「被説明変数」と呼ぶ。逆にここでの「政府支出」は、「説明する変数」という意味で、「説明変数」と呼ばれる。[*7]

一つの「被説明変数」を、一つ以上の「説明変数」で説明する分析のうち、最も基本的な分析方法を「最小二乗法推定（ＯＬＳ推定）」（または回帰分析）という。ＧＭＭ推定は、ＯＬＳ推定を発展させたものである。したがってまずは、ＯＬＳ推定についてできるだけ簡単に解説しよう。

２・６　最小二乗法推定（ＯＬＳ推定）

ＯＬＳ推定では、「あらゆる観測対象（個人や国など）において、被説明変数と説明変数の間でつぎのような関係（回帰式という）と前提条件が成り立つ」と想定する。なおここでは分かりやすくするために、「一つの説明変数によって一つの被説明変数を説明する」（つまり回帰式に説明変数は二つだけ投入する）場合を考える。また、観測対象は、分かりやすくするためにここでは「個人」の場合を考える。

【回帰式】

「被説明変数」＝「定数」＋「係数$_1$」×「説明変数$_1$」＋「係数$_2$」×「説明変数$_2$」＋「誤差」

【前提条件】

① 「誤差」の平均値は0。

② 「誤差」は、どの個人でも均一に生じる。つまり、たとえば「一部の個人でだけ誤差が正（プラス）方向に大きくなりやすい」といったような傾向がない。

③どの個人間においても、「誤差」の相関がない。つまり、たとえば「Aさんの誤差が正方向に大きいならば、Bさんの誤差もそれに応じて正方向に大きくなる」といったような関係がない。

④「説明変数$_1$」と「誤差」との間に相関がない。たとえば、「回帰式に投入されていない何らかの変数が、説明変数$_1$と被説明変数の両方に影響を与えている」といった事態（これを「見かけ上の相関」[*8]という）や、「被説明変数が説明変数$_1$に影響を与えている」といった事態（これを「逆の因果」[*9]という）が生じていない。

同様に、「説明変数$_2$」と「誤差」との間にも相関がない。たとえば、説明変数$_2$と被説明変数との間でも「見かけ上の相関」や「逆の因果」が生じていない。

以上の想定のもとで、今度は次の式で、各個人の「予測値」を計算する。この予測式の右辺は、回帰式の右辺から、「誤差」を取り除いたものである。

【予測式】

「被説明変数の予測値」=「定数」+「係数$_1$」×「説明変数$_1$」+「係数$_2$」×「説明変数$_2$」

しかしこの「予測値」は、各個人の被説明変数の実際の観測値（実測値）とは、当然ズレている。[*10] そこで、このズレを二乗して全員分を足し合わせた数値が、最小になるように、「定数」「係数$_1$」「係数$_2$」のそれぞれに特定の数値を当てはめる。このような数値の当てはめ方を、「最小二乗法（ＯＬＳ）」と呼ぶ。

数学の成果によれば、前提条件①～④が完全に満たされた状態で（実際にはなかなか完全には満たされないが）、この最小二乗法を使うと、「定数」「係数$_1$」「係数$_2$」に対して、真の数値（誰も知りえないが）と比べて「偏りなく[*11]」「間違いも小さく[*12]（効率的に）」「観測対象の数（人数）が大きければ大きいほどより正確に[*13]」数値を当てはめることができる（筒井 2011: 81-91; 林 2002: 4）。また、このように「定数・係数などに対して、真の数値にできるだけ近づけながら、数値を当てはめていくプロセス」のことを「推定」と呼ぶ。したがって、この最小二乗法を使った数値当てはめプロセスは「最小二乗法推定（ＯＬＳ推定）」と呼ばれる。

以上が、ＯＬＳ推定の簡単な解説である。

2・7　パネルデータ分析でのＯＬＳ推定——動学的推定と一階階差推定

さて、話を本書のテーマに戻すと、本書では、たとえば、「各種の政府支出が経済成長率に与える影響」（各種政府支出によって経済成長率を説明できる程度）を分析しようとしている。

ここで使われている変数は、「政府支出」「経済成長率」といった国レベルの変数である。さらに、それらの変数は、一国内でも毎年数値が変動する変数である。そのような変数は、「ＯＥＣＤ28ヵ国１９８０～２００９年のデータ」といったように、「国際比較時系列データ」（国レベルのパネルデータ）という形になっている。

本章のほとんどの分析のように、データが国レベルの経年データで、短期的な政策効果を分析する場合は、先述したとおり、観測対象は「国×年」となる。そこで以下の説明では、本書の分析にひきつけて、「国×年」のパネルデータを想定する（5年間単位や10年間単位でのパネルデータでも、原理は同じである）。

たとえば、「１９８０年の日本」が一つの対象であり、「１９８１年の日本」もまた別の一つの対象である。それらが集まって、一組のサンプル（観測対象の集合）になっている（10年間単位のパネルデータであれば、たとえば「１９８０年代の日本」が一つの対象であり、「１９９０年代の日本」もまた別の一つの対象である）。

すると、パネルデータについては、ＯＬＳ推定を、そのままでは適用できない。というのも、ＯＬＳ推定の前提条件②と③が成立しなくなってしまうからである。

まず、前提条件②（「誤差は、どの観測対象でも均一に生じる。つまり、一部の観測対象でだけ誤差が正方向に大きくなりやすい、といった傾向がない」）は、成立しない。なぜなら、たとえばベルギーに属する全観測対象（1980年ベルギー〜2009年ベルギー）は（回帰式に投入できていない歴史文化的な変数の影響によって）互いに似通った誤差をもちやすいからである。

そこで、国レベルのパネルデータにおいては、「国ごとの誤差のまとまり」を除去する必要がある。OLS推定をはじめとする多くのパネルデータ分析では、「White の不均一分散一致推定」を用いた「標準誤差のロバスト修正」を行う（北村 2005: 64–5）。そのため本書のすべての分析でも、その「標準誤差のロバスト修正」を施す。

つぎに、前提条件③（「どの観測対象間においても、誤差の相関がない。つまり、観測対象Aの誤差が正方向に大きいならば、観測対象Bの誤差もそれに応じて正方向に大きくなる、といったような関係がない」）もまた、成立しない。なぜなら、たとえば1980年ベルギーの誤差が（回帰式に投入できていない社会経済的な変数の影響によって）正方向に大きいならば、翌年の1981年ベルギーの誤差も（同じ社会経済変数の影響によって）正方向に大きくなりがちだからだ。なお、このような（誤差などの）「時系列での相関」を「系列相関」という。

そこでパネルデータにおいては、誤差の系列相関を除去する必要がある。誤差の系列相関を除去するための方法はいくつかあるが、主な方法はつぎの二つである（水落 2011: 103–9）。

第一の方法は、「被説明変数の前年値を、新たな説明変数として回帰式に投入する」という方法（動学的推定）だ。誤差に系列相関（前年値との相関）が生じてしまう原因としては、誤差の中に、前年の被説明変数（そこには前年の誤差が含まれている）からの影響が含まれてしまっている場合が多い。つまり、前年の被説明変数が当年の被説明変数に影響を与えているのに、その影響を当年の誤差に含めてしまっている場合が多い。そのような場合には、この第一の方法を用いれば、当年の誤差の中から、前年の被説明変数による影響を除外することができ、その分、誤差の系列相関を小さくすることができる。

第二の方法は、「説明変数と被説明変数と誤差のすべてを、前年値からの差（一階階差）に変換してから、係数の推定を行う」という方法（一階階差推定）だ。そうすることによって、誤差は前年値からの差に変換されるため、誤差に含まれていた系列相関（前年値との相関）は、かなりの程度除去されることになる。ただしその推定の際に、今度は「誤差の一階階差」に、系列相関が残っていないことを確かめる必要がある。具体的には、「誤差の一階階差」に一次の（つまりその前年値からの差において）系列相関が残るのは当然であるため、「誤差の一階階差」に二次の（つまりその前々年値からの差において）系列相関がないことを確かめればよい。

以上の二つの方法によって、誤差の系列相関を除去できれば、前提条件③をクリアできたことになる。ただし、以上は「誤差」に関する前提条件だったが、それとは別に、時系列データやパネルデータを分析する際には、「変数」（説明変数と被説明変数）についても、ある前提条件が課される。それは、変数の「定常性」である。定常性とは、「変数の平均値が時間を通じて変わらない」かつ「変数の分散（ばらつき度）が時間を通じて変わらない」という状態（弱定常ともいう）を意味する。変数が定常でない場合、定常になるように変数を変換する必要がある。よく使われる変換は、（ここでもまた）「一階階差」にするという変換である。多くの時系列変数・パネル変数は、一階階差にすると定常になるからだ。「一階階差にした変数が定常であるかどうか」を確かめるには、「単位根検定」という方法を使う（水落 2011: 110–14）。

パネルデータを分析する際には、各変数の（一階階差での）定常性のチェックとして、「パネル単位根検定」を使う。本書のパネルデータ分析では、使用するすべての変数で、標準的なパネル単位根検定である「Maddala-Wu 検定」（北村 2005: 101-3; 千木良ほか 2011: 146-52）を行い、一階階差での定常性を確認した。[*14]

2・8 「逆の因果」の除去——操作変数推定

さて、本書のように「各種の政府支出（対GDP比）が経済成長率に与える影響」を分析する場合には、さらに別の問題も残されている。それは、（前提条件④で「生じてはいけない」とされていた）「逆の因果」が、生じてしまっているかもしれない、という問題である。

というのも、仮に政府支出の金額がほとんど変わらないとすると、経済成長率（一人当たりGDP上昇率）が上がった場合には、GDPが大きくなるため、政府支出の対GDP比は小さくなる。逆に、経済成長率が下がった場合には、政府支出の対GDP比は大きくなる。すると、「経済成長率が政府支出（対GDP比）に影響を与えている」（つまり「逆の因果」が生じている）、ということになる。「逆の因果」が生じていると、前提条件④が成立しなくなってしまう。

念のため確認しておけば、前提条件④とは、「すべての説明変数と誤差との間に相関がない。たとえば、『回帰式に投入されていない何らかの変数が、いずれかの説明変数と被説明変数の両方に影響を与えている』といった事態（見かけ上の相関）や、『被説明変数がいずれかの説明変数に影響を与えている』

といった事態（逆の因果）がまったく生じていない」という条件である。ＯＬＳ推定の前提条件④が成立していない（「見かけ上の相関」や「逆の因果」が生じている）ならば、ＯＬＳ推定に偏りや不正確さが生じてしまうため、ＯＬＳ推定を使うことはできない。逆に、「見かけ上の相関」や「逆の因果」を十分に除去できれば、推定は、偏りなく正確なものとなる。

「見かけ上の相関」を除去するには、「説明変数と被説明変数の両方に影響を与えている未投入変数」を、新たな説明変数（このように見かけ上の相関を除去するために回帰式に投入される説明変数を「統制変数」という）として回帰式に投入すればよい[*15]。これは、説明変数の数が増えるだけであり、ＯＬＳ推定（回帰分析）の範囲内で十分に可能だ。説明変数が一つだけの場合のＯＬＳ推定は「単回帰分析」と呼ばれ、説明変数が二つ以上の場合のＯＬＳ推定は「重回帰分析」と呼ばれる。

他方で、「逆の因果」を除去するには、「連立方程式の同時推定」[*16]（完全情報最尤法推定〔ＦＩＭＬ推定〕や制限情報最尤法推定〔ＬＩＭＬ推定〕）や「操作変数推定」（ＩＶ推定）といった推定法を使う必要があり（林 2002：15）、それらの推定法はもはやＯＬＳ推定ではない。

では、それらの推定法はそれぞれ、具体的にどのような推定法であり、果たして本書の分析に適用可能なのだろうか。

まず、前者の「連立方程式の同時推定」（ＦＩＭＬ推定やＬＩＭＬ推定）は、各変数の間の相互影響関係（回帰式）や（ＦＩＭＬ推定の場合）、または、少なくともそこで考慮されるべき「すべての」説明変数を（ＬＩＭＬ推定の場合）、あらかじめ想定・特定した上で、それらの回帰式での定数・係数を同時に推定する方法である。

ではその推定法は、本書の分析には適用可能なのだろうか。ここで確認しておくと、本書の分析は、「政府支出の詳しい内訳」を考慮する分析であった。「政府支出の詳しい内訳」を考慮するには、「各政策領域の政府支出」を多数投入する必要がある。その場合に「連立方程式の同時推定」を行うとすれば、「各政策領域の政府支出」の間のすべての相互影響関係や（FIML推定）、考慮されるべきすべての説明変数を（LIML推定）、あらかじめ想定・特定する必要がある。しかし、究極的にはどの政策領域もその他の政策領域との間で相互影響関係があると想定することができ、そう想定すると、連立方程式はあまりにも数が多くなってしまい、同時推定が困難になってしまう（FIML推定の困難性）。また、考慮されるべきすべての説明変数を特定することは、「政府支出の効果」というきわめて複雑な社会現象を対象としている以上、原理的に不可能であるといえよう（LIML推定の不可能性）（林 2002: 15）。そのため、本章の分析にとっては、「連立方程式体系の同時推定」は適用しがたい。

では、後者の「操作変数推定」とは、どのような推定法なのだろうか。

以下では、「被説明変数（Yで表す）から影響を受けている（つまり逆の因果が生じている）説明変数」（「内生変数」という）を、Xで表すこととする（Xが複数ある場合は適宜補足説明をする）。また、X（内生変数）以外の説明変数（「外生変数」という）をまとめて$\bar{X}$で表すこととする。さらに、「内生変数Xを経由してのみ被説明変数Yに対して影響を与える変数（二つ以上あると想定し、ここではk個あると想定する）」[*17]（「操作変数」という）をZ_1～Z_kで表すこととする（内生変数Xが複数ある場合は、内生変数X_jのそれぞれについて、固有の操作変数Z^j_1～Z^j_kを設定する）。

まず、「Z_1～Z_kと$\bar{X}$を説明変数、Xを被説明変数としたOLS推定」を行い、「Z_1～Z_kと$\bar{X}$によるX

の予測値」（X'）を計算する（第1段階推定）[*18]。つぎに、「この予測値X'と$\bar{X}$を説明変数、Yを被説明変数としたOLS推定」を行う（第2段階推定）。すると、得られたX'の係数推定値は、「YからXへの影響」（逆の因果）を除去した上での「XからYへの影響」を表している[*19]。

なぜなら、「Xの変動」（そこには「Yからの影響」も含まれる）のうち、「X'の変動」は「（Yからの影響を受けていない）Z_1〜Z_kと$\bar{X}$」だけから影響を受けているので、「Y（やその他の未知の変数）からの影響」を含んでいない。なので、（$\bar{X}$の変動を統制しながら）「X'の変動」によってYの変動を説明すれば、つまり、「X'と$\bar{X}$を説明変数、Yを被説明変数としたOLS推定」を行えば、それによって得られたX'の係数推定値は、「Yやその他の未知の変数がXにもたらす因果効果」（逆の因果や見かけ上の相関）を除去した上での、「XからYへの因果効果[*20]」となるのである。

以上のプロセスを経た「XからYへの（逆の因果や見かけ上の相関を含まない）因果効果」の推定方法を、「操作変数推定」（のうちの二段階最小二乗法）という[*21]（北村 2009: 64-6; Angrist and Pischke 2009=2013: 115-217; 森田 2014: 223-45; 末石 2015: 21-34, 69-75）。

2・9 すべてを兼ね備えた一階階差GMM推定

したがって、本書のようにパネルデータを使って「各種の政府支出（対GDP比）が経済成長率に与える影響」を分析するには、「逆の因果」を除去する必要があり、そのためには、「動学的推定」「一階階差推定」「操作変数推定」のすべてを適用した方が望ましい。

では、この三つの推定法のすべてを兼ね備えた推定法は、あるのだろうか。現在のところ、少なくとも一つある。それは、「一階階差一般化積率法推定」（一階階差ＧＭＭ推定）である。

「一階階差ＧＭＭ推定」とは、パネルデータ分析において、「動学的推定」を行うと同時に、「一階階差推定」も行い、さらに、できるかぎり多くの「操作変数」を使用して「逆の因果（や見かけ上の相関）」をできるだけ除去するために、開発された推定法である。具体的には、できるかぎり多くの操作変数をパネルデータ（の中の過去の値）から取り出して用いながら、動学的に（つまり被説明変数の前年値を説明変数として回帰式に投入した上で）、一階階差で（全変数を前年値からの差に変換した上で）、操作変数推定を行う。それが一階階差ＧＭＭ推定である[*22]。

なお近年では、一階階差ＧＭＭ推定についても、まだなお問題点（とくに「内生変数Ｘと操作変数Ｚの間の相関が弱い場合[*23]が多いこと」や「個体数よりも時点数のほうが小さいときには推定の偏りが大きくなってしまうこと」）が指摘され、それらの問題点を克服する新たな推定法（レベルＧＭＭ推定、システムＧＭＭ推定、制限情報最尤法推定（ＬＩＭＬ推定））も開発されている（千木良ほか 2011：63-81）。ただし、それらの新しい推定法は、「被説明変数（本章では経済成長率）は分析期間の初期にはほぼ一定だった」という非実際的な前提に基づいていたり（レベルＧＭＭ推定、システムＧＭＭ推定）、「考慮されるべきすべての説明変数を特定できている」という非実際的な前提に基づいていたりと（ＬＩＭＬ推定）、本章の分析（「政府支出の効果」の分析）では実際には使いにくい。そのため本書の分析では、推定法としては「一階階差ＧＭＭ推定」を用いることとした。

ただしデータの制約上の理由から、第3章第2節仮説④での「経済成長率の分析」では、日本データのみでの時系列分析として「ＯＬＳ推定」を用い、第8章の「子ども貧困率の分析」では、時点数が少ないので「一階階差ＯＬＳ推定」を用いた。また、第9章第1節での「出生率と翌年の高齢者率の関係の推定」では、因果関係をシンプルに想定できるため、簡潔な「固定効果推定」を用いた。「固定効果推定」(固定効果モデルともいう)は、各変数を個体平均値との差分に変換(個体内平均へ中心化)した上で、ＯＬＳ推定を行う方法であり、パネルデータ分析においては最も基本的でシンプルな方法である(ただしその分、「逆の因果」などを除去する力は弱い)。

2・10 一階階差ＧＭＭ推定の手続き

一階階差ＧＭＭ推定は、「動学的推定」「一階階差推定」「操作変数推定」をすべて兼ね備えた推定である。

「動学的推定」と「一階階差推定」についてはすでに説明したとおりだ。つまり、被説明変数前年値を説明変数として回帰式に追加投入する(動学的推定)。また、すべての変数を前年値からの差に変換した上で、推定を行う(一階階差推定)。

「操作変数推定」については、標準的な方法においては、つぎのように行う。つまり、計算上どうしても生じてしまう「被説明変数前年値の係数に含まれる漸近バイアス」(Alvarez and Arellano 2003)をできるかぎり低減し、「内生的な説明変数の係数に含まれる同時性バイアス(逆の因果や見かけ上の相関)」をできるかぎり低減するために、操作変数・外生変数として、

・「被説明変数前年値の過去値」（内生変数としての被説明変数前年値のための操作変数）
・「先決変数（被説明変数の一階階差〔に含まれる誤差の一階階差〕からの逆の因果が疑われる説明変数）の前々年までの過去値」（内生変数としての先決変数〔複数あればそれぞれ〕のための操作変数）
・「厳密外生変数（先決変数以外の説明変数）の一階階差」（第1段階推定と第2段階推定の両方で用いられる外生変数）

を使う（Arellano and Bond 1991: 290–1）。

具体的には、全変数を一階階差に変換し、その後で、「被説明変数前年値の一階階差の係数に含まれる漸近バイアス」をできるかぎり低減し、「先決変数の一階階差の係数に含まれる同時性バイアス」をできるかぎり低減するための操作変数として、

・「被説明変数の前々年までのすべての過去値[24]」（これは「GMM型操作変数」と呼ばれる）
・「先決変数[25]の前々年までのすべての過去値[26]」（これも「GMM型操作変数」と呼ばれる）
・「厳密外生変数の一階階差[27]」（これは「標準型操作変数」と呼ばれる）

を最大限使う（佐々木 2006: 13; Drukker 2008）。

そのうえで、まず第一段階の推定として、「操作変数Z_1〜Z_kと外生変数$\bar{X}$を説明変数、X（被説明変数前年値または先決変数）を被説明変数としたOLS推定」を行い、「Z_1〜Z_kと$\bar{X}$によるXの予測値」（X'）を計算する。つぎに第二段階の推定として、この予測値X'と外生変数$\bar{X}$を説明変数、Yを被説明変数としたOLS推定を行って、「XからYへの因果効果」（逆の因果や見かけ上の相関は含まれない）を推定する。ただし実際には、一階階差GMM推定では、計算式の都合上、二段階ではなく一段階で推定

することができる（千木良ほか 2011: 62 注45）。

ここで、一階階差GMM推定においては、理論的に留意すべき点がいくつかある。

第一に、操作変数（GMM型＋標準型）の数が、観測数を超えると、計算上、推定そのものができなくなる（Satchachai and Schmidt 2008）。したがって、操作変数の数は観測数（ただし回帰式に定数が含まれる場合には、定数も操作変数として使われるので、観測数＋1）[*28]までに限定される。

第二に、操作変数の数が、先決変数の数と比べてあまりにも多くなると、「すべての操作変数Z_1～Z_kは、説明変数Xを経由してのみ被説明変数Yに対して影響を与える」（統計学的に言い換えれば「すべての操作変数Z_1～Z_kと誤差が無相関」）という前提条件が満たされなくなってしまう。そこで、この前提条件が満たされていることを確かめるために、「Sargan の過剰識別制約検定」という方法を用いる。この検定においては、一般的には、有意確率pが5％以上（$p \geqq 0.05$）となれば、「すべての操作変数と誤差が無相関、かつ、誤差が均一分散」という仮説（帰無仮説）が棄却されないため、上記の前提条件が満たされているといえる（林 2002: 15-6; 北村 2009: 66-7; Wooldridge 2010: 135; 千木良ほか 2011: 109, 286）[*29]。ただし、帰無仮説が棄却されないための「有意確率pが5％以上」というこの検定の一般的基準は、たいていのデータでは満たされやすいため、かなり甘いものである。そこで本書の分析では、万全を期するために、より厳しい基準を課して、有意確率pが（基本的には）20％以上（$p \geqq 0.20$）の場合に、この前提条件が満たされているとみなすこととする。なお、ここでの「有意確率p」は、あくまで「Sargan の過剰識別制約検定」における有意確率であり、一階階差GMM推定などで得られた係数についての有意性検定（後述）での有意確率とは、異なるものである。

第三に、一階階差GMM推定は、一階階差推定であるため、先述の「OLS推定での一階階差推定」と同様に、「誤差の一階階差」に系列相関が残っていないこと（これが推定の前提条件となっている）を確かめておく必要がある。具体的には、「誤差の一階階差」に一次の（つまりその前年値からの差において）系列相関が残るのは当然であるため、「誤差の一階階差」に二次の（つまりその前々年値からの差において）系列相関がないことを確かめればよい。一階階差GMM推定では、「Arellano-Bond の系列相関検定」という方法を用いて、「誤差の一階階差の系列相関」の有無を確かめる。この検定においては、一般的には、有意確率pが5％以上（p≧0.05）となれば、「誤差の一階階差に二次の系列相関がない」という仮説（帰無仮説）が棄却されないため、「誤差の一階階差に致命的な系列相関は残っていない」といえる（大野 2009: 185; 千木良ほか 2011: 104–5, 109）。ただし本書では、ここでも万全を期するために、より厳しい基準を課して、有意確率pが（基本的には）20％以上（p≧0.20）の場合に、この前提条件が満たされているとみなす。

第四に、一階階差GMM推定は、パネルデータを使った推定であるため、先述の「パネルデータを使ったOLS推定」と同様に、「国ごとの誤差のまとまり」を除去する必要がある。一階階差GMM推定では、その他のパネルデータによる推定（OLS推定など）と同様に、「White の不均一分散一致推定」を用いた「標準誤差のロバスト修正」を行う（北村 2005: 64–5）。

第五に、少なくとも本書の分析では、たとえば２００８年のリーマンショックのように特定の年での一時的なショックをすべての先進諸国が共通して被る場合や、非線形な時代変化（ITの発達、情報や資源のグローバル化など）がすべての先進諸国で共通して見られる場合が、想定できる。それらの場合には、そういった各国共通のショックや非線型時間効果を統制しないと、他の説明変数の係数に偏りが生じかねない。そこで、本書の分析では、「年ダミー」を説明変数として投入することで、各国共通のショックや非線型時間効果を統制する。

第六に、少なくとも本書の分析では、何らかの各国特有の事情によって、その国特有の線形的な時間傾向（単調増加または単調減少）が存在している可能性は、否定できない。国特有の線形時間傾向が存在している場合には、その時間傾向を統制しないと、他の説明変数の係数に偏りが生じかねない。そこで、本書の分析では、「基準年（1960年とした）からの経過年数と国ダミーとの交互作用項」（以下「国特有線形時間傾向」）を説明変数として投入することで、国特有の線形時間傾向を統制する。

以上の点に留意しながら、本書の分析を行った。具体的には、「パネル単位根検定（Maddala-Wu検定）」によって、すべての変数の「一階階差における定常性」を確認した上で、操作変数の最大数を観測数＋1（回帰式に定数を含むため）に限定しながら、「White の不均一分散一致推定」を用いた一階階差GMM推定を行った（年ダミーと国特有線形時間傾向を投入）。その際、その推定結果を用いて、「Sargan の過剰識別制約検定」と「Arellano-Bond の系列相関検定」を行い、操作変数と誤差の前提条件が満たされていることを確認した。*30

その上で、各説明変数の係数を推定し、その係数の有意性の有無（真の係数が0とは考えにくいかどうか）を検定した。その結果、ある説明変数の係数に有意性が認められなかった（真の係数は0と考えられる）場合は、「国や時期によって係数の大きさがまちまちだったため、平均して見れば係数に有意性がなかった」ということにすぎない。そのため、たとえば「日本」だけ（あるいは「一部の時期」だけ）で見れば、有意性が認められるかもしれない。また同様に、ある説明変数の係数に有意性が認められた（真の係数が0とは考えにくい）場合でも、たとえば「日本」だけで見れば、逆の符号の係数で有意性が認められるかもしれないし、あるいはまったく有意性が認められないかもしれない。この点は留意が必要である。

そこで、そういった日本の特殊性をチェックするために、一部の分析では、追加の分析を行った。具体的には、「出生率の要因分析」と「自殺率の要因分析」では、時点数が（したがって日本のケース数も）統計的に平均値が安定する「約30」（東京大学教養部統計学教室編 1991：162-70）に達しているため、主要な説明変数について「日本ダミーとの交互作用効果」も推定した（時点数が30を大幅に下回る場合には、そのような推計には意味がないと考えられる）。その上で、その交互作用効果が当該説明変数の有意効果を打ち消してしまうかどうか（つまり日本では有意性が消えてしまうのかどうか）を確認した。もし打ち消す推定結果が認められた場合には、本文において明記した。結論を先に紹介すれば、「移民人口比率が出生率に与える有意効果」のみが日本では打ち消された。

以上の分析のための統計ソフトとしては「Stata 12.1」を用いた。分析のためのシンタックスについては、Stata のヘルプを参考にした[*31]。

2・11　実際上の留意点

以上は、分析方法に内在する「理論上の留意点」であったが、今度は、入手可能なデータの限界によって引き起こされる「実際上の留意点」を、説明しておこう。

第一は、観測数の大きさについて。

上述の方法で一階階差ＧＭＭ推定を行えば、その推定は、不偏性はもたないものの、一致性はもつ。つまり、観測数が大きければ大きいほど、より誤差の小さい推定となる（第2章第6節参照）。そのため、観測数は大きければ大きいほど望ましい。しかし、本書の一階階差ＧＭＭ推定での観測数は、大きくても４３４、小さい場合には１１２である。はたして、観測数が１１２といった小さな数でもかまわないのだろうか。

本章の分析に最も近い先行研究であるイェイら（Yay and Oktayer 2009）もまた一階階差ＧＭＭ推定を用いているが、そこでの分析の観測数は53～83だった。また、本章の分析課題（経済成長率の規定要因分析）において最も代表的な先行研究の一つであるバロー（Barro 1997=2001: 11, 31）のパネルデータ分析も、操作変数推定（不偏性がない）を用いているが、観測数は80～91だった。本書の分析の観測数はこれらよりも大きいのだから、観測数自体には、慣例上、大きな問題はないといえるだろう。

もちろん、一階階差ＧＭＭ推定は不偏性のない一致推定なのだから、観測数は大きいに越したことはない（推定の誤差がより小さくなるため）。しかし、そもそも現時点（本書執筆時点）で最大限に得られたデータがこの観測数であるので、この観測数に留まってしまうのは仕方がないのも事実だ。より多くの観測数による分析は、今後の研究に期待したい。

第二は、分析期間について。

分析期間（年数）が長すぎると、観測数が大きくなり、また、ＧＭＭ型操作変数の数が（先決変数の数と比べて）増えて系列相関も大きくなるため、「過剰識別制約検定」と「系列相関検定」の有意確率が20％を下回ってしまう。そのため本書の分析では、それらの検定での有意確率がともに20％を下回らない範囲内で、分析期間を現在寄りで最長化する（観測数を最大化する）（なお、分析期間をどのように設定しても有意確率が20％以上にならない場合は、次善の策として、有意確率が5％を超えつつ最大となる分析期間を採用する）。これにより、操作変数と誤差の前提条件を満たすことと[*32]、観測数を大きくする（推定の誤差を小さくする）こととを、両立する。

第三は、いわゆる「多重共線性」について。

投入すべき説明変数が大量に存在する回帰分析（重回帰分析やパネルデータ分析）では、投入された説明変数同士にあまりにも強い相関がある場合には[*33]、推定結果が、説明変数の誤差によって大きく左右されてしまい、推定結果の信頼性が下がってしまう。この問題を「（準）多重共線性」という。多重共線性を生じさせてしまっている説明変数を回帰式に投入すると、典型的には「投入前と投入後で、他の説明変数の有意な係数の符号が逆転する」などの現象が生じ、推定結果の信頼性が損なわれる。したがって多重共線性は、回帰分析において最も留意すべきことの一つである。

重回帰分析では、VIF（分散拡大因子）という指標をおよそ2未満に抑えることで、多重共線性を避けることができる。しかし、パネルデータ分析においては、多重共線性をチェックする簡便な指標が存在しない。そこで本書では、以下の手続きで、多重共線性が生じないように工夫する。

①「ある5％有意な説明変数X_kに多重共線性が生じているかどうか」は、「その説明変数X_kを除去して推定したときに、他の5％有意な諸説明変数のなかに、係数が『除去前は5％有意で正だったが、

除去後は5％有意で負になる』あるいは『除去前は5％有意で負だったが、除去後は5％有意で正になる』といった『有意な係数の符号が逆転する』説明変数が、一つでもあるかどうか」で判断する。

②そのような変化をする説明変数が一つでもある場合には、多重共線性が疑われるため、説明変数X_kを除外する。

③そのような変化をする説明変数が一つもないなら、多重共線性が疑われないため、説明変数X_kを除外しない。

第四は、説明変数の選別について。説明変数の選別においては、まずは理論的な考察をもとに、仮説を設定する。つぎに、これまで述べてきたすべての条件を満たした状態で[*34]、仮説の検証に必要な説明変数（と、必要に応じて、その効果を正確に検出するための「統制変数」）を、回帰式に投入する。仮説が複数ある場合は、理論的に見て最も検討に値する仮説から、順番に、該当する説明変数を投入していく（その際に、多重共線性が生じていないかどうかを上記の方法で確かめる）。

ここで「統制変数」とは、すでに述べたように、「説明変数と被説明変数の両方に影響を与えている（ことによって両変数のあいだに『見かけ上の相関』を生じさせている）と理論的に考えられる変数」であり、その「見かけ上の相関」を除去するために、回帰式に投入されなければならない説明変数のことである。統制変数を投入した際に、統制変数から被説明変数に対して有意な効果が見られないこともあるが、たとえそうだとしても、理論的に統制変数とみなせる限りは、できるだけ投入すべきである（説明変数の数が多くなりすぎて推定値が不安定になる場合を除く)。

2・12 使用データについての留意点

使用データの概要については、本章の冒頭で紹介したとおりだが、細かい点で留意すべき点があるため、ここで補足しておこう。

「労働時間」のデータは、OECD. *Stat* のデータベースで提供されているものであるが、そのデータベースでは、「労働時間のデータは、時系列比較を意図して作成されており、データソースが国によって異なるため、特定年における労働時間の水準の国際比較には適さない。フルタイム労働者とパートタイム労働者を含む」という注釈がついている(OECD 2013)。たとえば、独立行政法人労働政策研究・研修機構の『データブック国際労働比較2014』では、「諸外国では、実際に働いていない有給休暇その他の不就業時間も含んだ支払労働時間当たりで表示されているため、諸外国の時間当たり賃金は日本に比して相対的に低めに算定される」と説明されている(労働政策研究・研修機構 2014: 16)。

この点については、本書の分析方法では、おおよそ実質的に問題ないだろう。というのも、本書の分析方法は、「一階階差推定」を用いている。一階階差推定では、パネルデータ分析(国際比較時系列分析)に使われるデータは、すべて一階階差されたデータであり、各国内の「当年値－前年値」である。つまり、「労働時間」や、それを用いて計算された「労働生産性(＝労働時間当たりの実質GDP)」を説明変数として用いる場合には、「労働時間の水準」ではなく「労働時間の時系列変化(当年値－前年値)」を用いている。これは実質的に、労働時間のデータを「時系列比較」に変換した上で、その範囲内で国際比較をしているので、OECD. *Stat* が意図している「時系列比較」の範囲内に収まっているといえよう。

さらに、労働生産性のデータを被説明変数として用いる場合は、より厳密さを保証するために、「労働生産性の成長率」に変換して用いている（第4章）。「労働生産性の成長率」は、労働生産性をまさに「時系列比較」に変換した後のデータであるから、上記の問題を一応クリアしていることになる。

ただし、それでもなお、留意すべき点がある。それは、日本以外のほとんどのＯＥＣＤ諸国（主に欧米諸国）では、「有給休暇の増減」が労働時間の増減に反映されているが、日本ではそれが反映されていない、という点である。本書の分析で見られる「労働時間の効果」は、国数（データ数）が多い「欧米諸国」のデータが主に反映されているので、「就業日における労働時間の増減による効果」だけでなく「有給休暇の増減による効果」も含まれていると解釈すべきだろう。

また、表の中の「保育」は「保育サービス（「子育て家族向け社会保障」の「現物給付」における「デイケア／ホームヘルプ・サービス」）への公的支出」を表しているが、２０００年以降では、その支出に「就学前教育（日本では主に幼稚園）への公的支出」も含まれている。さらに、「移民人口比率」は、「外国で生まれた人の総人口に対する割合（%）」であり、難民も含む（The World Bank 2015)。

使用データについては、以上の点に留意されたい。

表 2-1　各変数の定義と主要国での平均値（2000 ～ 2009 年）

	スウェーデン	ノルウェー	フィンランド	デンマーク	ドイツ	ベルギー	オランダ	フランス	イギリス	カナダ	オーストラリア	ニュージーランド	アメリカ	日本	OECD二八カ国平均
財政余裕（税・社会保険料収入－社会保障支出、対 GDP%）	19.35	20.76	18.39	21.22	9.37	17.62	17.29	13.88	14.98	16.31	12.10	15.26	10.60	8.54	14.74
一人当たり GDP（実質、2005 年基準購買力平価）	31913	46658	30237	32769	31589	31904	35353	29240	32090	34384	32001	24384	41493	30017	30302
一人当たり経済成長率（一人当たり実質 GDP 成長率）	1.50	0.98	1.67	0.46	0.92	1.00	1.15	0.64	1.51	1.07	1.69	1.22	0.73	0.48	1.44
労働生産性（被用者一人一労働時間当たり実質 GDP）	29.29	36.04	28.16	29.04	29.06	34.34	32.15	34.21	28.03	27.74	27.66	19.98	34.70	23.73	24.82
労働生産性の対前年成長率（%）	1.70	1.09	1.67	0.50	1.22	0.74	1.09	1.20	1.42	0.96	1.59	1.12	1.76	1.48	1.64
失業率（労働力人口に占める%）	6.35	3.58	8.29	4.60	8.89	7.59	3.36	8.75	5.29	7.00	5.48	4.74	5.54	4.65	6.40
失業率の対前年上昇率（%）	2.81	1.28	-1.52	4.48	-0.38	-0.14	1.91	-2.16	3.80	1.57	-1.39	-0.11	10.05	1.05	3.21
男性の失業率（労働力人口に占める%）	6.51	3.82	8.06	4.25	8.97	6.87	3.06	7.86	5.82	7.37	5.45	4.57	5.73	4.85	6.02
女性の失業率（労働力人口に占める%）	6.16	3.33	8.55	5.00	8.80	8.51	3.73	9.78	4.67	6.56	5.51	4.91	5.32	4.39	6.94
労働力参加率（15 歳以上人口に占める労働力人口の%）	63.44	66.00	61.38	65.95	58.53	52.66	64.74	55.86	61.98	66.58	64.35	66.82	65.34	60.96	60.26
女性労働力率（労働力人口に占める女性の%）	47.35	46.93	47.82	46.76	44.63	43.88	44.51	46.30	45.60	46.45	44.69	46.05	45.90	41.15	43.53
第二次産業比率（被用者人口に占める%）	22.36	21.11	25.76	23.33	30.84	24.89	18.95	24.23	22.66	22.11	21.30	22.24	20.83	28.52	25.01
第三次産業比率（被用者人口に占める%）	75.26	75.00	68.95	73.56	66.87	73.31	72.49	71.88	75.73	75.27	74.80	69.77	77.30	65.99	68.08
労働時間（被用者一人一年当たり）	1608	1420	1714	1577	1432	1564	1402	1490	1677	1742	1726	1796	1802	1784	1753
労働時間の対前年増加率（%）	-0.38	-0.45	-0.53	-0.06	-0.75	-0.19	-0.37	-0.57	-0.38	-0.45	-0.53	-0.55	-0.44	-0.54	-0.50
総人口（万人）	904	463	525	542	8230	1050	1630	6290	6020	3220	2040	409	29400	12800	4100
年少人口比率（0 ～ 14 歳人口の対総人口%）	17.49	19.61	17.45	18.60	14.48	16.94	18.38	18.51	18.11	17.79	19.85	21.67	20.66	13.92	18.51
老年人口比率（65 歳以上人口の対総人口%）	17.37	14.76	15.83	15.20	18.54	17.20	14.08	16.37	16.01	13.10	12.86	12.09	12.44	19.59	14.46
移民人口比率（移民人口の対総人口%）	12.21	7.88	3.20	7.68	12.78	8.43	10.57	10.26	9.54	19.36	21.24	20.45	13.19	1.54	10.34
新規結婚率（人口 1,000 人当たり新規結婚数）	4.77	4.83	5.35	6.72	4.70	4.15	4.69	4.34	4.80	4.66	5.49	5.15	7.60	5.81	5.28
離婚率（人口 1,000 人当たり離婚数）	2.32	2.27	2.56	2.75	2.41	2.93	2.01	2.03	2.52	2.21	2.53	2.42	3.75	2.10	2.11
出生率（合計特殊）	1.44	1.30	1.79	1.80	1.36	1.76	2.02	1.94	2.21	1.57	1.82	1.87	2.49	1.33	1.68
自殺率（人口 10 万人当たり、年齢調整済）	12.55	11.47	19.97	12.24	11.58	18.23	9.02	17.03	6.76	11.13	11.16	12.60	11.31	22.04	13.16
一般政府の税収＋社会保険料収入（対 GDP%）	48.17	42.81	44.07	48.75	36.08	44.18	38.30	43.70	35.43	33.52	29.14	34.07	26.85	27.00	35.23
法人所得税率（対所得%）	27.83	28.00	27.50	28.30	38.60	35.85	31.11	35.32	29.60	35.57	30.40	32.40	39.27	40.07	29.81
高所得者の個人所得税率＋社会保険料率（対所得%）	55.57	45.26	51.49	51.24	54.18	62.25	42.97	43.26	38.12	33.62	36.67	26.50	36.44	31.00	41.66
中所得者の個人所得税率＋社会保険料率（対所得%）	47.74	39.35	46.28	42.07	53.38	57.00	39.12	42.83	33.84	32.82	28.76	21.23	30.47	28.45	37.29
低所得者の個人所得税率＋社会保険料率（対所得%）	46.20	35.54	41.30	39.60	48.24	51.59	39.07	38.43	30.75	27.91	25.03	18.88	28.59	26.81	33.63
相続税収＋贈与税収（対 GDP%）	0.06	0.09	0.29	0.22	0.17	0.53	0.32	0.47	0.23	0.00	0.00	0.00	0.26	0.30	0.16
教育・社会保障以外の一般政府支出（対 GDP%）	18.10	14.45	17.89	17.91	14.59	17.32	19.84	17.68	17.74	18.70	13.13	13.49	15.16	13.93	16.72

公的教育支出（対 GDP%）	7.01	6.99	6.23	8.24	4.64	6.11	5.37	5.70	5.23	5.06	4.72	6.32	5.54	3.54	5.45
児童一人当たり初等教育支出（対一人当たり GDP%）	24.46	19.50	18.13	25.25	16.31	20.11	17.50	18.16	19.11	-	16.92	18.33	21.30	21.90	20.32
生徒一人当たり中等教育支出（対一人当たり GDP%）	29.42	28.43	29.76	34.50	22.34	30.75	24.46	28.91	26.92	-	15.92	20.57	24.19	21.91	25.01
学生一人当たり高等教育支出（対一人当たり GDP%）	43.82	46.61	35.61	62.05	-	36.15	42.74	34.32	25.53	-	22.27	29.97	24.01	19.00	32.68
老齢福祉支出（対 GDP%）	9.39	6.54	8.41	7.30	8.88	7.20	5.41	10.96	5.86	3.85	4.56	4.36	5.34	8.40	6.72
年金（対 GDP%）	6.76	4.49	6.74	5.04	8.11	6.83	4.61	10.30	4.25	3.85	3.15	4.36	5.26	7.24	5.59
年金以外の現金給付（対 GDP%）	0.12	0.15	0.73	0.45	0.76	0.23	0.02	0.36	1.08	0.00	0.08	0.00	0.04	0.02	0.57
現物給付（対 GDP%）	2.50	1.91	0.94	1.82	0.01	0.14	0.78	0.30	0.52	-	1.33	0.00	0.04	1.14	0.59
医療支出（対 GDP%）	6.69	5.72	5.90	6.43	8.01	7.23	6.31	8.55	6.53	6.86	5.67	6.74	7.08	6.23	6.08
障害福祉支出（対 GDP%）	5.35	4.63	3.80	4.24	2.27	2.47	3.46	1.82	2.50	0.95	2.38	2.78	1.26	0.78	2.37
現金給付（対 GDP%）	3.52	3.86	2.92	2.97	1.47	1.86	3.20	1.65	2.13	0.95	1.88	2.78	1.26	0.59	1.96
現物給付（対 GDP%）	1.83	0.77	0.88	1.27	0.80	0.61	0.26	0.18	0.37	-	0.50	0.00	-	0.19	0.45
子育て支援支出（対 GDP%）	3.30	2.98	2.96	3.62	2.02	2.64	1.68	3.03	3.14	1.05	2.85	2.82	0.71	0.78	2.10
児童手当（対 GDP%）	0.802	0.773	0.901	0.988	0.923	1.527	0.667	1.056	0.814	0.651	2.053	1.035	0.130	0.238	0.861
産休育休（対 GDP%）	0.644	0.682	0.642	0.552	0.209	0.176	0.000	0.356	0.203	0.234	0.073	0.050	-	0.124	0.276
特殊な現金（対 GDP%）	0.082	0.178	0.064	-	0.131	0.002	0.038	0.002	1.066	-	0.069	1.002	-	0.000	0.224
保育（対 GDP%）	1.637	0.832	0.962	1.888	0.389	0.771	0.972	1.240	0.878	0.168	0.417	0.687	0.307	0.332	0.650
特殊な現物（対 GDP%）	0.140	0.511	0.394	0.195	0.371	0.162	-	0.372	0.181	-	0.241	0.049	0.270	0.085	0.212
保育以外の現物（対 GDP%）	0.140	0.511	0.394	0.195	0.371	0.162	0.000	0.372	0.181	0.000	0.241	0.049	0.270	0.085	0.177
就労支援支出（対 GDP%）	1.32	0.62	0.88	1.65	1.03	1.14	1.32	1.01	0.34	0.34	0.34	0.37	0.14	0.26	0.58
職業紹介（対 GDP%）	0.264	0.119	0.160	0.319	0.269	0.192	0.436	0.221	0.281	0.169	0.183	0.097	0.037	0.163	0.154
職業訓練（対 GDP%）	0.355	0.315	0.373	0.517	0.387	0.151	0.117	0.313	0.024	0.110	0.016	0.183	0.057	0.044	0.171
ワークシェアリング（対 GDP%）	0.021	0.000	0.053	0.000	0.000	0.024	0.000	0.000	0.000	0.000	0.000	0.000	0.000	0.000	0.004
雇用奨励金（対 GDP%）	0.429	0.032	0.102	0.275	0.083	0.259	0.023	0.126	0.016	0.008	0.010	0.019	0.004	0.041	0.108
援助付き雇用（対 GDP%）	0.211	0.120	0.092	0.528	0.092	0.119	0.534	0.066	0.010	0.017	0.053	0.050	0.033	0.002	0.093
雇用創出（対 GDP%）	0.007	0.059	0.086	0.006	0.123	0.388	0.206	0.267	0.006	0.023	0.069	0.007	0.007	0.013	0.080
開業奨励金（対 GDP%）	0.031	0.002	0.015	0.000	0.078	0.004	0.000	0.013	0.000	0.010	0.010	0.019	0.000	0.001	0.015
失業給付支出（対 GDP%）	1.00	0.46	1.94	2.66	1.57	3.19	1.36	1.57	0.31	0.71	0.63	0.65	0.40	0.47	0.95
遺族福祉支出（対 GDP%）	0.59	0.30	0.90	0.01	2.30	2.05	0.31	1.71	0.19	0.41	0.21	0.15	0.77	1.28	1.02
現金給付（対 GDP%）	0.59	0.29	0.90	0.00	2.29	2.05	0.31	1.71	0.19	0.41	0.21	0.15	0.77	1.26	1.02
現物給付（対 GDP%）	-	0.01	0.00	0.01	0.01	0.01	0.00	0.00	0.00	-	0.00	0.00	-	0.02	0.01
住宅補助支出（対 GDP%）	0.54	0.16	0.32	0.69	0.48	0.10	0.36	0.83	1.38	0.46	0.25	0.79	0.00	0.00	0.37
生活保護その他の社会保障支出（対 GDP%）	0.64	0.64	0.55	0.94	0.17	0.53	0.81	0.35	0.20	2.57	0.14	0.14	0.55	0.26	0.50
現金給付（対 GDP%）	0.36	0.30	0.32	0.72	0.12	0.38	0.76	0.34	0.14	2.25	0.05	0.12	0.28	0.25	0.36
現物給付（対 GDP%）	0.28	0.34	0.23	0.22	0.04	0.15	0.05	0.00	0.07	0.32	0.09	0.02	0.27	0.01	0.15

データの出所は、新規結婚率・離婚率はUnited Nations（2013）、経済・人口関連はThe World Bank（2015）、税率はOECD（2013b）、その他はOECD（2013a）。「-」はデータが報告されていないことを示す。なお、欠損値のうちのごく一部（偶発的なものなど）は、前後の数値の平均値によって補完されている。

注

＊1　「ＯＥＣＤ」は、「経済協力開発機構」の略語で、欧米・日韓などの主な先進諸国が加盟している国際機関である。また、ここでの「28ヵ国」は、本分析が対象とする期間の最終年である２００９年までにＯＥＣＤに加盟した30ヵ国のうち、チェコとスロヴァキア（他の諸国と比べて、独立国家として政策を運用した期間がはるかに短いため、対象から除外した）を除く28ヵ国である。具体的には、アルファベット順に、オーストラリア、オーストリア、ベルギー、カナダ、デンマーク、フィンランド、フランス、ドイツ、ギリシア、ハンガリー、アイスランド、アイルランド、イタリア、日本、韓国、ルクセンブルク、メキシコ、オランダ、ニュージーランド、ノルウェー、ポーランド、ポルトガル、スペイン、スウェーデン、スイス、トルコ、イギリス、アメリカである。

＊2　国レベルや地方レベルのようなマクロレベルのパネルデータは、「個体（国や地方）はランダムサンプリングされたわけではない」という点に着目して、ランダムサンプリングされた個人を個体とした個人レベルのパネルデータと区別するために、「時系列・横断面（Time-Series Cross-Sectional, TSCS）データ」と呼ばれることもある。なお、マクロレベル・パネルデータ分析では、同一個体内の時系列での変動（一階階差など）のなかにランダム性が含まれていると想定する。

＊3　なお、私自身は、このように大多数の人々が株式会社で生計を立てる状況よりも、大多数の人々が協同組合で生計を立てる状況のほうが、より民主的で望ましいのではないかと考えている。このような考え方は、マルクスの『フランスにおける内乱』（１８７１年）やテンニースの『ゲマインシャフトとゲゼルシャフト　第2版』（１９１２年）に由来する古い考え方だが（柴田 2012a）、今なお意義があると思われる。

＊4　他にも、「その政策が開始された場合には、開始されなかった場合と比べて、社会の状態がどうなる傾向があるか」を統計的に分析することもある。しかしその場合は、「その政策がどの程度の規模で実施されたのか」といった量的差異を考慮できない、というデメリットがある。その量的差異を考慮するには、やはり、「その政策に使われた公的支出の大きさ」や「その政策に関する税率・税収の大きさ」に注目する必要がある。

＊5　たとえば、Barro（1991）、Mauro（1995）、Barro（1997=2001）、Padovano and Galli（2001）、Widmalm（2001）、Rock and Bonnett（2004）、Sala-i-Martin et al.（2004）、Sakamoto（2005）、Cuaresma and Doppelhofer（2007）、

Yay and Oktayer（2009）、Ciccone and Jarocinski（2010）など。

＊6　「相関」とは、「一方の値が大きいときに、他方の値も大きい傾向にあること」（正比例、正の相関）や、「一方の値が大きいときに、他方の値は小さい傾向にあること」（反比例、負の相関）を意味する。

＊7　なお、「被説明変数」は、「説明変数」に従属して変化すると想定されるので、「従属変数」とも呼ばれる（また「目的変数」「反応変数」「結果変数」とも呼ばれる）。それに対して、「説明変数」は、何にも従属しないと想定されるので、「独立変数」とも呼ばれる（また「予測変数」とも呼ばれる）。

＊8　正確には、「説明変数$_1$と被説明変数の間で生じている、第三変数による見かけ上の相関」。「交絡（による内生性）」ともいう。

＊9　これを「説明変数$_1$が外生的である」という。

＊10　この被説明変数における予測値と実測値のズレを「残差」という。

＊11　これを「推定の不偏性」という。

＊12　これを「推定の有効性（効率性）」という。

＊13　これを「推定の一致性」という。

＊14　ただし、第8章の分析においては、時点数が4（一階階差にすると3）と少ないため、一階階差の定常性の検定はできていない。

＊15　厳密に言えば、「見かけ上の相関」を完全に除去するために十分な種類の統制変数を特定したり入手したりすることは、不可能に近い。その場合には、理想的な操作変数（後述）を使って操作変数推定を行えば、「見かけ上の相関」も除去することができる。ただし、理想的な操作変数を見つけることもまた、実際にはかなり難しい。

＊16　「構造方程式モデリング」（SEM）とも呼ばれる。

＊17　操作変数Zが一つだけの場合は、「ZからYへの間接的影響の大きさ（ZとXを説明変数、Yを被説明変数としたOLS推定で得られるZの係数）」=「ZからXへの直接的影響の大きさ（ZとXを説明変数、Xを被説明変数としたOLS推定で得られるZの係数）」×「XからYへの直接的影響の大きさ（そこには「YからXへの影響」（逆の因果）は含まれない）」、という関係式が成り立ち、より簡単な推定が可能になる。

＊18　外生変数群$\bar{X}$を説明変数として投入することが、忘れられやすいポイントである（Angrist and Pischke. 2009=2013: 190）。

＊19　この推定は、不偏性はないが一致性はある（林 2002: 4）。

＊20　ただしこれは、「あらゆる個体たちに見られる因果効果」ではなく、「Z_1〜Z_kに反応する個体たちだけに見られる局所的な因果効果」（局所的平均処置効果、LATE）にすぎないことには注意が必要である（森田 2014: 236）。

＊21　実際には標準誤差を正しく得るために、Stataなどの統計ソフトでは1回で推定される（森田 2014: 228）。

＊22　操作変数推定と同様に、この推定も、不偏性はないが一致性はある。

＊23　被説明変数の前年値が被説明変数に与える影響（被説明変数の係数）が1に近いとき、この問題が生じているとされる（千木良ほか 2011: 64）。なお、本書の分析ではすべて、その影響（係数）は-0.01〜0.55の範囲内であるため、1からは遠く、この問題はほとんど生じていないと考えられる。

＊24　この操作変数の数は、最大で、{被説明変数の年数×（被説明変数の年数＋1）／2}個。たとえば、被説明変数のデータが1982〜2009年の28年分投入されている場合は、28×29／2＝406個となる。

＊25　すでに過去値として投入されている説明変数は、「被説明変数からの逆の因果」を被り得ないので、この先決変数には含まれない。

＊26　この操作変数の数は、最大で、{当該先決変数の年数×（当該先決変数の年数＋1）／2}個。たとえば、当該先決変数のデータが1982〜2009年の28年分投入されている場合は、28×29／2＝406個となる。

＊27　この操作変数の数は、最大で、「内生性が疑われない説明変数」の個数。

＊28　本書の分析で用いた統計ソフトStataでは、一階階差GMM推定のコマンド「xtabond」を使うと、回帰式に定数が含まれる場合には、定数の推定には階差方程式（differenced equation）ではなく水準方程式（level equation）が用いられ、その水準方程式のための標準型操作変数としては定数が使われる。

＊29　ただし、統計的検定においては常に、標本サイズ（パネルデータではN×T）を増やすと、検定力が上がり、帰無仮説が否定される可能性が高まる。よって標本サイズが限定されている場合には、帰無仮説が棄却されなかったとしても、帰無仮説を積極的に支持することはできない（Wooldridge 2010: 135）。これは次の「Arellano-Bond の

系列相関検定」についても同様。

＊30　さらに、第3章から第7章までの「一階階差GMM推定」を用いたすべての分析で、ファイナルモデルについて、「固定効果推定」で、再分析をした（被説明変数のラグ項を投入、各変数で差分なし、個体内平均に中心化、ロバスト標準誤差）。固定効果推定は、一階階差GMM推定よりはシンプルだが（つまり「逆の因果」などの内生性を除去する力は弱いが）、推定値が比較的安定しやすいため、推定値の安定性のチェックに使える。再分析の結果、すべてのファイナルモデルにおいて、（内生性の除去が弱まるためか）一部の説明変数で係数の有意性が弱まったが、それ以外の（ファイナルモデルで係数が有意だった）説明変数では同じ程度の有意性で同じ符号の推定値が得られた（各分析結果を示した部分での脚注を参照）。したがって、本書のすべてのファイナルモデルは、少なくとも使用データに基づく範囲では、それなりに頑健な結果を得られているといえるだろう。

＊31　Maddala-Wu検定には「xtfisher」、一階階差GMM推定には「xtabond」、Sarganの過剰識別制約検定には「estat sargan」、Arellano-Bondの系列相関検定には「estat abond」、一階階差OLS推定には「reg」、固定効果推定には「xtreg」、標準誤差のロバスト修正（Whiteの不均一分散一致推定）には「r」を用いた。なお「xtabond」コマンドでは、先決変数は「,pre(X)」オプションのXで指定し、指定した先決変数は説明変数リストには入れない。参照したStataのヘルプは、たとえば「xtabond」の場合はStataCorp LP（2015）である。

＊32　少なくとも5％以上あれば、計量分析の慣例上、問題はないようだ。千木良ほか（2011: 109）を参照。

＊33　より正確にいえば、「ある説明変数が他の諸説明変数によってあまりにもよく説明されてしまう場合には」。

＊34　つまり、「Maddala-Wu検定」によって、すべての変数の「一階階差における定常性」を確認した上で、操作変数の数を観測数＋1に限定しながら、「Whiteの不均一分散一致推定」を用いた一階階差GMM推定を行い（年ダミーと国特有線形時間傾向を投入）、その推定結果を用いて、「Sarganの過剰識別制約検定」と「Arellano-Bondの系列相関検定」を行い、操作変数と誤差の前提条件が満たされていることを確認する。

第3章

財政を健全化させる要因

——労働生産性の向上

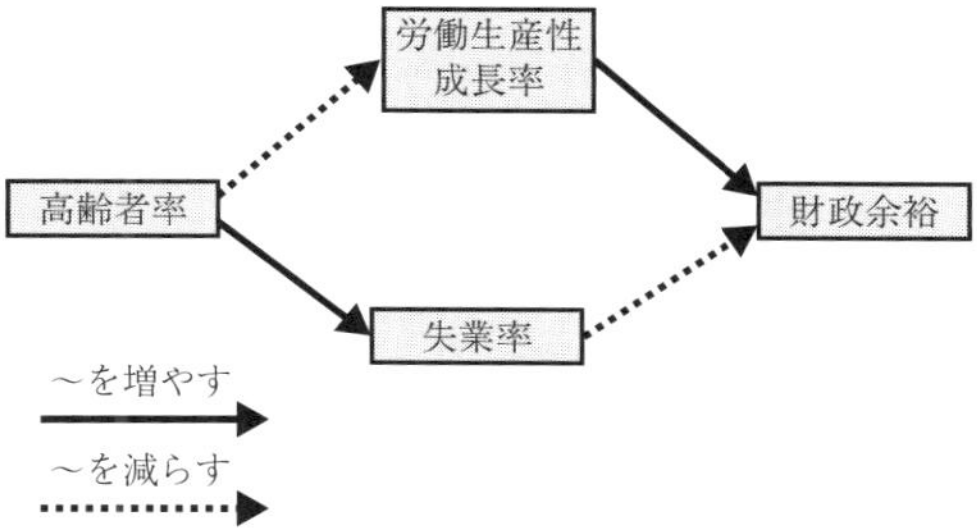

3・1　背景――財政難という問題

第1章の冒頭で見たように、日本の財政が悪化している主な原因は、「社会保障以外の財政余裕」（税・社会保険料収入－社会保障支出）の減少にあった（図1－1・図1－2）。では、その「社会保障以外の財政余裕」は、どのような要因によって左右されているのだろうか。そこで本章では、前章で解説した「一階階差GMM推定」を使って、その要因を分析してみよう。

なお、本章の分析では、被説明変数は、「社会保障以外の財政余裕」つまり「税・社会保険料収入－社会保障支出」（対GDP％）であるわけだが、表記的に長々しいため、以下では略して「財政余裕」と呼ぶことにする。

また、本章の分析では、財政方式については扱わない。ここでその理由を説明しておこう。社会保障の財政方式は、主に、「税方式」（全世代の収める税で賄う方式）と「賦課方式」（主に現役世代の支払う保険料で賄う方式）と「積立方式」（主に各世代が現役時代に積み立てた保険料で賄う方式）の3つに分けることができる。日本の社会保障は、賦課方式と税方式を組み合わせたものになっている。それに対して、日本の社会保障の財政方式について、「完全な税方式に近づける」「税方式と積立方式を組み合わせたものに近づける」「完全な積立方式に近づける」などの議論がある。たしかに、財政方式を変えることで、財政余裕も変わる可能性が高い。ただし、「財政方式の変化が財政余裕に与える影響」を統計データで分析することは、「財政方式の変化」についての統計データが乏しいため、原理的に難しい。そのため、財政方式については統計分析で議論することが難しいので、本章ではなく第10章で検討することにしたい。

3・2　仮説

分析方法（第2章第11節）で述べたように、分析の第一歩として、まずは、理論的な仮説を設定しておく必要がある。そこで以下で、本分析で設定した仮説を順に説明しておこう。

仮説①――人口高齢化による財政悪化

人口が高齢化すると、消費のさかんな生産年齢人口の比率が小さくなるため、需要が減って失業者が増えて税収が減るだろう。あるいは、主に年金・介護・医療の領域で社会保障支出が増えるだろう。それらにより、「財政余裕」（税・社会保険料収入－社会保障支出）は減ると考えられる。

そこで、次の仮説を設定する。「老年人口比率が上がると、同年の財政余裕が減る」。

仮説②――失業率の上昇による財政悪化

失業者人口（対人口比）が増えると、その分、被用者人口（就業者人口）は減る傾向にあるため、税収が減るだろう。また、失業給付の領域で、社会保障支出が増えるだろう。よって結果として、財政余裕は減ると考えられる。なお、失業者人口は、「労働力人口（被用者人口＋失業者人口）」×「失業率（労働力人口における失業者の割合）」として表現されるため、本仮説を検証するには、「労働力参加率（15歳以上人口における労働力人口の割合）」と「失業率」の両方を回帰式に投入する必要がある。
そこで、次の仮説を設定する。「失業率が上がると、同年の財政余裕が減る」。

仮説③——経済成長による財政健全化

本書では、「経済成長」とは、「国内人口一人当たりの（つまり平均的な）物質的豊かさ（購買力）の増大」を指すこととする。これを統計データで表現すると、「一人当たり実質ＧＤＰの対前年上昇率（％）」となる。ＧＤＰとは、国内総生産の略であり、国内で生産された付加価値の総計である。実質ＧＤＰとは、ＧＤＰから物価による影響を除去したもの（購買力）である。

さて、経済が成長する場合、つまり「一人当たり実質ＧＤＰ」が増える場合を考えてみよう。多くの場合、各種の税率は変わらないため、税・社会保険料収入の金額は増えるだろうけれども、その金額の「対ＧＤＰ比」はあまり変わらないだろう。他方で、社会保障のニーズが経済成長によって増えることは少ないので、社会保障支出の金額はあまり増えないだろう。すると、「社会保障支出の対ＧＤＰ比」は減ることになる。したがって、財政余裕は増えると考えられる。

そこで、次の仮説を設定する。「一人当たり実質ＧＤＰ成長率が上がると、翌年の財政余裕が増える」。

仮説④——労働生産性の向上による財政健全化

ここで、経済成長をいくつかの要素に分解して、「財政健全化をもたらす要因」をもっと詳しくみてみたい。「経済成長率」（一人当たり実質ＧＤＰの成長率）は、次の式のように要素を分解することができる。

「一人当たり実質ＧＤＰ」
＝「実質ＧＤＰ／人口」
＝「{実質ＧＤＰ／(被用者人口×被用者一人当たり年間労働時間)}×{(被用者人口×被用者一人当たり年間労働時間)／人口}」
＝「労働生産性×{(被用者人口×被用者一人当たり年間労働時間)／人口}」
＝「労働生産性×(被用者人口／人口)×被用者一人当たり年間労働時間」
＝「労働生産性×被用者人口比率×被用者一人当たり年間労働時間」

つまり、「一人当たり実質ＧＤＰ」は、「労働生産性」「被用者人口比率」「労働時間」という三つの要素から成る（労働生産性は「被用者一人当たり一労働時間当たりの実質ＧＤＰ」として定義されている）。したがって、「経済成長率」（一人当たり実質ＧＤＰの成長率）は、「労働生産性」「被用者人口比率」「労働時間」という三つの要素の変化（成長率）へと、分解することができる。

ここで、実際の日本のデータでそれを確認してみよう。本来は、

「1＋経済成長率×0.01」
＝「1＋労働生産性の成長率×0.01」×「1＋被用者人口比率の成長率×0.01」×「1＋労働時間の成長率×

0.01」
＝1＋「労働生産性成長率＋被用者人口比率成長率＋労働時間成長率」×0.01＋「労働生産性成長率×被用者人口比率成長率＋被用者人口比率成長率×労働時間成長率＋労働時間成長率×労働生産性成長率」×0.0001＋「労働生産性成長率×被用者人口比率成長率×労働時間成長率」×0.000001

という関係になっている。しかしそれだと分析が複雑になるため、ここでは、0.0001と0.000001が掛かっている2つの項を（数値としては非常に小さくなるので）割愛した上で、式を整理して、

「経済成長率」＝定数＋係数$_1$×「労働生産性の成長率」＋係数$_2$×「被用者人口比率の成長率」
＋係数$_3$×「労働時間の成長率」

というシンプルな回帰式を設定して、そこでの定数と係数を推定してみよう。予想としては、定数が「0」、係数が3つとも「約1」になるはずだ。

本書の使用データ（前章参照）の中の日本の時系列データを使って時系列分析（OLS推定）を行うと、次の回帰式が得られる。

「経済成長率」＝－0.160＋1.222×「労働生産性の成長率」＋1.061×「被用者人口比率の成長率」
＋0.754×「労働時間の成長率」（定数は非有意、係数はすべて0・1％水準で有意）*1

予想通り、定数は非有意であり統計学的には「0」に等しい。また、3つの係数はいずれも強く有意であり、小数点下一桁を四捨五入すれば「1」であるから「約1」といえるだろう。つまり、「被用者人口比率の成長率」と「労働時間の成長率」が変わらないとすれば、「労働生産性の成長率」が1%ポイント上がると、「経済成長率」が約1%ポイント上がる。これは、労働生産性の成長率が、経済成長率に直結していることを意味する。[*2] 同様に、被用者人口比率の成長率や、労働時間の成長率も、経済成長率に直結している。

では、これら三つの要素（労働生産性、被用者人口比率、労働時間）は、それぞれどの程度、財政健全化に対して効果をもっているのだろうか。

本分析では、すでに仮説②で、「労働力参加率（＝被用者人口比率＋失業率）」と「失業率」の両方を投入している。よって、「失業率」は統制されているので、「労働力参加率」の係数が正（プラス）になれば、「被用者人口比率が財政健全化を促す」と解釈することができる。

そこで本分析では、残る二つの要素の効果も検証することにしたい。つまり、「経済成長率」のかわりに「労働生産性」と「労働時間」を投入することで、それらの変化が財政余裕に与える効果を検証する。そしてその際、三つの要素のうち、仮説④として特に着目したいのは、とりわけ多くの人々にとって関心が高いと思われる「労働生産性」だ。

というのも、「被用者人口比率」は、「大きい方が良い（他の条件が等しければ、人間は働くほうが良い）」のか、「小さい方が良い（他の条件が等しければ、人間は働かない方が良い）」のかは、一概には判断できない。なぜならこれは、価値観の問題（働くこと自体に価値を置くかどうか）だからだ。

同様にして、「労働時間」もまた、「長い方が良い（他の条件が等しければ、人間はより長く働くほうが良い）」のか、「短い方が良い（他の条件が等しければ、人間はより短く働くほうが良い）」のかも、一概に判断できない。なぜならこれも、価値観の問題（長く働くことに価値を置くかどうか）だからだ。

それらに対して、「労働生産性」は、おそらく多くの人々にとって、「高い方が良い」とみなされているだろう。というのも、高い方が、そもそも「世帯構成員のうちの誰が働くか（被用者なるかどうか）」や、「働く構成員がどのくらい長く働くか（労働時間）」などを、各世帯の状況（たとえば幼い子どもがいるかどうかなど）や、各人の状況（たとえば現在の仕事が好きかどうかなど）に合わせて、より自由かつ柔軟に自己決定できるようになるからである（そのため、労働生産性は「ワークライフバランスの指標」ともいえよう）。

よって仮説④としては、経済成長率の三つの要素（労働生産性、被用者人口比率、労働時間）のうち、とりわけ多くの人々にとって関心の高いであろう「労働生産性」に着目し、それが財政余裕にもたらす効果を検証する。つまり、次の仮説を設定する。「労働生産性が上がると、翌年の財政余裕が増える」。

3・3 データと方法

分析に用いるデータの定義・出典・概要は、第2章第1および12節のとおりだ。

分析の方法は、一階階差ＧＭＭ推定（第2章第9～11節参照）を用いる。それにより、「老年人口比率」（仮説①）・「失業率」（仮説②）・「一人当たり実質ＧＤＰ成長率」（仮説③）・「労働生産性」（仮説④）のそ

表 3-1　財政余裕（税・社会保険料収入－社会保障支出）の規定要因の分析結果
（一階階差ＧＭＭ推定、ロバスト標準誤差）*3

従属変数（*斜体*は先決変数）	税・社会保険料収入－社会保障支出(対 GDP%)			
モデル	モデル 1	モデル 2	モデル 3	モデル 4
分析期間	2004-2009	2004-2009	2004-2009	2003-2009
税・社会保険料収入－社会保障支出（前年）	0.445**	0.226	0.223	0.262***
一人当たり実質 GDP 成長率（前年）			0.218*	
労働生産性（前年）				0.833**
労働時間（前年）				0.0143
失業率		−0.505***	−0.489***	−0.554***
労働力参加率（対 15 歳以上人口%）		0.27	0.261	0.205
年少人口比率	−3.889	−1.885	−2.01	−0.854
老年人口比率	−5.589**	−3.687	−3.527	−1.842
年特有固定効果	上昇下降	上昇下降	上昇下降	上昇下降
国特有線形時間傾向	投入	投入	投入	投入
日本特有線形時間傾向	2.066*	1.357	1.318	0.302
定数	177.3**	97.9	96.74	19.65
観測数	164	164	164	191
国数	28	28	28	28
操作変数（GMM 型＋標準型）の数	165	165	165	192
Sargan の過剰識別制約検定（有意確率）	0.2646	0.1555	0.2644	0.0767
Arellano-Bond の系列相関検定（2 次系列相関の有意確率）	0.4332	0.055	0.1775	0.1949

*p<0.05、**p<0.01、***p<0.001。使用データと変数の定義は第 2 章第 1 および 12 節を参照。有意な係数は、セルを灰色で着色した。

れぞれが「財政余裕」（税・社会保険料収入－社会保障支出）に与える影響を、統計的に検証する。

3・4　結果

表3－1は、財政余裕（税・社会保険料収入－社会保障支出）の規定要因を分析した結果だ。モデル4は、仮説①～④のすべてを最も慎重に検証したモデルであるため、ファイナルモデル（最終的なモデル）とみなすことができる。

仮説①の検証――人口高齢化による財政悪化

失業率を統制しないモデル1では「老年人口比率（同年）」の係数は有

意で負であり、「高齢化が進むほど財政余裕が減る」という傾向が示されている。しかし、失業率を統制したモデル2では、「老年人口比率（同年）」の係数は非有意となっている。高齢化による効果の一部が失業率による効果として説明されて、それによって高齢化は（係数は負のままだが）有意性を失ったと解釈できる。

ここで、失業率は高齢化によって短期的な（1年間以内の）正の影響を受けると考えられるが（仮説①の説明どおり「人口が高齢化すると、消費のさかんな若年人口の比率が小さくなるため、需要が減って失業者が増えて税収が減る」など）、高齢化は失業率によって短期的な影響を受けないと考えられる。よって、モデル1とモデル2から考えられる因果関係は、「高齢化が進むと、それによって失業率が高まるため、その結果（税収が減るなどして）財政余裕が減る」というものである。ここから、仮説①「人口高齢化による財政悪化」は支持されたといえよう。

仮説②の検証——失業率上昇による財政悪化

「失業率（同年）」を投入したすべてのモデル2～4において、その係数は有意で負となっている。この結果は、「失業率が高くなると同年の財政余裕が減る」という傾向があることを示しており、仮説②「失業率の上昇による財政悪化」を支持している。

仮説③の検証——経済成長による財政健全化

同じモデル3を見ると、「経済成長率（前年）」の係数は有意で正となっている。この結果は、「経済成長率が高くなると翌年の財政余裕が増える」という傾向があることを示しており、仮説③「経済成長による財政健全化」を支持している。

仮説④の検証――労働生産性の向上による財政健全化

つぎに、「経済成長率（前年）」を「労働生産性（前年）」と「労働時間（前年）」へと分解したモデル4を見てみよう。仮説②（失業率上昇による財政悪化）はここでも支持されている。また、「労働生産性（前年）」の係数は有意で正となっている。この結果は、「労働生産性が向上すれば、翌年の財政余裕が増える」という傾向があることを示しており、仮説④「労働生産性の向上による財政健全化」を支持している。なお、「労働時間（前年）」の係数は非有意なので、失業率と労働生産性が一定であれば、労働時間の変化は財政余裕には影響を与えないようである。

3・5　結論

以上の分析から、財政余裕は、「高齢化の抑制」「失業率の低下」「経済成長」によって増加すると考えられる。また、「高齢化の抑制」による効果は主に「失業率の低下」による効果として説明でき、また、「経済成長」による効果は主に「労働生産性の向上」による効果として説明することができると考えられる。

したがって、財政余裕を増やして財政を健全化させるためには、「高齢化を抑制する」「失業率を下げる」「労働生産性を高める」といった対策が考えられる。このうち、失業率については、第1章第1節で述べたように、すでに多くの先行研究が「失業給付を減らすと、失業率が下がる傾向にある」ということを示しており、通説となっている（第9章第1節の分析もその通説を支持している）。

他方で、「労働生産性を高める」ためにはどのような政策が有効なのかは、次の第4章で検討する。その結論からは、就労支援の中でもとりわけ「女性への就労支援」が労働生産性を高めるのに有効であることが判明するだろう。

また、「高齢化を抑制する」ためには、根本的には出生率を高める必要がある。たとえ移民を受け入れたとしても、移民の出生率も国内の社会状況に影響されて下がっていくなら、根本的な解決にはならないからだ。そこで、出生率を高めるための政策を、第6章で検討する。

注

＊1　VIFはすべて1・3以下であるため、説明変数間の多重共線性は問題とならない。また、ダービン・ワトソン検定統計量は（4, 29）=1.976であるため、誤差間の系列相関は問題とならない。なお、N=29、R^2=0.958である。

＊2　なお、「労働生産性の成長率が高まると、同時に、労働時間は減るため、経済成長率は変わらないか、あるいは、むしろ下がるのではないか」と思う人もいるかもしれない。そこで、この回帰式から「労働時間の成長率」を除去して推定してみた。すると、「経済成長率」= −0.506＋1.188×「労働生産性の成長率」＋1.407×「被用者人口比率の成長率」（定数は非有意、係数はすべて0・1％水準で有意、VIFはいずれも1・11、ダービン・ワトソン検定統計量は（3, 29）=1.880で誤差間の有意な系列相関なし）となった。つまり、「労働時間の成長率」を統制しなくても、「労働生産性の成長率」は「経済成長率」と有意な正の関連を示した。なお、「労働時間の成長率」を「被用者人口比率の成長率」と「労働生産性の成長率」に回帰すると、いずれの係数も5％水準で非有意であった（後者の係数

の有意確率pは0・731、誤差間の有意な系列相関なし)。つまり、少なくとも日本では、労働生産性が高まったからといって、労働時間が減るわけではないのである。

＊3　モデル1から年少人口比率を除去した最もシンプルなモデルや、ファイナルモデル(モデル4)に、「相続税収(贈与税収を含む)」や「前年の相続税収」をそれぞれ投入してみても、いずれも5%水準で有意な負の効果は見られなかった。したがって、老年人口比率が統制されていることに留意すると、相続税の拡大が財政余裕に悪影響をもたらすという傾向は見られなかった。

なお、ファイナルモデル(モデル4)について、一階階差GMM推定の代わりに固定効果推定(被説明変数前年値を投入、各変数で差分なし、個体内平均に中心化、ロバスト標準誤差)を行うと、被説明変数前年値の係数は10%水準で有意に正、労働生産性の係数は10%水準で有意に正、失業率の係数は5%水準で有意に負、その他の説明変数の係数は10%水準で非有意だった。つまり、(内生性の除去が弱いためか)一部の係数の有意性が多少弱くなったものの、それ以外の点では一階階差GMM推定での結果とほぼ変わらなかった。

第４章

労働生産性を高める政策

——女性就労支援・保育サービス・労働時間短縮・起業支援など

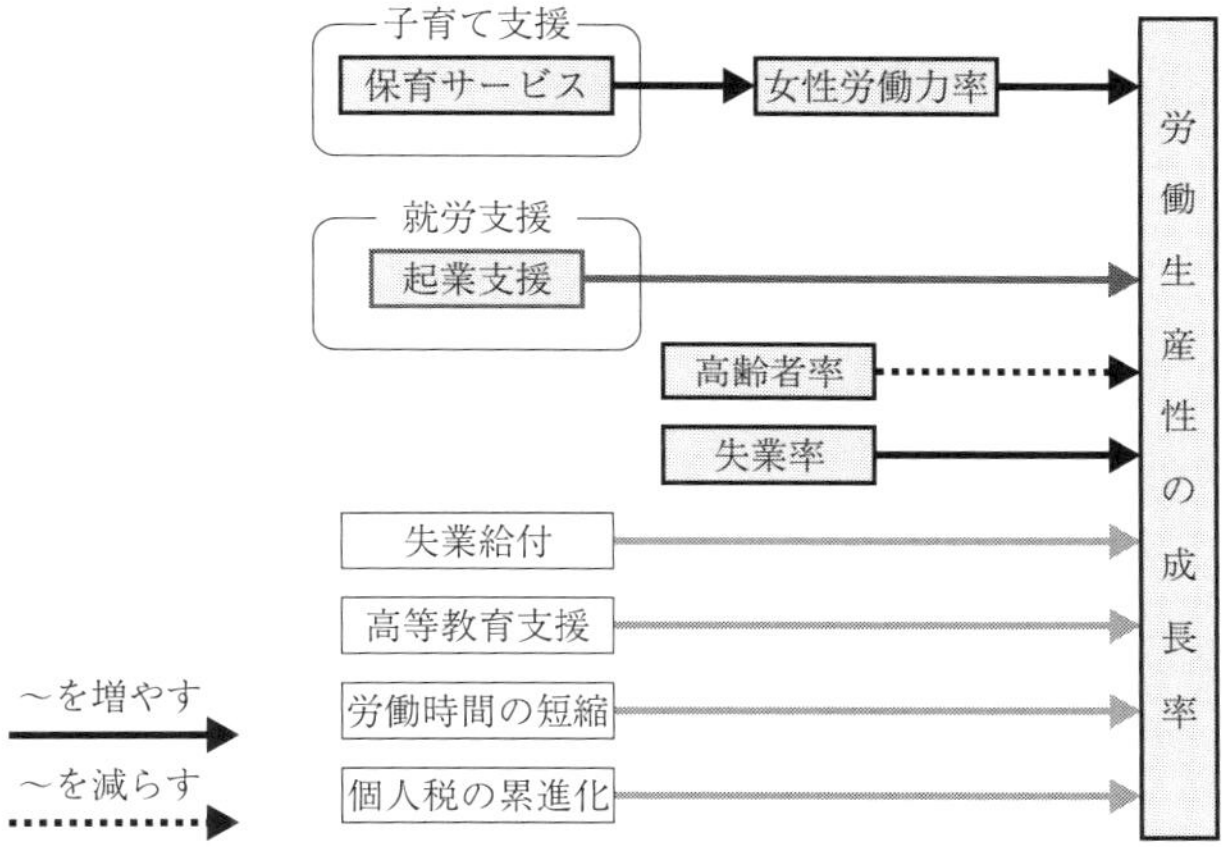

4・1　背景――「労働生産性の向上」は財政健全化をもたらす

前章の分析結果によれば、財政健全化をもたらす要因の一つは、「経済成長率」（一人当たり実質GDP成長率）であった。理論的には、「経済成長率」は、「労働生産性」「被用者人口比率」「労働時間」という三つの要素に分解することができる。そして実際に前章の分析結果によれば、それら三つの要素のうち、「労働生産性の向上」が財政健全化をもたらす傾向にあることが分かった。しかし残念なことに、日本の労働生産性は、他の先進諸国と比べると比較的低い値で推移している（図4－1）。

そこで本章では、財政健全化をもたらす「労働生産性の向上」に着目し、「労働生産性の成長率」を分析対象（被説明変数）とする。

4・2　仮説

分析方法（第2章第11節）で述べたように、分析の第一歩として、まずは、理論的な仮説を設定しておく必要がある。

本分析において、被説明変数は「労働生産性の成長率」（以下「生産性成長率」と略す）である。図4－2を見れば分かるように、生産性成長率はたいていの場合0より大きい。つまり、生産性はほぼ毎年成長している。実質GDPベースで計算されているので、この成長は、物価の上昇によるものではない。これは、毎年の習熟や技術革新、労働時間の短縮（労働の効率化）などによって、被用者の生産性

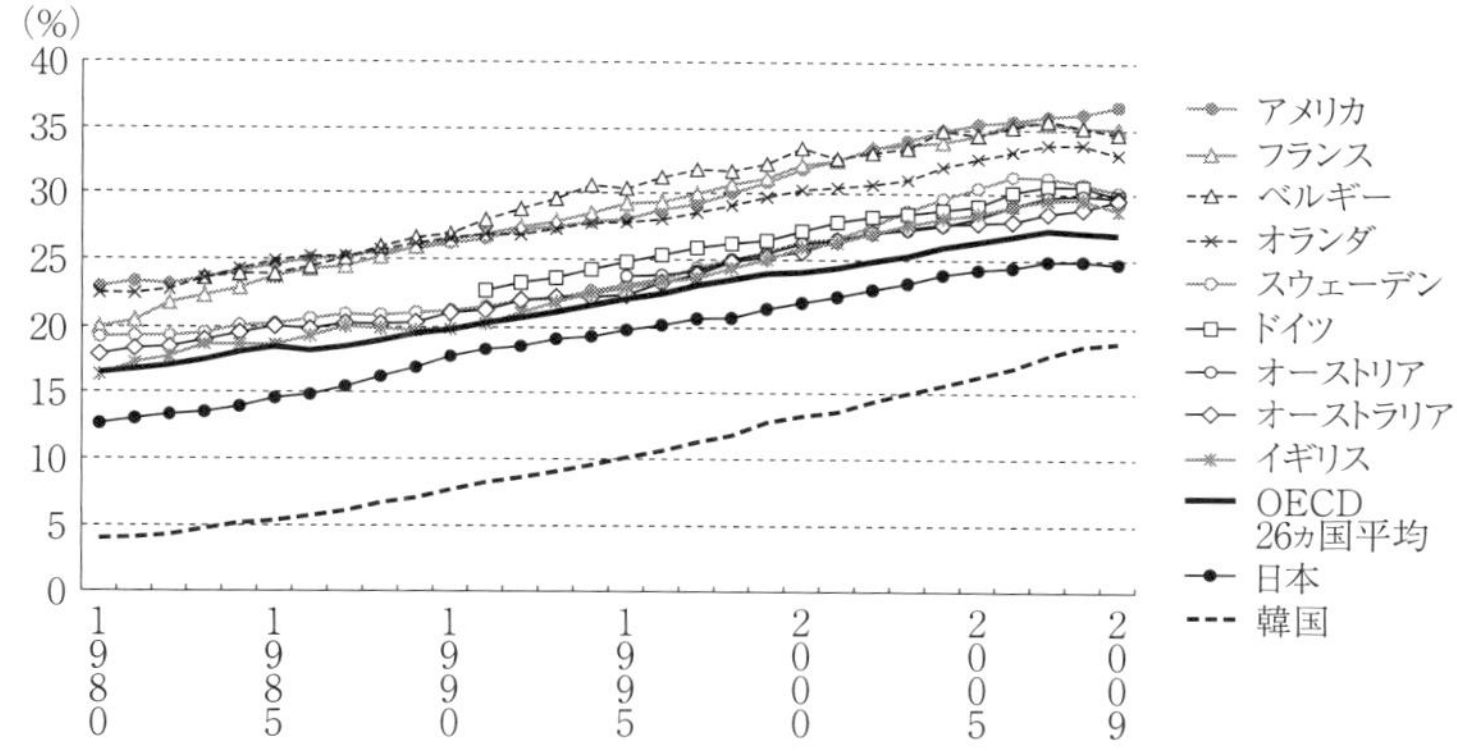

The World Bank（2015）、OECD（2013a）より作成。

図 4-1　労働生産性（被用者一人当たり一労働時間当たり実質 GDP）
（constant 1990 PPP $）

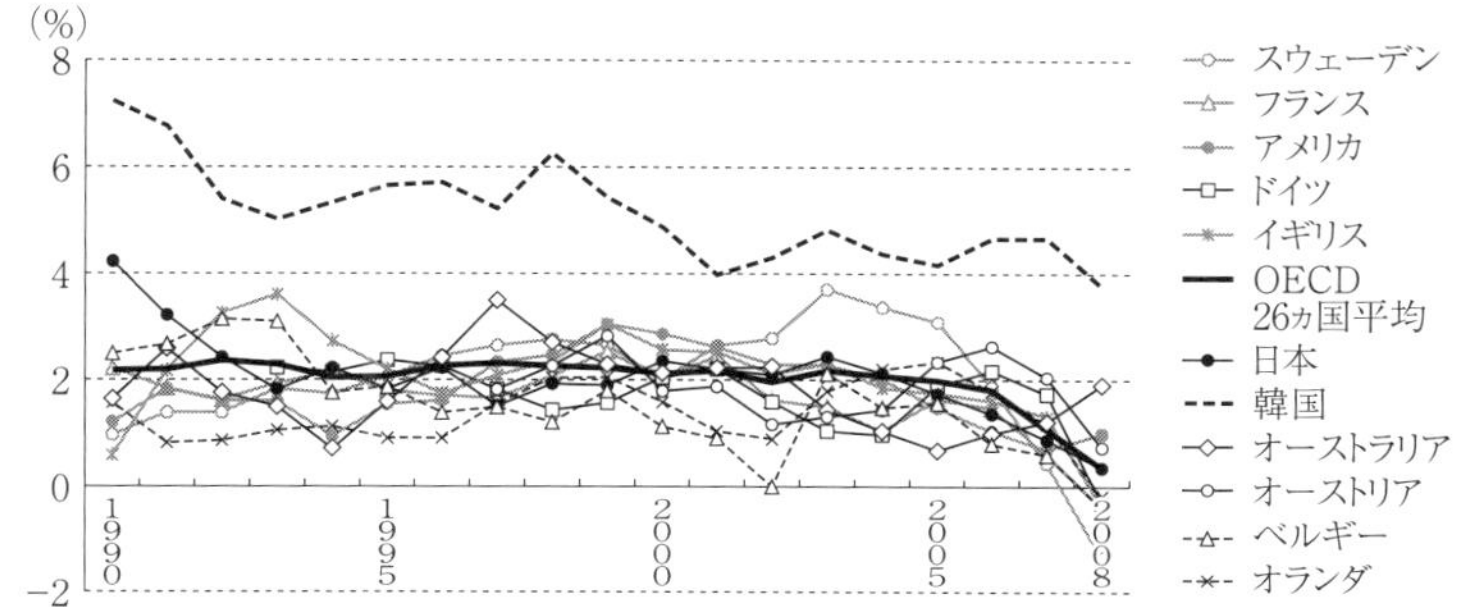

The World Bank（2015）、OECD（2013a）より作成。

図 4-2　労働生産性の成長率（前後 1 年ずつの移動平均値）

が向上していることを意味している。

したがって、「生産性を高めること」よりもむしろ「生産性成長率を高めること」のほうが、重要な目標となる（生産性はほぼ毎年高まっているのだから）。では、いかなる社会保障が、生産性成長率を高めるのだろうか。

「社会保障そのもの」（起業支援など）が生産性成長率を高めることもあるだろうし、「社会保障によって影響を受ける社会状況」（女性就労や労働時間など）が生産性成長率を高めることもあるだろう。さらには、社会保障を支える「税制」（個人所得税や社会保険料の累進性など）が、人々の経済行動に影響を与えて生産性成長率を高める、ということもあるかもしれない。

そこで本章では、社会保障やその周辺に関連した理論的な仮説を、以下のように設定する。[*1]

仮説①――女性の労働

グローバル化によって市場の流動化が進んだ現代社会では、労働生産性を高めるには、「人材の多様性」が有効であると考えられる。人材に多様性があってこそ、グローバル市場の急速な変化に対応しやすくなるからだ。

人材に多様性をもたらすさまざまな属性のうち、とりわけ重要なのは「性別」だと考えられる。なぜなら、どの国でも、どの年齢層でも、消費者のほぼ半分は「女性」で半分は「男性」だからだ。つまり、潜在的な需要は男女で「半々」だからだ。にもかかわらず、供給側を見ると、「労働力人口（＝就業者＋失業者）に占める女性の割合」（以下「女性労働力率」）は、50％よりも低い。つまり、供給側は、人材において「男／女」という多様性を十分に活かせていない。そのため、より多くの女性が働くようになると、人材の多様性が高まり、企業や被用者全体の労働生産性が高まると期待できる。

また、女性の労働参加が進み、女性が働きやすい環境が整えば、たとえば仮に、有能な女性Aさんとあまり有能でない男性Bさんがいたときに、有能なAさんのほうをしっかり優先して雇用したり登用したりできるようになる。つまり、女性の労働参加によって、雇用・登用の効率化が進むのである。このことによっても、企業や被用者全体の労働生産性は高まると期待できる。

実際に、労働政策研究・研修機構が２００６年に実施した全国企業調査や、経済産業研究所が２００９年に実施した全国企業調査によれば、女性の人材活用が進んでいる企業ほど、生産性が高い傾向にある（川口 2007；山口 2011）。また、日本の女性労働力参加率がＧ７レベル（日伊以外）にまで上がれば、一人当たりＧＤＰは恒久的に約４％増、北欧レベルにまで上がればさらに４％増となり、潜在的ＧＤＰ成長率はそれぞれ０・２％増、０・４％増となるとの推計もある（Steinberg and Nakane 2012：5）。加えて、日本の女性就業率が２０１３年時点の62・５％から同年の男性と同じ80・６％まで上がれば、労働人口は７１０万人増加し、ＧＤＰは最大で12・５％増える（10年間かけるなら年率の経済成長率は１・２％上がる）との推計もある（ゴールドマン・サックス 2014：5-6）。

実際の統計データも見てみよう。ここでは、以下の三点を確認してみたい。

第一に、女性労働力率が、ＯＥＣＤ26ヵ国平均よりも高い主要国（スウェーデン、アメリカ、フランス、イギリス）（図４－３の灰色実線）は、リーマンショック（２００８年）以降の経済成長率（移動平均値）の回復がＯＥＣＤ平均よりも好調である（図４－４の灰色実線）。なお、労働生産性成長率のデータ（移

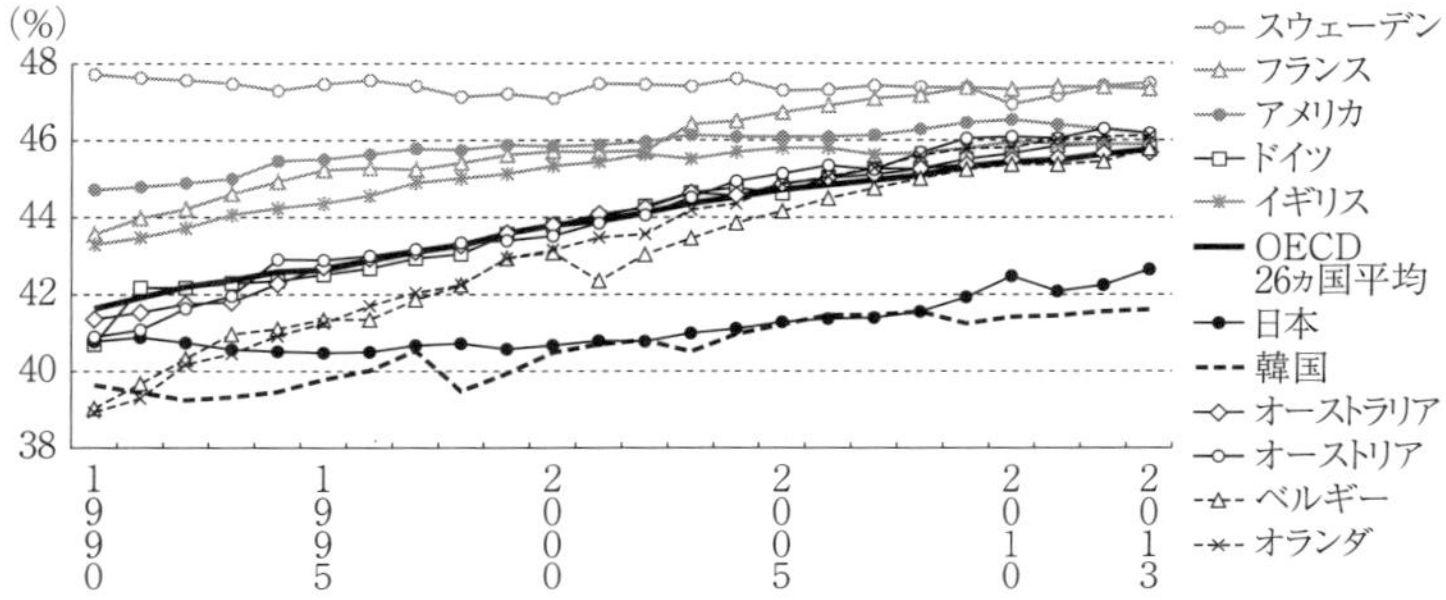

The World Bank（2015）より作成。

図 4-3　女性労働力率

動平均値）は２００８年までしかないため（図４‐２）、ここでの記述的検討では参考にならない。ただ、１９９０～２００８年の労働生産性成長率の動き（図４‐２）は経済成長率の動き（図４‐４）とおおよそ連動しているため、２００９年以降の労働生産性成長率の動きもまた、経済成長率（図４‐４）とおおよそ同じ動きをしていると考えられる。

第二に、女性労働力率が、ＯＥＣＤ諸国のうち、１９９０年時点では日本と同等かそれよりも高いがＯＥＣＤ26ヵ国平均よりも低かった諸国のうち、その後平均以上へと上がった諸国は、ドイツ・オーストラリア・オーストリアのみである（図４‐３の黒色細実線）。これらの諸国もまた、リーマンショック以降の経済成長率の回復がＯＥＣＤ平均よりも概ね好調である（図４‐４の黒色細実線）。

第三に、女性労働力率が、ＯＥＣＤ諸国のうち、１９９０年時点では日本よりも低かったがその後平均以上へと上がった諸国は、ベルギー・オランダのみである（図４‐３の黒色細破線）。これらの諸国は、リーマンショック以降の経済成長率の回復がＯＥＣＤ平均よりも低調である（図４‐４の黒色細破線）。

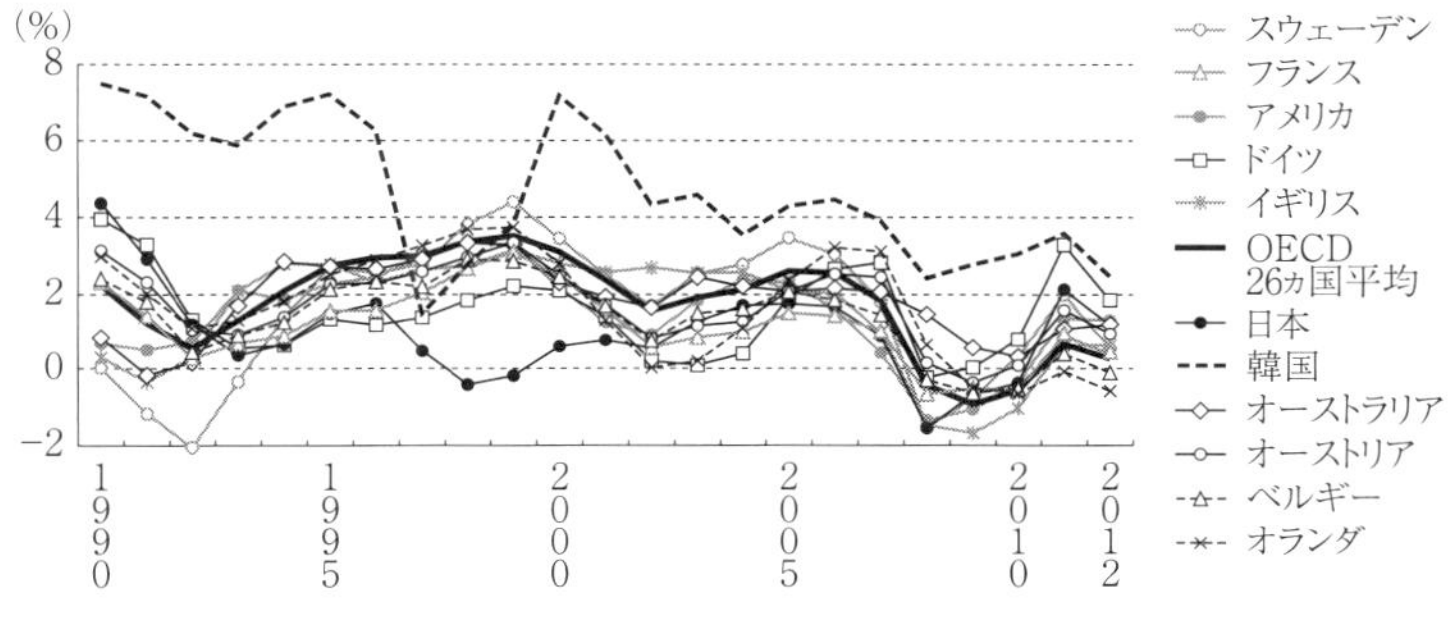

The World Bank（2015）より作成。

図 4-4　一人当たり実質 GDP の成長率（前後 1 年ずつの移動平均値）

以上の三点から見ると、ＯＥＣＤ平均ほどではなくとも日本くらいの女性労働力率はある（労働の慣行がある）国では、それをＯＥＣＤ平均にまで高めていけば、労働生産性や経済成長率がより改善するのかもしれない（ドイツが好例である）。逆に、女性労働力率が極端に低い国では、それを急激にＯＥＣＤ平均にまで高めたとしても、どこか女性の働き方に無理が生じ、労働生産性や経済成長率は改善しにくいのかもしれない。

つまり、女性が、働き方に無理のない形で、より多く働くようになると、労働生産性が改善するのではないかと考えられる。そのように想定した上で、ここでは便宜上、よりシンプルに次の仮説を設定しておく。「女性労働力率が上がると、一年後の生産性成長率が上がる」。「一年後」というタイムラグを設定したのは、職場での人材の多様性が、その職場の生産性に影響を与えるまで、一年くらいの期間を要するのではないか、と考えられるからである。

仮説②――保育サービス

なお、女性労働力率は、女性の就労を支援する社会保障（典型的には「保育サービス」）によって、促進されると考えられる（柴田 2013d）。そこで、「保育サービス支出の増加（前々年）→女性労働力率の上昇（前年）→生産性成長率の上昇（当年）」という時系列的な因果関係が見られるのかどうかも、分析によって検証しておきたい。これによって、社会保障が（女性就労を通じて間接的に）生産性成長率に影響を与えるかどうか（社会保障の間接効果）を、確認できるからである。

またそれに加えて、「保育サービスは、親たちのワークライフバランスを改善させたり、親たちの労働を効率化させたりすることで、親たちの労働生産性を高め、翌々年の社会全体の労働生産性を高める」という直接効果も想定できる。そこで、保育サービスのこの直接効果についても、追加的な仮説として設定する。

仮説③——労働力参加率

また、統制変数として、前年の「労働力参加率（対15歳以上人口％）」を投入する。なぜなら、労働力参加率の上昇は、仮に女性のほうがより多く働くようになれば、女性労働力率に正の影響を与えるともに、労働力参加が進むこと自体が生産性成長率に何らかの影響を与える（つまり女性労働力率と生産性成長率との間に見かけ上の相関が生じる）と考えられる。また逆に、男性のほうがより多く働くようになれば、女性労働力率に負の影響を与えるとともに、生産性成長率に何らかの影響を与える（つまり女性労働力率と生産性成長率との間に見かけ上の相関が生じる）と考えられる。そのため、女性労働力率の効果をより正確に推定するには、それらの見かけ上の相関を除去する必要があり、そのためには、労働力参

書物復権 2018

〈書物復権〉は専門書を多く刊行する10の出版社による共同復刊事業です。様々な理由で品切となっていた書籍のうち、毎年、読者リクエストの多いものを中心に復刊しています。今年、勁草書房からは以下の5点を復刊し、皆様にお届けいたします。

ことばと対象

W.V.O. クワイン 著
大出晁・宮館恵 訳

〈翻訳の不確定性テーゼ〉を提唱して活発な議論を呼び、経験論の現代的再生を果たした戦後分析哲学の最高峰。

四六判上製 544頁
本体4700円
ISBN978-4-326-19873-3

ベーシック・インカムの哲学

すべての人にリアルな自由を
フィリップ・ヴァン・パリース 著
後藤玲子・齊藤拓 訳

シック・インカムを要求する。

本体6000円
ISBN978-4-326-10192-4

「ゲイコミュニティ」の社会学

森山至貴 著

ゲイ男性・バイセクシュアル男性のつながりは、なぜ時に息苦しくもあるのか。差別論に還元されないマイノリティ論の〈次の一手〉を示す。

A5判上製 276頁
本体4500円
ISBN978-4-326-60243-8

映画にとって音とはなにか

ミシェル・シオン 著
川竹英克・J.ピノン 訳

さまざまな傑作映画の魅力を、音に対する認識論と、音響技術に関する方法論から解き明かした画期的な試みの書。

四六判上製 336頁
本体3500円
ISBN978-4-326-85126-3

責任の意味と制度
負担から応答へ

瀧川裕英 著

「責任がある」「責任を問う」とはどのようなことなのか。重みと痛みを伴う、もろく危い責任実践の保障を核とした法制度の構想。

A5判上製 276頁
本体3500円
ISBN978-4-326-10150-4

にあるいま、先人の智略から国防論や安全保障論を学ぶ。

A5 判上製 344 頁　本体 4500 円
ISBN978-4-326-30267-3

から解説。子どもたちが楽しくスポーツを続けるために。

四六判並製 192 頁　本体 2000 円
ISBN978-4-326-85195-9

6月の重版

なめらかな社会とその敵

PICSY・分人民主主義・構成的社会契約論
鈴木 健

複雑な世界を複雑なまま生きるには？ PICSY や分人民主主義で実現する「なめらかな社会」が近代をメジャーバージョンアップする。

A5 判上製 276 頁　本体 3200 円
ISBN978-4-326-60247-6　1 版 9 刷

信頼

社会的な複雑性の縮減メカニズム
N. ルーマン 著
大庭 健・正村俊之 訳

信頼というテーマを倫理や実存主義の枠から解放し、社会的メカニズムとして考察する道を拓く。信頼を機能分析するルーマン入門。

四六判上製 296 頁　本体 3500 円
ISBN978-4-326-65120-7　1 版 13 刷

街の人生

岸 政彦

外国籍のゲイ、ニューハーフ、摂食障害、シングルマザーの風俗嬢、ホームレスが語る、いろんなかたちの人生の記録。

四六判上製 328 頁　本体 2000 円
ISBN978-4-326-65387-4　1 版 6 刷

地方暮らしの幸福と若者

轡田竜蔵

若者研究の「サイレント・マジョリティ」に光を当てる。豊富な社会調査データから、地方暮らしの幸福に注目が集まる時代を検証する。

四六判上製 416 頁　本体 3600 円
ISBN978-4-326-65407-9　1 版 3 刷

ちょっと気になる社会保障 [増補版]

権丈善一

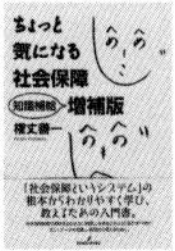

社会保障というシステムの根本からわかりやすく学び、教えるための入門書。収録データの更新ほか新たな「知識補給」を加えた第 2 版。

A5 判並製 276 頁　本体 1800 円
ISBN978-4-326-70096-7　2 版 2 刷

グリーンバーグ批評選集

C. グリーンバーグ 著
藤枝晃雄 編訳

20 世紀最高の美術批評家グリーンバーグの主論文等を収めた待望の書！ 50 年代後半以後の美術は彼の批評をめぐって展開する。

四六判上製 248 頁　本体 2800 円
ISBN978-4-326-85185-0　1 版 12 刷

郵便はがき

恐縮ですが
切手をお貼
りください

112-0005

東京都文京区
水道二丁目一番一号

勁草書房
愛読者カード係行

(弊社へのご意見・ご要望などお知らせください)

・本カードをお送りいただいた方に「総合図書目録」をお送りいたします。
・HP を開いております。ご利用ください。http://www.keisoshobo.co.jp
・裏面の「書籍注文書」を弊社刊行図書のご注文にご利用ください。ご指定の書店様に至急お送り致します。書店様から入荷のご連絡を差し上げますので、連絡先(ご住所・お電話番号)を明記してください。
・代金引換えの宅配便でお届けする方法もございます。代金は現品と引換えにお支払いください。送料は全国一律100円(ただし書籍代金の合計額(税込)が1,000円以上で無料)になります。別途手数料が一回のご注文につき一律200円かかります(2013年7月改訂)。

愛読者カード

65400-0　C3036

本書名　子育て支援が日本を救う

お名前《ふりがな》　　　　　　　　　　　　　　　（　　　歳）

ご職業

ご住所　〒　　　　　　　　　　　　　お電話（　　　）　　－

本書を何でお知りになりましたか

書店店頭（　　　　　　　書店）／新聞広告（　　　　　　新聞）

目録、書評、チラシ、HP、その他（　　　　　　　　　　　　）

本書についてご意見・ご感想をお聞かせください。なお、一部を HP をはじめ広告媒体に掲載させていただくことがございます。ご了承ください。

◇書籍注文書◇

最寄りご指定書店

市　　町（区）

書店

(書名)	¥	（　　）	部
(書名)	¥	（　　）	部
(書名)	¥	（　　）	部
(書名)	¥	（　　）	部

※ご記入いただいた個人情報につきましては、弊社からお客様へのご案内以外には使用いたしません。詳しくは弊社 HP のプライバシーポリシーをご覧ください。

加率を統制する必要がある。

なお、労働力参加率そのものは、生産性成長率に負の効果をもつと予測できる。というのも、失業率が変わらないならば、労働力参加率が増える場合には、増えない場合と比べて、前年に失業していた人々（前年に就業していた人々と比べると、労働市場で雇用競争に負けていたことになるので、おおよそ生産性が低い）が就業するようになるので、就業者全体の生産性はおおよそ下がると考えられるからである。そこで、付随的に、次の仮説を設定できる。「失業率を統制すると、労働力参加率が上がると、一年後の生産性成長率が下がる」。

仮説④——男性失業率

上の仮説を検証するには、失業率を統制変数として回帰式に投入する必要がある。ここで、その失業率にも、付随的な仮説を設定することができる。それは、「男性失業率が上がると、一年後の生産性成長率が上がる」。というのも、国内の平均的職場における人材の性別多様性が高まる（つまり職場における女性比率の平均値が50％に向けて高まる）には、女性労働力率が50％に向けて高まるだけでなく、女性労働力人口に占める女性就業者の人口が増える必要がある。労働力参加率と女性労働力率をともに統制した状態で、就業者に占める女性の割合（職場の女性比率）を高めるには、男性の就業者人口を減らす（男性の失業率を上げる）か、女性の就業者人口を増やす（女性の失業率を下げる）しかない。就業者人口を増やすと、失業者（就業者よりも生産性が低い）を雇うことになるので、全体の生産性は落ちる。となると、女性の就業者人口を増やすよりは、男性の就業者人口を減らすほうが、生産性は高まるだろう。

つまり、「男性失業率を上げれば、翌年の生産性成長率は高まる」と予測できるのである。

以上の三つの仮説をまとめれば、「保育サービスを拡充したり、生産性の低い男性を解雇したりすることで、職場の女性比率平均値を50％に向けて高めれば、全体の労働生産性がより顕著に高まる」となる。

仮説⑤――失業給付

しかしここで、「生産性の低い男性を解雇する」という手段は、たとえ生産性の成長のためだとしても、それ自体は、解雇された男性たちの生活を脅かすとすれば、望ましくない手段である。そこで、彼らの生活を保障するために失業給付を拡充することが望ましい。失業給付を増やせば、彼らがその給付金を使って生活をするため、失業給付を増やさない場合よりも、生活費として消費されるお金の量が増えることになる。するとその分、消費が増えて、労働生産性は高まる可能性がある。そこでさらに付随的な仮説として、「失業給付支出を増やすと、生産性成長率が上がる」という仮説を設定しておこう。

なお、失業給付を増やすために総合税率が上がり、そのせいで消費が減って生産性成長率が下がることがあれば、逆効果になりかねない。そこで、総合税率（生産性成長率・就業率を統制した上での税収・社会保険料収入のGDP比）を統制し、その効果も確かめておく。

仮説⑥――労働時間の短縮

日本の平均年間労働時間は、1985年で2093時間、2009年で1714時間である（OECD

2013)。この減少は、主にパートタイム労働者の増加と、年間休日数の増加による。[*2] 年間平均就業日数は1985年で約272日、2009年とで252日（なお2014年でも同じ252日）なので（黒田 2013；厚生労働省 2015a）、パートタイム労働者を含む全体平均で見れば、一就業日当たりの労働時間は、1985年で7・7時間、2009年のそれは6・8時間となり、約1時間減ったことになる。

ここで、一日に7時間働く場合と8時間働く場合を比較してみよう。たとえば、7時間で70個の商品を作ったとしよう。一時間当たり10個であり、これが生産性である。では、もう一時間働くとなった場合、もう10個の商品を追加で作れるだろうか。もしもう10個作れるなら、8時間で80個作ったことになるので、一時間当たり10個となり、生産性は変わらない。そして理論的には、もう二つの可能性が考えられる。

第一の可能性は、「疲れてしまって生産性が落ちる」という可能性である。つまり、もう一時間のあいだで、すでに疲れているのでスピードが落ちていて、9個しか作れないかもしれない。

第二の可能性は、「仕事に慣れたので生産性が高まっている」という可能性である。つまり、もう一時間のあいだで、この一日の前半部よりも生産性が高まっているため、11個作れるかもしれない。

しかし実際には、長時間労働者と短時間労働者とで分業をしているので、状況はもっと複雑である。「（仕事以外に家事育児介護などをしていて）疲れやすい人は短時間労働者となり、他方で、（家事育児介護などをあまりしていなくて）疲れにくい人は長時間労働者になる」という分業によって、そういう分業が乏しい場合よりも、全体の生産性が上がる、という状況になっているというのが実情だろう。その場合には、「疲れやすい人よりも疲れにくい人のほうが多い」（たとえば、家事育児介護を専業主婦等に完全に任せている労働者のほうが多い）のであれば、全体の労働時間が増えていく（長時間労働者が増える）ことで、全体の生産性が上がっていくだろう（パターンA）。逆に、「疲れにくい人よりも疲れやすい人のほうが多い」（たとえば、家事育児介護を行っている労働者のほうが多い）のであれば、全体の労働時間が減っていく（短時間労働者が増える）ことで、全体の生産性が上がっていくだろう（パターンB）。

はたして、OECD諸国においては、パターンAとパターンBのどちらのほうが、より一般的なのだろうか。

本分析での仮説は、「パターンBのほうが一般的だ」という想定に立つことにしよう。というのも、日本を含めてほとんどのOECD諸国では、「家事育児介護を専業主婦等に完全に任せている労働者」よりも「（多少なりとも）家事育児介護を行っている労働者」のほうが多いと考えられるからである。先進諸国で「家事時間」（育児介護を含む）が最も短い日本人男性であっても、「一日平均で約1時間」は、家事育児介護をしている（総務省統計局 2011）。「家事育児介護を専業主婦等に完全に任せている労働者」は少数派だ。

そこで、次の仮説を設定する。「労働時間が減ると、当年の生産性成長率が上がる」。これは、上記で述べたように、「疲れにくい人よりも疲れやすい人のほうが多いという条件下で、疲れやすい人は短時間労働者となり、疲れにくい人は長時間労働者になるという分業が進む（つまり全体の平均労働時間は減っていく）ことで、全体の生産性が上がっていく」という想定に基づいている。

仮説⑦——高等教育支援

OECD諸国では高等教育での中退者が多い。2013年のデータでは、高等教育初学者中退率は、ルクセンブルク84％が最大で、それにイタリア66％などがつづき、日本29％、ニュージーランド28％、オーストラリア26％が最小だ（OECD 2015）。たとえ勉学そのものに困難を抱えているとしても、授業料が無料であれば基本的に中退する必要はないのだから、中退の多くは「経済的理由による中退」であると考えられる。

政府が高等教育を公的資金で支援すると、「経済的理由による高等教育中退者」が減るなどして、「被用者における高等教育卒業者の割合」が増えるだろう。高等教育卒業者の賃金（生産性）は中等教育卒業者のそれよりも高く、しかも両者の差は拡大している。*3 よって高等教育卒業者が増えると、被用者全体の生産性がより高まると考えられる。

そこで次の仮説を設定する。「学生一人当たりの高等教育に対する公的支出を増やすと、その二年後の生産性成長率が高まる」。「二年後」としたのは、中退せずに済んだ貧困学生が卒業するまでの期間としておよそ二年間くらいはかかるだろうと想定したからである。また、二年間という比較的長いタイムラグを設定することで、「逆の因果」（生産性が下がると就職難になるため、高等教育に留まる学生が増えて、学生数が増えるため、学生一人当たりの高等教育支出が減る）*4 の可能性を除去した。

仮説⑧——起業支援

政府が人々の起業を公的資金で支援すると、「経営能力があっても、起業資金が足りなくて起業できていない人」が、起業できるようになると考えられる。

そこで次の仮説を設定する。「起業支援（対GDP比）を増やすと、その一年後の生産性成長率が高まる」。「一年後」というタイムラグを設定したのは、起業によって新しい事業が始まっても、当初は赤字になるのは当然であるから、黒字になる（生産性を発揮する）までは少なくとも一年間ほどかかるのではないかと考えられるからである。

仮説⑨——個人所得税・社会保険料の累進性強化

個人所得税・社会保険料の引き上げ（以下「増税」）や引き下げ（「減税」）についても、仮説を設定してみよう。

まず、高所得者（OECDの定義に沿って、労働所得が平均の1・7倍以上の人々）は、増税があっても生活レベルに悪影響はほとんどないため、生産性を特に高めようとはしないだろうし、生産意欲を失うこともないと思われる。そのため、高所得者への増税は、彼らの生産性を下げないのではないだろうか。

つぎに、中所得者（労働所得が平均に近い人々）は、増税によって収入が減ると、生活レベルが実質的に低下するため、生活レベルを維持するために、生産性を高めようと工夫すると思われる。そのため、中所得者への増税は、彼らの生産性を上げるのではないだろうか。

最後に、低所得者（労働所得が平均の0・7倍以下の人々）は、増税によって生活環境が深刻に悪化し、労働の再生産そのものが困難になってしまうため、生産性が下がってしまうと思われる。また、逆に減税をすれば、生活環境が大幅に改善されるため、生産性が上がると思われる。よって、低所得者への減税は、彼らの生産性を上げるのではないだろうか。

したがって、個人所得税・社会保険料は、累進性を強化したほうが、全体の生産性がより高まると考えられる。

そこで次の仮説を設定する。「高所得者の個人所得税率・社会保険料率を引き上げても、一年後の生産性成長率は変わらない。中所得者の個人所得税率・社会保険料率を引き上げると、一年後の生産性成長率は上がる。低所得者の個人所得税率・社会保険料率を引き上げると、一年後の生産性成長率は下がる」。「一年後」というタイムラグを設定したのは、税制の改革が人々に周知されて経済行動に影響を与えるまでに、一年間ほどかかると考えられるからである。

仮説⑩――高齢化による生産性低下

労働者の高齢化が進むと、「労働者が新しい技術（たとえば新しいＩＴ技術）を習得するスピード」の平均値が下がる（スピードが遅れる）ため、労働生産性の成長率が下がると考えられる。

そこで次の仮説を設定する。「老年人口比率が増えると、その一年後の生産性成長率が下がる」。「一年後」というタイムラグを設定したのは、労働者の新技術習得スピードの低下が、労働生産性に影響を与えるまでに、（新技術が労働に広く使われるようになるためのタイムラグを考慮すると）一年間ほどかかると考えられるからである。

4・3　データと方法

分析に用いるデータの定義・出典・概要は、第2章第1および12節のとおりだ。

分析の方法は、一階階差GMM推定（第2章第9～11節参照）を用いる。それにより、「女性労働力率」（仮説①③）・「保育サービス支出」（仮説②）・「男性失業率」（仮説④）・「失業給付支出」（仮説⑤）・「労働時間」（仮説⑥）・「公的高等教育支出」（仮説⑦）・「起業支援支出」（仮説⑧）・「個人所得税率・社会保険料率」（仮説⑨）・「老年人口比率」（仮説⑩）のそれぞれが「労働生産性の成長率」に与える影響を、統計的に検証する。

なお、本分析で使用可能な（欠損値のない）データは、2000年以降のデータに限られるので（次節参照）、保育サービスは「就学前教育」を含んでいる。

4・4　結果

表4-1は、「労働生産性の成長率」の規定要因を分析した結果だ。モデル19は、仮説のほぼすべてを最も慎重に検証したモデルであるため、ファイナルモデルとみなすことができる。

仮説①の検証――女性の労働

「女性労働力率（前年）」の係数は、すべてのモデル（モデル2、3、6～19）で有意で正となっている。

この結果は、「女性労働力率が上がると翌年の労働生産性がより成長する」という傾向があることを示しており、仮説①「女性の労働による労働生産性の成長」を支持している。

仮説②の検証――保育サービス

「保育サービス支出（前々年）」の係数は、「全領域の就労支援支出」を統制していないモデル（モデル4〜11）では、ほとんどのモデルで有意で正となっている。

その効果の大きさは、「女性労働力率（前年）」を介した効果（間接効果）を分離させる前（モデル5での12.76）と後（モデル6での8.849）とでは、約7割へと小さくなっている。つまり、「保育サービスは、翌年の女性労働力を高め、その女性労働力がさらに翌年の労働生産性を高める」という間接効果が示されて、仮説②「保育サービスによる、女性労働力率の上昇と、それによる労働生産性の上昇」が支持された。

またそれとともに、「保育サービスが、翌年の女性労働力を介さずに、翌々年の労働生産性を高める」という直接効果も認められた。これにより、「保育サービスは、親たちのワークライフバランスを改善させたり、親たちの労働を効率化させたりすることで、親たちの労働生産性を高め、翌々年の社会全体の労働生産性を高める」という追加的な仮説も支持された。

仮説③の検証――労働力参加率

「労働力参加率（前年）」の係数は、失業率を統制したモデル（モデル15〜19）のほとんどで有意で負

（一階階差 GMM 推定、ロバスト標準誤差）＊5

（被用者一人当たり一労働時間当たり実質 GDP の成長率）

モデル 8	モデル 9	モデル 10	モデル 11	モデル 12	モデル 13	モデル 14	モデル 15	モデル 16	モデル 17	モデル 18	モデル 19
2005-2009	2005-2009	2005-2009	2003-2009	2003-2009	2003-2009	2003-2009	2003-2009	2003-2009	2003-2009	2003-2009	2003-2009
-0.0315***	0.0198	0.0205	0.272	0.0913	0.0482	0.0743	0.0252	-0.0546	-0.0249	-0.0731	-0.0995
-0.00864	0.139	0.134	0.247**	0.189*	0.153	0.171*	0.201*	0.185**	0.192**	0.179**	0.159*
-1.948	-2.393***	-2.360***	-2.375***	-1.586***	-1.475***	-1.525***	-1.658***	-1.781***	-1.918***	-1.769***	-1.695***
							1.037***	0.949***	0.801***	0.605***	0.507*
							-0.347	-0.276			
-0.41	-0.602	-0.58	-0.402	-0.773*	-0.663	-0.703*	-0.401	-0.641**	-0.684**	-0.723**	-0.713**
2.562**	2.481**	2.468**	1.789**	1.956*	1.414*	1.486*	1.418*	1.620*	1.657**	1.752**	1.578*
-0.0638***	-0.0315*	-0.0321*	-0.0360*	-0.0446**	-0.0450**	-0.0448**	-0.0461***	-0.0449***	-0.0473***	-0.0493***	-0.0497***
								1.935			
								-5.173*	-5.879*	-5.228*	-5.185*
					-0.232	-0.202					-0.106
		-0.0467									
						-0.0393	-0.0105	0.0388	0.0503	0.0408	0.0459
						0.205*	0.221**	0.214**	0.199**	0.184**	0.162*
						-0.185*	-0.231***	-0.301***	-0.302***	-0.273***	-0.255***
	0.102	0.0884	0.0786	0.0411	0.0339	0.0623	-0.118	-0.145	-0.107	-0.142	-0.146
	0.179	0.184*	0.159	0.169	0.176*	0.168*	0.136*	0.134*	0.143*	0.139*	0.142*
	0.137*	0.135*	0.140***	0.146***	0.139***	0.128***	0.0787*	0.0753*	0.0791*	0.0813*	0.0838*
6.445	5.734*	5.543*	4.071*	1.916	0.915	-0.325	-0.752	1.267			
				-2.598	-4.175	-4.085	-1.161	1.661	1.394	1.735	1.121
				-0.448	-0.805	-0.844	-2.82	-2.29	-1.068	-1.194	-1.306
				6.552	-0.37	-3.019	-18.22	-3.436	-11.03	-6.394	-5.532
				0.338	3.263	5.041	11.60*	4.029	5.585	3.805	3.673
				21.61	17.73	19.79	24.39	26.40*	20.98	22.19*	20.82
				-7.185	-5.778	-3.744	-4.496	-7.043	-6.397	-7.203	-6.91
			39.49**	56.60***	57.24***	61.45***	67.02***	53.65***	67.06***	62.78***	61.07***
										1.246*	1.549**
上昇下降	上昇下降	上昇下降	上昇下降	上昇下降	上昇下降	上昇下降	上昇下降	上昇下降	上昇下降	上昇下降	上昇下降
投入	投入	投入	投入	投入	投入	投入	投入	投入	投入	投入	投入
-1.145**	-0.627	-0.613	-0.206	-0.633	-0.571	-0.548	-0.272	2.752*	2.958*	2.529*	2.494*
120.7	42.02	43.95	52.76	76.76	100.0*	97.92*	79.99*	89.23	146.5***	142.4***	152.9**
137	115	115	144	132	132	132	132	132	132	132	132
28	23	23	22	21	21	21	21	21	21	21	21
138	116	116	145	133	133	133	133	133	133	133	133
0.5876	0.6649	0.6599	0.6299	0.7081	0.6942	0.7237	0.7688	0.8111	0.8129	0.8021	0.7964
0.6318	0.6399	0.6045	0.9786	0.7464	0.6209	0.7347	0.6429	0.6535	0.7181	0.6395	0.5081

有意な係数は、セルを灰色で着色した。

表 4-1　労働生産性成長率の規定要因の分析結果

被説明変数（*斜体*は先決変数）	労働生産性の成長率						
モデル	モデル 1	モデル 2	モデル 3	モデル 4	モデル 5	モデル 6	モデル 7
分析期間	2003-2009	2003-2009	2003-2009	2004-2009	2004-2009	2003-2009	2003-2009
労働生産性の成長率（前年）	0.0578	0.104	0.0875	−0.0755	−0.0744	−0.11	0.271
労働生産性の成長率（前々年）				−0.112	−0.131	−0.168*	0.0664
労働生産性（前年）							−2.322***
男性失業率（前年）							
女性失業率（前年）							
労働力参加率（対 15 歳以上人口%）（前年）			−0.674			−0.532	−0.692*
女性労働力率（対労働力人口%）	−0.427						
女性労働力率（前年）		1.413**	1.751***			2.620*	2.616*
労働時間							
年少人口比率（前年）							
老年人口比率（前年）							
一般政府の税収＋社会保険料収入（前年）							
一般政府の税収＋社会保険料収入（前々年）					−0.281		
高所得者の個人所得税率＋社会保険料率（前年）							
中所得者の個人所得税率＋社会保険料率（前年）							
低所得者の個人所得税率＋社会保険料率（前年）							
児童一人当たり初等教育支出（前々年）							
生徒一人当たり中等教育支出（前々年）							
学生一人当たり高等教育支出（前々年）							
子育て支援支出　保育（前々年）				12.76**	12.20**	8.849**	6.432*
就労支援支出　職業紹介（前年）							
就労支援支出　職業訓練（前年）							
就労支援支出　ワークシェアリング（前年）							
就労支援支出　雇用奨励金（前年）							
就労支援支出　援助付き雇用（前年）							
就労支援支出　雇用創出（前年）							
就労支援支出　開業奨励金（前年）							
失業給付支出（前年）							
年特有固定効果	上昇下降	上昇下降	上昇下降	上昇下降	上昇下降	上昇下降	上昇下降
国特有線形時間傾向	投入	投入	投入	投入	投入	投入	投入
日本特有線形時間傾向	−0.362	−0.520***	−0.711***	−0.587***	−0.475***	−0.954***	0.0146
定数	35.31	−32.58	−9.358	29.81***	38.52***	−41.37	−22.18
観測数	196	196	196	164	164	190	190
国数	28	28	28	28	28	28	28
操作変数（GMM 型＋標準型）の数	197	183	184	160	161	185	186
Sargan の過剰識別制約検定（有意確率）	0.5585	0.4871	0.474	0.3434	0.3744	0.2718	0.4272
Arellano-Bond の系列相関検定（2 次系列相関の有意確率）	0.566	0.9124	0.9073	0.7121	0.5006	0.8563	0.5873

* $p<0.05$、** $p<0.01$、*** $p<0.001$。使用データと変数の定義は第 2 章第 1 および 12 節を参照。

となっている。この結果は、「失業率を統制すると、労働力参加率が上がると、一年後の生産性成長率が下がる」という傾向があることを示しており、仮説③「労働力参加率の上昇による労働生産性の低下」を支持している。

仮説④の検証——男性失業率

「男性失業率（前年）」の係数は、全てのモデル（モデル15〜19）で有意で正となっている。この結果は、「男性失業率が上がると、一年後の生産性成長率が上がる」という傾向があることを示しており、仮説④「男性失業率の上昇による労働生産性の上昇」を支持している。

仮説⑤の検証——失業給付

男性失業率と総合税率（税収・社会保険料収入のGDP比）を統制したモデル19で見ると、「失業給付（前年）」の係数は有意で正となっている。この結果は、「失業給付が増えると翌年の労働生産性がより成長する」という傾向があることを示しており、仮説⑤を支持している。

仮説⑥の検証——労働時間の短縮

「労働時間（同年）」の係数は、すべてのモデルで有意で負となっている。この結果は、「（たとえ労働時間の定義が国によって異なっているとしても）労働時間が減ると同年の労働生産性がより成長する」という傾向があることを示しており、仮説⑥「労働時間の短縮による労働生産性の成長」を支持している。

仮説⑦の検証――高等教育支援

「学生一人当たりの高等教育支出（前々年）」の係数は、すべてのモデルで有意で正となっている。この結果は、「高等教育支出が増えると翌々年の労働生産性がより成長する」という傾向があることを示しており、仮説⑦「高等教育支援による労働生産性の成長」を支持している。

仮説⑧の検証――起業支援

「開業奨励金（前年）」の係数は、すべてのモデルで有意で正となっている。この結果は、「開業奨励金支出が増えると翌年の労働生産性がより成長する」という傾向があることを示しており、仮説⑦「起業支援による労働生産性の成長」を支持している。なお、開業奨励金支出は、開業件数が増えた場合でも、開業一件当たりの奨励金の額面が増えた場合でも、増えるので、労働生産性を高めるのが「開業件数」なのか「奨励金の額面」なのかその両方なのかは、この分析結果からは判別できない。いずれにせよ、起業支援の規模が大きくなればなるほど、労働生産性の成長率は高まる傾向にあり、起業支援の重要性が示唆される。

なお、「開業奨励金」の係数（効果）は、「保育サービス」や「失業給付」の係数（効果）と比べると、数字上ははるかに大きい。しかし、もともと「開業奨励金」の支出額（対GDP％）は、「保育サービス」や「失業給付」の支出額よりもはるかに小さい。そのため、仮に「保育サービス」や「失業給付」と同じ規模の大きな支出をした場合に、この「開業奨励金」の係数どおりの政策効果が得られるかどうかは疑わしい（たとえば、開業を希望する人が飽和状態になっていて新たに出てこないかもしれない）。この点は留意されたい。

仮説⑨の検証――個人所得税・社会保険料の累進性強化

すべてのモデルで、「高所得者の個人所得税率・社会保険料率（前年）」の係数は非有意だが、「中所得者の個人所得税率・社会保険料率（前年）」の係数は有意で正、「低所得者の個人所得税率・社会保険料率（前年）」の係数は有意で負、となっている。この結果は、「高所得者の個人所得税率・社会保険料率を引き上げても翌年の労働生産性の成長率は変わらないが、中所得者の個人所得税率・社会保険料率を引き上げると翌年の生産性成長率は上がり、低所得者の個人所得税率・社会保険料率を引き上げると翌年の生産性成長率は下がる」という傾向があることを示しており、仮説⑨「個人所得税・社会保険料の累進性強化による労働生産性の成長」を支持している。

仮説⑩の検証――高齢化による生産性低下

「老年人口比率（前年）」の係数は、全てのモデル（モデル16～19）で有意で負となっているこの結果は、「高齢化が進むと翌年の労働生産性の成長率が下がる」という傾向があることを示しており、仮説⑩「高齢化による生産性低下」を支持している。

4・5　結論

以上の分析から、「労働生産性の成長率」は、「女性の労働」「保育サービス」「失業給付」「労働時間の短縮」「高等教育支援」「起業支援」「個人所得税・社会保険料の累進性強化」によって高まり、「人口の高齢化」によって低くなると考えられる。したがって、労働生産性をより高めるためには、「女性の労働参加を促す」「保育サービス・失業給付・高等教育支援・起業支援を拡充する」「労働時間の短縮を促す」「個人所得税・社会保険料の累進性を強化する」「高齢化の抑制」といった対策が考えられる。

これらのうち、「保育サービス・失業給付・高等教育支援・起業支援を拡充する」「労働時間の短縮を促す」という対策は、「子育てと両立しやすくなる、転職しやすくなる、学業と両立しやすくなる、起業しやすくなる、短時間勤務をしやくなる」という意味で、「より多様な働き方の中から、自分により合った働き方を、より自由に選べるようになる」ということを意味する。これにより、より適材適所な人材配置（雇用の流動化）が進み、社会全体の労働生産性が高まるだろう。ただし、雇用の流動化を促す前提条件として、「失業給付・就労支援などのセーフティーネットの充実」や「同一価値労働同一賃金といった公正な労働環境の整備」が必要であることは言うまでもない。

なお、「女性の労働参加を促す」ためにはどのような政策が有効なのかは、次の第5章で検討する。また、先述のとおり、「高齢化を抑制する」ためには、根本的には出生率を高める必要がある。たとえ移民を受け入れたとしても、国内の社会状況に影響されて移民の出生率も下がっていくなら、根本的な解決にはならないからだ。そこで、出生率を高めるための政策を、第6章で検討する。

注

＊1　以下で想定する説明変数以外にも、「産業構成（第二次産業比率、第三次産業比率）」や「労働組合組織率」も労働生産性に影響を与えている可能性がある（森川 2008）。しかし、それらの変数は、労働生産性からの影響（逆の因果）を受ける可能性もあること、また、どの国においても毎年一定方向への変化の傾向があること（第二次産業と労働組合組織率は毎年減り、第三次産業比率は毎年増える傾向があること）から、説明変数として投入すると、その他の説明変数（社会保障など）の推定を歪めてしまう可能性が高いため、今回の分析では投入しない。

＊2　年間休日数は１９８５年から２００９年にかけて20日ほど増えた。しかし、フルタイム労働者の平日労働時間は、１９８１年で男性８・33時間・女性７・55時間、２０１１年で男性９・21時間・女性７・54時間であり、男性で増えた（黒田 2013）。

＊3　「低学歴者と高学歴者間の雇用収入の格差平均は、２００８年の75％から２０１１年には90％へと拡大しました。平均で、高等教育修了成人の相対的収入は後期中等教育修了成人の相対的収入の１・５倍を超えており、後期中等教育修了者の収入は、後期中等教育未修了者の収入より平均で25％多くなっています」（OECD Tokyo Centre 2013=2013）。

＊4　以下の記述を参照。「経済危機の結果の一つとして、就職難が進んだことが原因で若者の教育機関在籍率が上昇しました。…ＯＥＣＤ加盟国では、25～34歳人口の高等教育修了者の比率は、２０００年の26％から２０１１年には39％に増加しました」（OECD Tokyo Centre 2013=2013）。

＊5　帰無モデル（モデル1から「女性労働力率」を除去したモデル）に「労働生産性、年少人口比率、老年人口比率、社会保障・教育以外の公的支出、教育支出、高齢者福祉現金給付支出、高齢者福祉現物給付支出、医療支出、障害者福祉支出、子育て支援支出、就労支援支出、失業給付支出、遺族福祉支出、生活保護その他支出」（すべて前年値）を投入すると、労働生産性－1.98、年少人口比率＋3.60、医療支出＋1.77、子育て支援支出＋1.88のみが、５％水準で有意な係数だった。したがって、社会保障の全領域で見ると、「医療」と「子育て支援」のみで労働生産性成長率を高める効果が見られ、かつ、その効果は「子育て支援」のほうが大きいと考えられる。

ただし、ファイナルモデル（モデル19）で見られたように、さまざまな条件を統制すると、就労支援の一部（開業奨励金）で、労働生産性成長率を高める効果が見られた。そこで、モデル19で、「就労支援支出と失業給付支出」の代わりに、「社会保障・教育以外の公的支出、高齢者福祉現金給付支出、高齢者福祉現物給付支出、遺族福祉支出、医療支出、障害者福祉支出、生活保護その他支出」（すべて前年値）を投入すると、いずれも係数は非有意だった。したがって、さまざまな条件を統制してもなお、子育て支援・就労支援・医療以外の社会保障に、労働生産性成長率を高める効果が見られなかった。

また、帰無モデルやモデル19について、「相続税収（贈与税収を含む）」や「前年の相続税収」をそれぞれ追加投入してみても、いずれも有意な負の効果は見られなかった。したがって、老年人口比率が統制されていることに留意すると、相続税の拡大が労働生産性成長率に悪影響をもたらすという傾向は見られなかった。

また、モデル19に、産業構造を表す「第二次産業比率と第三次産業比率」（いずれも前年値）を追加投入しても、いずれも係数は非有意で、その他の説明変数の係数の有意性と符号は変わらなかった。したがって、女性労働力率の有意な正の効果は、産業構造による見かけ上の相関ではないといえる。

なお、ファイナルモデル（モデル19）について、一階階差ＧＭＭ推定の代わりに固定効果推定（被説明変数前年値・前々年値を投入、各変数で差分なし、個体内平均に中心化、ロバスト標準誤差）を行った。すると、係数が5％水準で有意に正／負だった説明変数に「＋／－」を付記し、係数が10％水準で有意に正／負だった説明変数に「（＋／－）」を付記すると、前年労働生産性－、男性失業率（＋）、労働力参加率（－）、女性労働力率（＋）、労働時間－、老年人口比率（－）、中所得者総合個人税率（＋）、低所得者総合個人税率－、高等教育支出＋、開業奨励金支出＋、失業給付支出＋であり、その他の説明変数の係数は10％水準で非有意だった。つまり、（内生性の除去が弱いためか）一部の係数の有意性が多少弱くなったものの、それ以外の点では一階階差ＧＭＭ推定での結果とほぼ変わらなかった。

第5章

女性の労働参加を促す政策

——保育サービス・産休育休・公教育

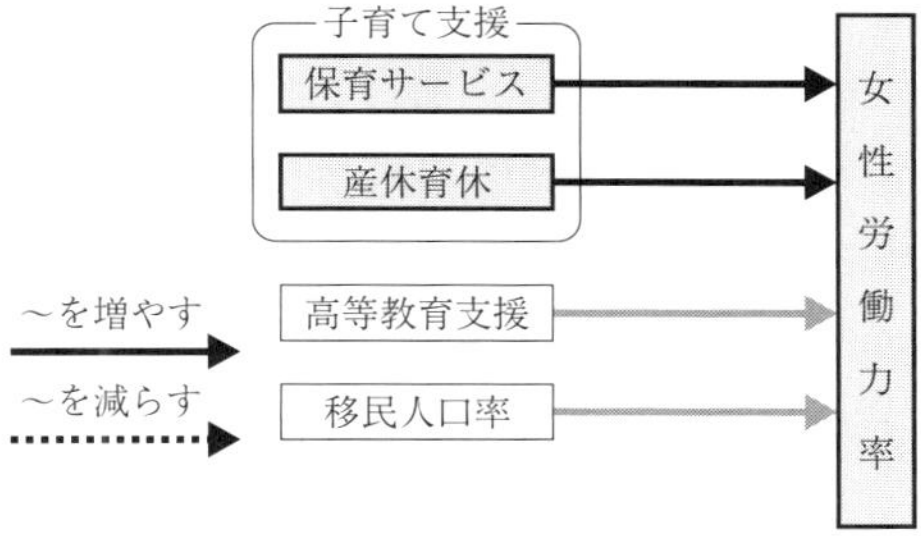

5・1　背景――「女性の労働参加」は「社会の労働生産性」を高める

「女性の労働参加」と「社会の労働生産性」との関連は、第4章第2節仮説①でも論じたことだが、重要なことなので再度確認しておこう。

グローバル化によって市場の流動化が進んだ現代社会では、労働生産性を高めるには、「人材の多様性」が有効であると考えられる。人材に多様性があってこそ、グローバル市場の急速な変化に対応しやすくなるからだ。

人材に多様性をもたらすさまざまな属性のうち、とりわけ重要なのは「性別」だと考えられる。なぜなら、どの国でも、どの年齢層でも、消費者のほぼ半分は「女性」で半分は「男性」だからだ。つまり、潜在的な需要は男女で「半々」だからだ。にもかかわらず、供給側を見ると、「労働力人口（＝就業者＋失業者）に占める女性の割合」（以下「女性労働力率」）は、50％よりも低い。つまり、供給側は、人材において「男／女」という多様性を十分に活かせていない。そのため、より多くの女性が働くようになると、人材の多様性が高まり、企業や被用者全体の労働生産性が高まると期待できる。

また、女性の労働参加が進み、女性が働きやすい環境が整えば、たとえば仮に、有能な女性Aさんとあまり有能でない男性Bさんがいたときに、有能なAさんのほうをしっかり優先して雇用したり登用したりできるようになる。つまり、女性の労働参加によって、雇用・登用の効率化が進むのである。このことによっても、企業や被用者全体の労働生産性は高まると期待できる。

先述の通り、実際に、労働政策研究・研修機構が２００６年に実施した全国企業調査や、経済産業研究所が２００９年に実施した全国企業調査によれば、女性の人材活用が進んでいる企業ほど、生産性が高い傾向にある（川口 2007；山口 2011）。また、日本の女性労働力参加率がＧ７レベル（日伊以外）にまで上がれば、一人当たりＧＤＰは恒久的に約４％増、北欧レベルにまで上がればさらに４％増となり、潜在的ＧＤＰ成長率はそれぞれ０・２％増、０・４％増となるとの推計もある（Steinberg and Nakane 2012：5）。加えて、日本の女性就業率が２０１３年時点の62・５％から同年の男性と同じ80・６％まで上がれば、労働人口は７１０万人増加し、ＧＤＰは最大で12・５％増える（10年間かけるなら年率の経済成長率は１・２％上がる）との推計もある（ゴールドマン・サックス 2014：5-6）。

そこで前章では、次の仮説を設定した。「女性労働力率が上がると、一年後の生産性成長率が上がる」。「一年後」というタイムラグを設定したのは、職場での人材の多様性が、その職場の生産性に影響を与えるまで、一年くらいの期間を要するのではないか、と考えられるからである。ＯＥＣＤのパネルデータを分析した結果、この仮説は支持された。つまり、女性の労働参加は、社会の労働生産性を高めると考えられるのである。

では、「女性の労働参加を促す」（女性労働力率が上がる）ためにはどのような政策が有効なのだろうか。本章ではこの問題を検討する。

５・２　先行研究で残された課題

管見のところ、国レベルの「女性の労働参加」の規定要因をパネルデータによって分析した先行研究は、実に少ない。その中でも代表的な先行研究は、バッサニーニらの研究（Bassanini and Duval 2006）である。そこでは、ＯＥＣＤ21ヵ国１９８２～２００３年のパネルデータを用いて、「働き盛り世代の女性の労働力参加率」（25～54歳女性人口に占める被用者の割合）の規定要因を、操作変数推定（第２章第８節参照）[*1]によって分析している（Bassanini and Duval 2006: 83, Table 2.1, Model 5）。その結果によれば、平均的なＯＥＣＤ国では下記の傾向（有意水準10％）が見られる。

・「産出量ギャップ」（供給に対する需要の超過量、景気の良さ）[*2]が増えると、フルタイム女性労働力参加率が上がり、パートタイム女性労働力参加率が下がる（景気が良いとパートタイムの人がフルタイムで雇用されやすくなる）。
・「平均教育年数」が長くなると、フルタイム女性労働力参加率が上がる（学歴が高いとフルタイムで雇用されやすい）。
・「専業主婦からパートタイム就労への誘因」[*3]が増えると、フルタイム女性労働力参加率が下がり、パートタイム女性労働力参加率が上がる（主婦よりもパートをしたほうが所得が増えるなら、フルタイムにならずともパートタイムでも所得を増やせるので、フルタイムからパートタイムへ移る）。
・「失業給付の代替率」が増えると、パートタイム女性労働力参加率が下がる（失業給付が充実すると、失業中にパートタイムはせずに主婦になる）。
・「児童手当の給付額」[*4]が増えると、フルタイム女性労働力参加率が下がり、パートタイム女性労働力参加率が上がる（児童手当を十分もらえるなら、パートタイムで十分になるので、フルタイムからパートタイムへ移る）。

・「産休育休の最大可能年数」は、フルタイム女性労働力参加率ともパートタイム女性労働力参加率とも無関係（産休育休が長くなっても、女性の労働を促すわけではない）。

・「保育サービス（就学前教育を含む）への公的支出」[*5]が増えると、フルタイム女性労働力参加率が上がる（保育サービスが充実すると、フルタイムで働きやすくなる）。

しかし、本章で着目する「脱工業化」「教育での公的雇用」「移民受け入れ」といった社会的要因（次節を参照）は、この先行研究では考慮されていない。それらを考慮に入れた、より慎重な分析は、管見のところ見当たらなかった。

そこで本章では、「脱工業化や公的教育雇用、移民受け入れなどの多様な社会的要因を考慮に入れた上でもなお、保育サービスや産休育休が、女性の労働参加にプラスの効果をもつのか」を検証してみよう。

5・3　仮説

分析方法（第2章第11節）で述べたように、まずは、理論的な仮説を設定しておく必要がある。そこで以下で、本分析で設定した仮説を順に説明しておこう。

仮説①――脱工業化

「脱工業化」とは、雇用の「脱・第二次産業化」のことであり、「対物作業を基本とした第二次産業」の雇用規模が縮小し、「対人コミュニケーションを基本とした第三次産業」または「長い歴史の中で幅広い作業が開発されてきた第一次産業」の雇用規模が拡大することを意味する。

一般に男性は、女性よりも筋力が強いため、対物作業の対応幅が広く、第二次産業で雇用されやすいと考えられる。それに対して一般に女性は、男性よりも言語発達が早く、対人コミュニケーション能力を高めやすいため、対人コミュニケーションの対応幅が広く、第三次産業で雇用されやすいと考えられる。

また、第一次産業についていえば、前近代では男女ともに、農作業に従事する人口が大部分であった。つまり、筋力の比較的弱い女性であっても従事できる作業が（前近代の長い歴史の中で）幅広く開発されてきたと考えられる。そのため、第二次産業と比べると第一次産業のほうが、女性はより雇用されやすいと考えられる。

そこで、次の仮説を設定する。「被用者の第二次産業比率が小さくなると、同年の女性労働力率が上がる」。

仮説②――公教育の拡充

ＯＥＣＤ諸国では、高等教育の卒業者の過半数は女性である。[*6] そのため、高等教育卒業資格が必要なことの多い「教員」としては、女性が活躍しやすい。ＯＥＣＤ平均（２０１０年）で、小学校では82%、中学校では68％、高校では57％、大学では41％の教員が女性となっている（文部科学省 2013）。初等教育では、もはや雇用の8割が女性なので、むしろ男性教員が求められているところもあるかもしれない。つまり、初等教育への公的支出（に依拠する雇用）が増えても、女性の雇用はさほど増えないかもしれない。それに対して中等教育・高等教育では、雇用の女性率は4〜7割であるので、女性を新たに雇用する余地はまだ大きい。そのため、中等教育や高等教育への公的支出が増えると、女性の雇用が（男性の雇用と比べて）増えやすいと考えられる。

そこで次の仮説を設定する。「中等教育や高等教育への公的支出が増えると、同年の女性労働力率が高まる」。

仮説③——産休育休

先行研究では、女性の労働参加に対する、「産休育休の期間の長さ」の効果のみが分析されていたが、ここでは「産休育休のための公的支出（対GDP比）」の効果を分析する。

なぜなら、「期間の長さ」は、女性にとって、育休を取る上でのメリットにはあまりならないと考えられるからだ。育休期間が長くなると、現場復帰が遅れて、他の従業員と比べた相対的スキルが下がってしまう。産休育休の「期間の長さ」よりもむしろ「所得代替率」のほうが、育休取得上のメリットになりやすい可能性が高い。そこで本分析では、「期間の長さ」と「所得代替率」の両方に正比例する「産休育休のための公的支出」に着目し、それが女性の労働参加に与える影響を検証する。

産休育休の期間・代替率が増えると、「妊娠した女性が労働を継続する（労働参加しつづける）こと」

が促されるだけでなく、「産休育休の期間にその代理として女性の臨時労働者が雇われること」も促されるため、それらの効果として、女性労働力率が上昇すると考えられる。

そこで次の仮説を設定する。「産休育休のための公的支出が増えると、同年の女性労働力率が高まる」。なお、「同年」の産休育休の効果を検証する際には、逆の因果も想定しなければいけない。本書の分析では、一階階差ＧＭＭ推定（第2章第9～11節参照）を用いることで、逆の因果をできるかぎり除去している。

仮説④――保育サービス

保育サービス（デイケア・サービスとホームヘルプ・サービス、さらに２０００年以降のデータでは就学前教育も含む）では、女性が雇われやすい。生産年齢の女性のうち専業主婦が２％しかいないスウェーデンでさえ、保育士の９割は女性である（２００７年統計）（藪長 2011: 25, 30）。また保育サービスを利用することで働けるようになるのは、父親よりも母親のほうが多い（育児休業利用率は父親よりも母親のほうが高いし、無業率も父親よりも母親のほうが高い）。[*7] そのため、保育サービス支出が増えると、保育サービスの就労者と利用者が増えることで、労働力人口が増えて、その増え分の過半数は女性であると考えられる。

日本の県レベル・パネルデータ分析（１９９０～２０１０年）でも、「もし核家族比率（母親就業率に負の効果をもつ）が一定であれば、保育所定員が増えれば母親就業率が高まる」という傾向が示されている（Yamaguchi 2015: Table 1 Column 4）。ただしそれとともに、「保育所定員の増加が核家族比率を上

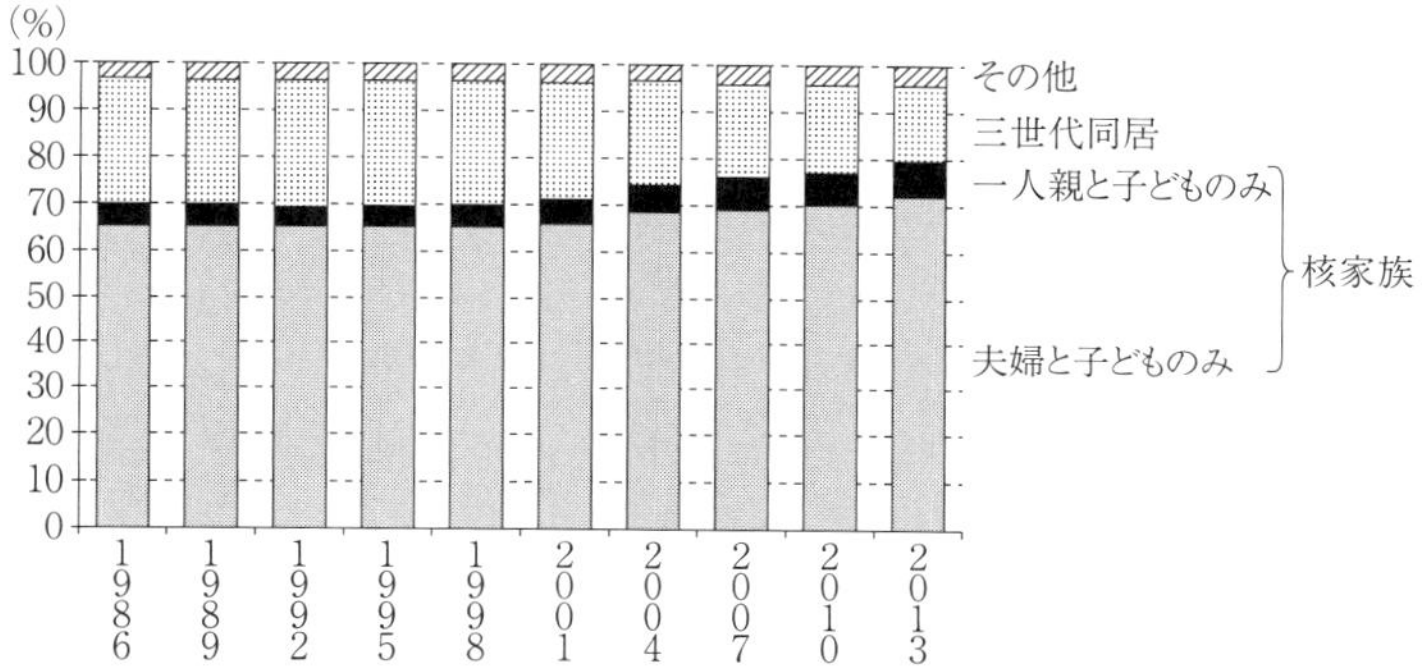

内閣府（2015）より引用。データは厚生労働省「国民生活基礎調査」による。

図 5-1　18 歳未満の未婚の子どものいる世帯の構成

げて、母親就業率を下げる」という因果経路も指摘されている（Yamaguchi 2015: Table 1 Column 4, Table 2）。つまり、少なくとも日本では、保育サービスの増加は、女性労働力率への正の直接効果を与えると同時に、核家族比率という媒介変数を経由して、女性労働力率に負の間接効果も与えているのだ。

これは、日本で「子育て世帯における核家族比率」がまだ増加している途中（核家族化の途中）であり、定常状態に至っていないことに起因している。とくに２０００年代に、「子育て世帯に占める核家族の比率」は、７割から８割へと顕著に増えた（図５－１）。

そして実際に、１９９０年代のみで分析すると、母親就業率に対して、保育サービスの「正の直接効果」と「核家族比率を経由した負の間接効果」は完全に相殺し合って、総合効果は統計的に非有意だった（Asai et al. 2016: Table 6 Column 2）。他方で、子育て世帯の核家族化がより進んだ２０００年代のみで分析すると、母親就業率に対して、保育サービスの「正の直接効果」は、「核家族比率を経由した負の間接効果」をわずかに上回り、総合効果は10％水準で有意に正となっている（Asai et al. 2016: Table 7 Column 2）。したがって、この傾向が続いているならば、おそらく2010年代以降では、母親就業率に対する保育サービスの効果は、総合的に見て有意にプラスとなっていると考えられる。

ここで、OECD諸国の「子どものいる世帯における核家族（一人親＋二人親）世帯の比率」を見ると、本章の分析期間である2000年代において、約2割以内の幅で増減している。*8 そのため、「保育サービス増加→核家族比率上昇→女性労働力率低下」という間接効果が、程度の差はあるにせよ、OECD諸国でも生じている可能性がある。

では、本章の分析において「核家族比率」を説明変数として投入するべきだろうか。もしそれを投入すると、核家族化比率の係数が負となり、保育サービスの係数は（核家族比率を経由した負の間接効果が取り除かれるため）正方向に偏ることになる。これでは、保育サービスの正の効果を、本来よりも大きく見積もってしまう（過大評価してしまう）ことになる。そこで本章の分析では、核家族化比率を投入しないこととした。

したがって本章の分析では、核家族比率は投入しないままで、保育サービス支出を投入し、次の仮説を設定する。「保育サービスのための公的支出が増えると、同年の、さらに翌年の、女性労働力率が高まる」。

なお、「同年」の保育サービスの効果を検証する際には、逆の因果も想定しなければいけない。ただし、公的な保育サービスは、予算が毎年限られているので、需要が増えたからといって供給を無制限に増やすわけにはいかず、それゆえに「待機児童」が形成される。したがって、「同年」の効果に、「需要が供給を増やす」という逆の因果はあまり含まれていないと考えられる。ともあれ本書の分析では、逆の因果をできるかぎり除去するために、一階階差GMM推定（第2章第9〜11節参照）を用いている。

仮説⑤——移民の受け入れ

2014年のILO総会事務局長報告によれば、「移民の性別は、世界的に見ると、48%が女性であるが、地域により異なる。すなわち、女性はヨーロッパ、アメリカ、オセアニアでは多数を占めるが、アフリカでは45・9%、アジアでは41・6%である。この違いは、移住する傾向、移民政策における性別による選択主義、そして労働市場における職種によるジェンダー分離などが複合的に起因している可能性がある」（ILO 2014）。つまり、OECD諸国の大部分を占める欧米諸国では、近年の移民の過半数は女性である。

たとえば2000年ごろのデータでは、OECD28ヵ国における「外国生まれ人口（移民人口）に占める女性の割合」は49・5%（メキシコ）〜59・9%（ポーランド）であり、50%を下回っていたのはOECD28ヵ国中3ヵ国（メキシコ・スペイン・ギリシア）のみであった（OECD 2007）。

OECDによれば、「1990年代においては、移民の中で女性の割合が増加した。この傾向は、特にフランス、ギリシャ、スペイン、スウェーデン、イギリス、イタリアにおいて目立つ。移民における労働力の女性化は、人口移動の流れのすべての構成要素に関係している。OECD加盟国への女性移民は、初期においては主に家族呼び寄せのルートに限られていたが、就労関連の移民及び難民といったルートによる流入が拡大している」という（OECD 2004）。

先進諸国への移民は、その大多数が労働のために来ており、生産年齢人口である。また、先進諸国への移民の過半数は女性である。すると、移民が入ると、国内の労働力人口が増えるが、その過半数が女性である（つまり、国内の女性労働力率が増える）ということがありうる。とくに近年、ケア労働分野（とくに賃金が安い介護分野）での女性移民が増えている事情を考えると、近年増えている移民は女性の労働移民であり、それによって国内の女性労働力率は高まると想定できる。

そこで、次の仮説を設定する。「移民の人口比率が大きくなると、一年後の女性労働力率が上がる」。「一年後」というタイムラグを設定したのは、新たに移民として入ってきた人が仕事を得るまでに、一年間ほどかかると考えられるからである。

5・4　データと方法

分析に用いるデータの定義・出典・概要は、第2章第1および12節のとおりだ。

分析の方法は、一階階差GMM推定（第2章第9～11節参照）を用いる。それにより、「第二次産業比率」（仮説①）・「公的教育支出」（仮説②）・「産休育休支出」（仮説③）・「保育サービス支出」（仮説④）・「移民人口比率」（仮説⑤）のそれぞれが「女性労働力率」に与える影響を、統計的に検証する。

なお、本分析で使用可能な（欠損値のない）データは、主に2000年以降のデータに限られるので（次節参照）、保育サービスは基本的に「就学前教育」を含んでいる。

5・5　結果

表5－1は、「女性労働力率」の規定要因を分析した結果だ。モデル6は、仮説①〜⑤のすべてを最も慎重に検証したモデルであるため、ファイナルモデルとみなすことができる。

仮説①の検証——脱工業化

「第二次産業比率（同年）」の係数は、ほぼすべてのモデル（モデル4〜10）で有意で負となっている。この結果は、「被用者の第二次産業比率が小さくなる（脱工業化が進む）と、同年の女性労働力率が上がる」という傾向があることを示しており、仮説①「脱工業化による女性の労働参加」を支持している。ただし、第二次産業比率の効果は、同年の就労支援支出などを投入すると消えてしまう（モデル11〜12）。したがって、脱工業化の効果は、就労支援などの就労生活関連政策によって媒介されている可能性がある。たとえば、脱工業化が進むと、より複雑なコミュニケーション能力が必要となるため、就労支援が難しくなり、また、就労支援が乏しくなると、男性よりもコミュニケーション能力にもともと長けている女性のほうが雇われやすくなり、女性労働力率が上がるのかもしれない（モデル11）。

仮説②の検証——公教育の拡充

「中等教育への公的支出（同年）」「高等教育への公的支出（同年）」の係数は、他の変数の統制が少ない場合（モデル1〜2）に有意で正となっている。この結果は、「中等教育や高等教育への公的支出が増

表 5-1　女性労働力率の規定要因の分析結果（一階階差 GMM 推定、ロバスト標準誤差）*9

被説明変数（*斜体*は先決変数）	女性労働力率											
モデル	モデル 1	モデル 2	モデル 3	モデル 4	モデル 5	モデル 6	モデル 7	モデル 8	モデル 9	モデル 10	モデル 11	モデル 12
分析期間	2000-2009	2000-2009	2000-2009	2000-2009	2000-2009	2000-2009	2000-2009	2000-2009	2000-2009	2000-2009	2000-2009	2000-2009
女性労働力率（前年）	0.0602	0.0655	0.144	0.112	0.082	0.073	0.0513	0.0782	0.0468	-0.0481	-0.0925	0.0121
一人当たり実質 GDP						2.82E-05	7.10E-06	2.81E-05	2.62E-05	-1.29E-05	6.07E-05	1.65E-05
男性失業率（前年）						-0.0198	-0.0483	-0.0161	-0.0202	0.0119	-0.0472	-0.0289
女性失業率（前年）						0.00277	0.0201	0.000116	0.00304	-0.00172	0.0451	0.00484
第二次産業比率				-0.113*	-0.0788*	-0.0976*	-0.117***	-0.0954*	-0.0952*	-0.0779*	-0.024	-0.0728
第三次産業比率				-0.0404	-0.0276	-0.0431	-0.0252	-0.0431	-0.0507	-0.0419	0.0344	-0.0124
年少人口比率						0.153	0.0464	0.156	0.237	-0.00486	0.291*	0.489*
老年人口比率						-0.0799	-0.09	-0.0769	-0.058	-0.143	-0.584**	0.177
移民人口比率（前年）					0.355**	0.369**	0.337**	0.371**	0.409**	0.786***	0.349***	0.383**
新規結婚率									-0.0372			
合計特殊出生率									0.141			
離婚率									-0.0359			
高所得者の個人所得税率＋社会保険料率										0.0221		
中所得者の個人所得税率＋社会保険料率										-0.0281		
低所得者の個人所得税率＋社会保険料率										0.00108		
児童一人当たり初等教育支出	-0.0111	-0.0174	-0.0136	-0.0185	-0.0244	-0.0234	-0.0213	-0.0218	-0.0192	-0.0121	-0.0121	0.00204
生徒一人当たり中等教育支出	0.0219*	0.0218*	0.0139	0.0103	0.0051	0.003	0.0117*	0.00254	0.00275	0.00499	0.0174*	0.00527
学生一人当たり高等教育支出	0.00695*	0.00680*	0.00857*	0.00549	0.00554	0.00628	0.00605	0.00614	0.00546	0.0123*	0.0161***	0.0116*
老年福祉支出　現物								-0.076				
子育て支援支出　児童手当			0.117	0.0802	0.102	0.134		0.136	0.134	0.0774	0.0688	0.156
子育て支援支出　児童手当（前年）							-0.0743					
子育て支援支出　産休育休			0.593*	0.541*	0.504	0.643*		0.745*	0.618*	0.284	0.242	0.436
子育て支援支出　産休育休（前年）							0.401					
子育て支援支出　特殊な現金			0.182	-0.0934	-0.0991	-0.0545		-0.0423	0.0679	-0.22	0.101	0.0833
子育て支援支出　特殊な現金（前年）							0.0839					

子育て支援支出　保育		0.338**	0.771*	0.848*	1.013*	1.205**		1.139*	1.148*	1.118**	1.489***	1.057**
子育て支援支出　保育（前年）							0.873*					
子育て支援支出　特殊な現物			−0.0698	−0.000129	−0.0296	−0.0596		−0.0153	−0.0426	−0.0224	0.106	0.235
子育て支援支出　特殊な現物（前年）							−0.00308					
就労支援支出　職業紹介											−0.441	
就労支援支出　職業訓練											0.189	
就労支援支出　ワークシェアリング											−4.370***	
就労支援支出　雇用奨励金											0.144	
就労支援支出　援助付き雇用											0.0542	
就労支援支出　雇用創出											−0.3	
就労支援支出　開業奨励金											−5.113**	
失業給付支出												−0.0443
住宅補助支出												−0.183
生活保護その他支出　現金												−0.514
生活保護その他支出　現物												−1.022
年特有固定効果	上昇下降	上昇下降	上昇下降	上昇下降	上昇下降	上昇下降	上昇下降	上昇下降	上昇下降	上昇下降	上昇下降	上昇下降
国特有線形時間傾向	投入	投入	投入	投入	投入	投入	投入	投入	投入	投入	投入	投入
日本特有線形時間傾向	0.0865***	0.0830***	0.0649***	0.027	0.028	0.0826	0.0704	0.0905	0.0855	0.113	0.364***	−0.00667
定数	34.42***	34.43***	32.19***	40.58***	40.86***	40.38***	43.54***	39.97***	39.60***	49.57***	41.02***	28.54**
観測数	212	211	154	154	154	154	152	154	153	141	136	134
国数	23	23	17	17	17	17	17	17	17	17	16	15
操作変数（GMM 型＋標準型）の数	213	212	155	155	155	155	153	155	154	142	137	135
Sargan の過剰識別制約検定（有意確率）	0.1982	0.2223	0.469	0.5901	0.6248	0.6454	0.5822	0.6691	0.6192	0.3483	0.7813	0.6155
Arellano-Bond の系列相関検定（2 次系列相関の有意確率）	0.1809	0.2169	0.2869	0.4557	0.3369	0.4909	0.1492	0.5432	0.5864	0.9794	0.5648	0.5421

* $p<0.05$、** $p<0.01$、*** $p<0.001$。「E-n」は「$\times 10^{-n}$」を表す。使用データと変数の定義は第 2 章第 1 および 12 節を参照。
有意な係数は、セルを灰色で着色した。

えると、同年の女性労働力率が高まる」という傾向があることを示しており、仮説②「公教育の拡充による女性労働力率の上昇」を支持している。

ただし、同年の「産休育休」や「第二次産業比率」を統制すると、公教育支出の効果は消えてしまう。これは、「産休育休を利用する女性が増えると、その中の一部は女性教員による利用であろうから、公教育支出が増えると同時に、女性の労働参加が進む」「公教育支出が増える（教員が増える）と、その教員の雇用分だけでなく、その教員が利用する家事関連サービス（外食など）での雇用も増えるため、第三次産業での被用者（女性のほうが多い）が増えて、女性労働力率が上がる」という因果関係によるのかもしれない。

仮説③の検証——産休育休

「産休育休への公的支出（同年）」の係数は、ほぼすべてのモデル（モデル3〜6とモデル8〜9）で有意で正となっている。この結果は、「産休育休への公的支出が増えると、同年の女性労働力率が高まる」という傾向があることを示しており、仮説③「産休育休拡充による女性労働力率の上昇」を支持している。

ただし、同年の「就労支援」などを統制すると、産休育休の正の効果は消えてしまう。これは、「就労支援が拡充されると、母親にとっては再就職がしやすくなると思われて、産休育休の利用が減るとともに、実際には就労支援によって男性のコミュニケーション能力が補われるため、女性労働力率は減る」という因果関係によるのかもしれない。

仮説④の検証――保育サービス

「保育サービスへの公的支出（同年と翌年）」の係数は、すべてのモデル（モデル2～12）で有意で正となっている。この結果は、「保育サービスのための公的支出が増えると、同年の、さらに翌年の、女性労働力率が高まる」という傾向があることを示しており、仮説④「保育サービス拡充による女性労働力率の上昇」を支持している。

なお、保育サービス支出を（女性労働力率の）翌年の値にすると、係数は非有意になった（結果は非表示）。したがって、保育サービス支出の女性労働力率に対する「順の因果」の頑健性が確かめられた。

ちなみに、「介護サービスへの公的支出」は女性労働力率に対して有意な効果を示さなかった（モデル8）。スウェーデン（2007年）においてさえ、介護士の7割、介護助手の8割は女性であるため（藪長 2011: 30）、介護サービスが拡充されれば女性労働力率は高まるように予想されるのだが、介護サービスによって介護負担から解放される家庭内介護者は「（保育サービスのときのように）生産年齢の女性」とは限らない（老老介護というケースが多い）ため、女性労働力率に対する効果は、その分限定的に留まるのかもしれない。

仮説⑤の検証――移民の受け入れ

「移民人口比率（前年）」の係数は、すべてのモデル（モデル5～12）で有意で正となっている。この結果は、「移民の人口比率が大きくなると、一年後の女性労働力率が上がる」という傾向があることを示しており、仮説⑤「移民受け入れによる女性労働力率の上昇」を支持している。

5・6 結論

以上の分析から、「女性の労働参加」は、「脱工業化」「公教育の拡充」「産休育休の拡充」「保育サービスの拡充」「移民の受け入れ」によって促されると考えられる。したがって、女性の労働参加を促すためには、「公教育・産休育休・保育サービスを拡充する」「女性の労働移民をより多く受け入れる」といった対策が有効だと考えられる。これらの対策は、「男性多数」「日本人多数」の職場・労働市場において、「人材の多様化」をもたらすだろう。そして、すでに前章で論じたように、「人材の多様化」は、その職場や労働市場全体の労働生産性を高めると期待できる。

注

＊1 「保育サービス（就学前教育を含む）への公的支出」の内生性を除去するために、その前年の階差（the lagged change）が操作変数として用いられている。

＊2 「（実際GDP－潜在GDP）／潜在GDP」。

＊3 「（パート妻世帯可処分所得平均値－専業主婦世帯可処分所得平均値）／専業主婦世帯可処分所得平均値」。

＊4 「（子ども2人あり世帯可処分所得平均値－子なし世帯可処分所得平均値）／子なし世帯可処分所得平均値」。

＊5 単位は1995年購買力平価（PPP）でのUSドル。

＊6 「全高等教育レベル修了者のほとんどは、博士課程を除けばほとんどが女性である。OECD諸国の若者は、平均で女性48％、男性32％が、生涯のうちに高等教育を修了することになる」（OECD Tokyo Centre 2013=2013）。

＊7 スウェーデンにおいてさえ、2007年の生産年齢の労働力参加率は女性81％、男性87％であった（藪長 2011: 25）。

＊8 1998年から2008年（一部の国は2002年から2008年）にかけての変化量は、OECD18ヵ国の平

均で＋３％ポイント。日本は＋４％ポイント。最大はハンガリーの＋24％ポイントで、最小はアメリカの－11％ポイント。なお、日本は他のＯＥＣＤ諸国よりも「子育て世帯の核家族率」がまだ小さい。データは International Social Survey Programme（2015）による。

＊9　なお、ファイナルモデル（モデル６）について、一階階差ＧＭＭ推定の代わりに固定効果推定（被説明変数前年値を投入、各変数で差分なし、個体内平均に中心化、ロバスト標準誤差）を行った。すると、係数が５％水準で有意に正／負だった説明変数に「＋／－」を付記し、係数が10％水準で有意に正／負だった説明変数に「（＋／－）」を付記すると、第二次産業比率（－）、移民人口比率（＋）、保育支出＋であり、その他の説明変数の係数は10％水準で非有意だった。つまり、（内生性の除去が弱いためか）一部の係数の有意性が多少弱くなったものの、それ以外の点では一階階差ＧＭＭ推定での結果とほぼ変わらなかった。

第6章

出生率を高める政策
――保育サービス

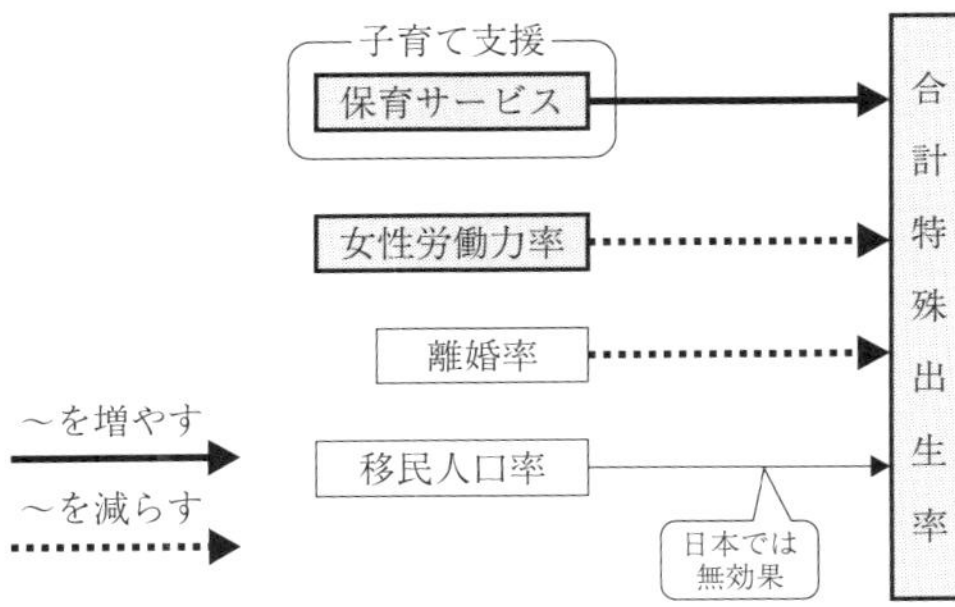

6・1　背景――「出生率の上昇」は財政健全化をもたらす

本章では、「労働生産性の成長」をもたらす（ことで財政余裕を増やす）対策のうち、「（高齢化を抑制するために）出生率を高める」という対策について検討する。というのも、「出生率を高める」という対策もまた、それ自体は具体的な政策・税制・規制ではなく、曖昧な「社会現象」にとどまっているからである。そこで、「どのような対策を実施すれば、出生率が高まるのか」を、統計分析によって検討する。

6・2　先行研究で残された課題

出生率の先行研究は、女性労働参加と出産意志決定との間の関係を分析したものが多数派であり、政策が出産に与える効果を分析した研究はいまだ少ない。さらに、後者の研究領域においても、特定の国における個人レベルデータの分析は多いが、国際比較データによる分析は少ないのが現状だ。

国際比較データによって政策効果を調べた近年の例としては、まず、ボルドリンらの研究（Boldrin et al. 2005）が挙げられる。ボルドリンらは、１９９７年の１００ヵ国のデータでＯＬＳ推定（重回帰分析）を行った。すると、一人当たりＧＤＰ・幼児死亡率・高齢者率を統制したところ、出生率に対して、社会保障支出（対ＧＤＰ％）が有意な負の効果を示した。またボルドリンらは、欧州８カ国１９６０～２００４年のプールされたデータでもＯＬＳ推定を行った。すると、ここでも社会保障支出が出生率に対して有意な負の効果を示した。ただし後者の推定では統制変数がなく、擬似相関の可能性が高い。また、前者の推定では、国特有効果（たとえば避妊・中絶・婚外出産に関する時間不変的な文化）の差異を考慮できていない。

国特有効果を考慮するには、国際比較時系列データによる「パネルデータ分析」か、国際社会調査の個人レベルデータと国際比較データを組み合わせた「マルチレベル分析」が必要だ。

ただしパネルデータ分析においても、留意が必要である。そもそも出産行為は、周りの多くの人が産んでいたことに影響されて自分も産む、というような社会的影響関係や、それによってパネルデータ内に含まれる国内系列相関を、無視できない。国内系列相関を考慮するには、階差回帰モデルや動学的パネルモデルを用いる必要がある。しかしながら、そういったモデルを適用した研究はいまだ少ないのが現状だ。

数少ない研究の一つとして、まず、欧米22ヵ国１９７３～１９９０年の経年パネルデータを用いて、出生率の規定要因を分析した研究（Gauthier and Hatzius 1997）がある。分析モデルは一階階差ＧＭＭ推定であり、年ダミーが投入されている。分析の結果、男性賃金・女性賃金・失業率・失業率上昇率・出産休暇期間・出産休暇給付を統制すると、公的家族給付は出生率に有意な正の効果を示した。なお、失業率上昇率が負の効果を示した以外は、他の統制変数は５％有意な効果を示さなかった。

また他には、ＯＥＣＤ23ヵ国１９６０～１９９７年のパネルデータを用いて、合計特殊出生率と年齢別特殊出生率を、ランダム効果推定（前年値の投入なし）と階差回帰ＯＬＳ推定で分析した研究（Adsera 2004）がある。ランダム効果推定（ランダム効果モデルともいう）とは、固定効果推定における国特有固定効果をランダムな誤差項に置き換えた推定方法だ。雇用構造や都市人口率を統制すると、25〜34歳のすべての出生率に対して、ランダム効果推定では「大規模な公務員率」（雇用を安定化させる）と「雇用状況に応じた産休給付期間の長さ」が有意に正の効果を示し、階差推定では前者のみが有意に正の効果を示した（ただし前者の効果は非線型であり、単調増加ではない）。このように産休給付は、前年値を考慮しない非動学的なモデルでは有意だが、前年値を考慮した動学的なモデルでは非有意となった。産休給付が増えたからといって、出生率が増えるわけではないのだ。

さらに、日本を含むOECD16ヵ国1980〜1999年のパネルデータを用いて出生率を分析したダッディオらの研究（D'Addio and d'Ercole 2005）がある。そこでは、年ダミーを含めたGMM推定を行っている。またそれに加えて、「被説明変数ラグ項の係数がもたらすダイナミズム」を、「全期間で全ての国に共通する被説明変数ラグ項係数」によるものと、「国特有の短期的な被説明変数ラグ項係数」によるものとに分けるPMG推定（国ダミー・年ダミー含む）も、試みている。すると、雇用構造や賃金構造を統制すると、GMM推定では「産休育休給付」が有意に負、「子どもがいるかいないかで生じる実効税率の差」（子育て世帯への児童手当と税額控除による所得移転率）が非有意だった。また、PMG推定では、前者が非有意、後者が有意に正、さらに「育休の長さ」が有意に負だった。つまり、国ごとのダイナミズムの細かい差異を考慮すると（PMG推定）、「産休育休給付」の負の効果は消えて、「子育て世帯への所得移転」が出生率を上げた。

なお、一部の推定で「育休の長さ」に負の効果が見られたことについては、ダッディオらはつぎのように解釈している。「育休が長いと、子どもを産んだ女性がなかなか労働市場に参入しなくなる。すると、女性の労働供給が減るので、女性の平均賃金が上がる。そのため、働いている女性にとっての出産の機会費用（出産によって失われる賃金）が大きくなるため、結果的に出生率が下がるだろう」。この説明はかなり遠回りなものであるが、同じGMM推定で「パートタイム職女性率」が正であった（機会費用の低さを示した）ことは、この解釈を間接的に支持している。

他方で近年では、マルチレベル分析を用いた研究もある。たとえば、ESS2004年の個票データ（西欧16ヵ国）を使って、1人目の妊娠と2人目以降の妊娠に対するさまざまな変数（個人レベルと国レベル）の効果を、マルチレベル・イベントヒストリー分析（妊娠した年の年ダミーを含む離散時間ロジットモデル）によって検討した研究（Kalwij 2010）がある。それによれば、年齢（有意に負）・教育レベル（有意に負＝機会費用）・子ども数（有意に負）といった個人レベル変数や、時間傾向（有意に負）・一人当たりGDP（非有意）・女性雇用率（非有意）・失業率（1人目の妊娠では有意に負）・合計特殊出生率（有意に正）などの国レベル変数を統制すると、1人目の妊娠に対しては、国レベルの「女性被用者への乳児一人当たり産休育休給付支出」が有意に正であり、2人目以降の妊娠に対しては、国レベルの「女性被用者への幼児一人当たり保育サービス支出」が有意に正であった。また、それらを統制すると、「子ども一人当たり児童手当支出」と「国民一人当たり社会支出」は非有意であった。この研究は、公的家族支出の中のどの領域が妊娠出産につながるのかを、説得的に示したといえる。つまり、あらゆる親に児童手当を与えるのではなく、「女性被用者」に対象を絞って産休育休給付や保育サービスを与えるほうが、妊娠出産を促すという傾向が示されたのだ。

国特有効果に考慮した先行研究として現在挙げられるものは以上である。*1 分析モデルが最も信頼のおける最後の2つの分析結果に依拠すれば、「子育て世帯への所得移転」「働く女性への産休育休給付や保育サービス」に、出生率を上げる効果がある。

このように、先行研究は、その数は少ないものの、洗練された分析モデルによって、子育て支援支出の内訳別の効果が、丹念に実証されてきた。しかしながら、いまだ解決できていない点も存在する。それは、「(内訳別の）子育て支援支出」は、説明変数として投入され、その効果が考慮されてきたが、子育て支援以外の社会保障領域（たとえば子育てに直結すると考えられる「公教育」「医療」「住宅補助」など）や、出生率に影響を与えると考えられる「移民人口比率」は、説明変数として投入されず、それらの効果が考慮されてこなかった、ということだ。

先述のダッディオらの解釈にもあったように、出産の意志決定は、単に子育て支援を受けられるかだけによって規定されるのではない。本人や配偶者の雇用状況はもちろんのこと、教育費・医療費・住居費の高さによっても左右されるだろう。したがって、雇用状況だけでなく、公教育・医療・住宅補助などの社会保障政策によっても、影響を受けると考えられるのだ。にもかかわらず、公教育・医療・住宅補助といった社会保障政策は、これまで（少なくとも精緻な分析モデルを使った先行研究においては）考慮されてこなかった。

また、移民人口比率も、出生率に影響を与えると考えられるが、これまで（少なくとも社会保障の効果を検証した先行研究においては）考慮されてこなかった。

そこで本章では、「公教育・医療・住宅補助への公的支出」「移民人口比率」を説明変数に加えた、動学的なパネルモデルで、合計特殊出生率の規定要因分析を行う。

6・3　仮説

分析方法（第2章第11節）で述べたように、まずは、理論的な仮説を設定しておく必要がある。そこで以下で、本分析で設定した仮説を順に説明しておこう。

仮説①——女性の労働参加

働く女性にとって、出産すると、出産の時期に働いていたら得られる給与を得られなくなるため、出産は不利益（機会費用）を伴う。そのため、もし他の条件（世帯所得など）が等しいならば、働いていない女性よりも、働いている女性のほうが、出産数が少なくなると考えられる。つまり、働く女性が増えると、出生率は下がると考えられる。

そこで、次の仮説を設定する。「女性労働力率が上がると、翌年の出生率が下がる」。

ただし、この仮説を検証するには、「離婚率」の統制が必要だと考えられる。というのも、「離婚が増えると、『離婚したので経済的に自立しなければならなくなった女性』が増えるため、女性労働力率が上がる」、「離婚が増えると、『離婚したので経済的に不安定になった（子どもを産みにくい状況になった）女性』が増えるため、出生率が下がる」、という二つの因果関係がありえて、その結果として、女性労働力率と出生率のあいだに「見かけ上の負の相関」が生じる（女性労働力率の効果が過小評価されてしまう）からである。したがって、それを避けるために、離婚率を統制変数として回帰式に投入する。

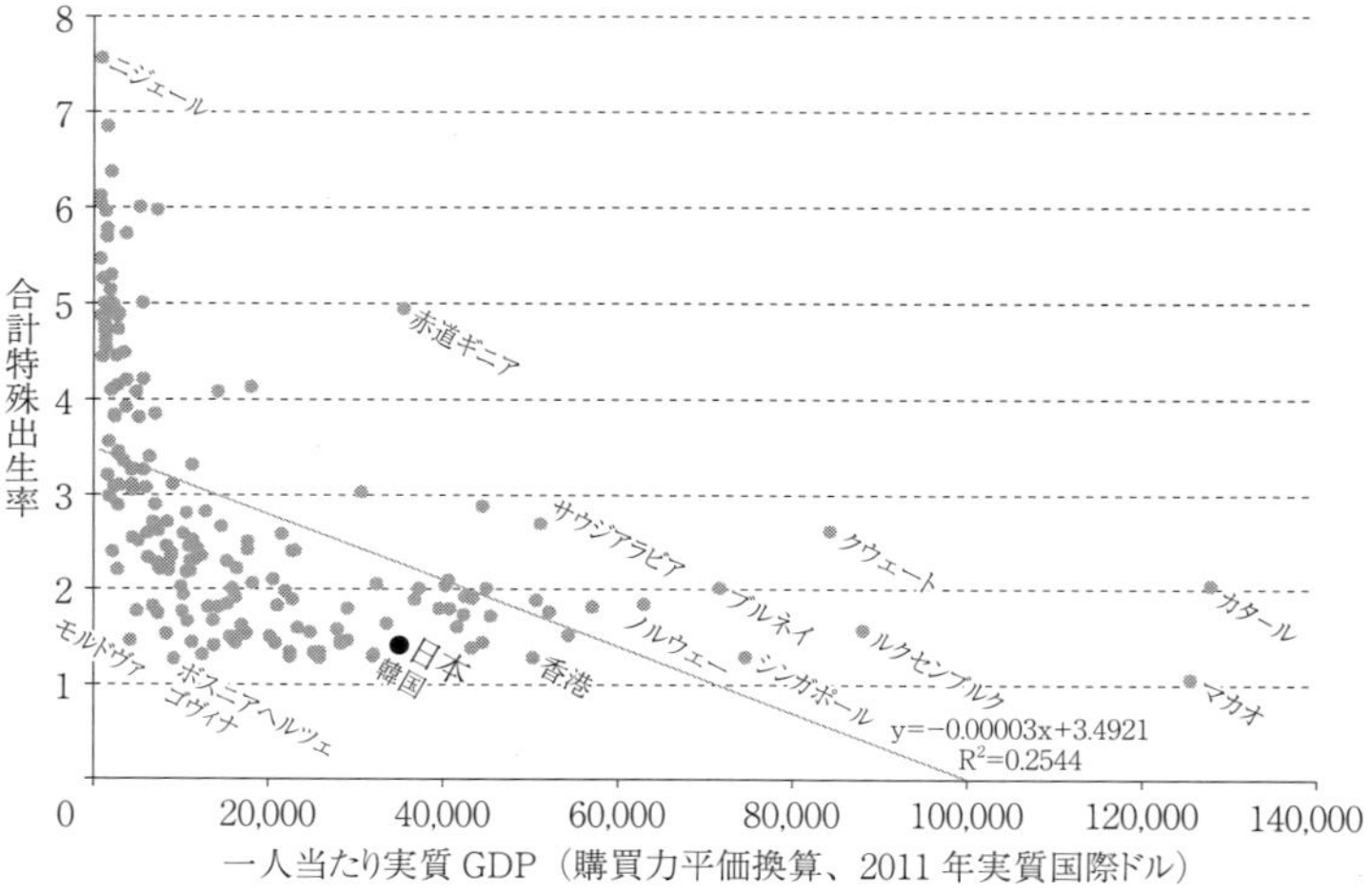

The World Bank（2015）より作成。

図 6-1　一人当たり実質 GDP と合計特殊出生率の関係（183 ヵ国／ 2012 年）

仮説②――離婚

上述のとおり、「離婚が増えると、『離婚したので経済的に不安定になった（子どもを産みにくい状況になった）女性』が増えるため、出生率が下がる」という因果関係がありうる。そこで、次の仮説を設定する。「離婚率が上がると、翌年の出生率が下がる」。

仮説③――移民の受け入れ

先進諸国に入ってくる移民は、基本的に、所得水準がより低い国から来る。宗教的伝統が強い産油国（中東のカタール、クウェート、西アフリカの赤道ギニアなど）や、内戦後で政治が不安定な諸国（東欧のモルドヴァ、ボスニア・ヘルツェゴヴィナなど）は例外であるが、それ以外の国では、所得水準が低い国ほど、出生率が高い傾向にある（図6-1）。実際に、アメリカでの出生率のデータを見ると、移民として入国して帰化したケースの多いヒスパニック系アメリカ人のほうが、非ヒスパニック系アメリカ人よりも、出生率が顕著に高い（本川 2014）。

そこで、次の仮説を設定する。「移民人口比率が増えると、翌年の出生率が上がる」。ただし、この仮説を検証するには、「公的教育支出」の統制が必要だと考えられる。というのも、「公教育が充実すると、より良い教育環境を求めて、より多くの移民が流入する」、「公教育が充実すると、家計の教育費が安く見込めるようになるため、出生率が高まる」、という二つの因果関係がありえて、その結果として、移民人口比率と出生率のあいだに「見かけ上の正の相関」が生じる（移民人口比率の効果が過大評価されてしまう）からだ。したがって、それを避けるために、「公的教育支出」を統制変数として回帰式に投入する。

仮説④——公教育

上述のとおり、「公教育が充実すると、家計の教育費が安く見込めるようになるため、出生率が高まる」という因果関係がありうる。そこで、次の仮説を設定する。「公的教育支出が増えると、翌年の出生率が上がる」。

仮説⑤——子育て支援（児童手当・産休育休・保育サービス）

先行研究では、子育て支援（所得移転・産休育休・保育サービス）が出生率を引き上げる傾向にあった。そこで本分析でも、子育て支援の効果を検証する。子育て支援の領域は、児童手当・産休育休・保育サービスの三つに分けられる。[*2] 設定する仮説は、次の三つである。「児童手当支出が増えると、翌年の出生率が上がる」、「産休育休支出が増えると、翌年の出生率が上がる」、「保育サービス支出が増えると、翌年の出生率が上がる」。

ただし、子育て支援の支出は、年少人口比率の変化によっても影響を受けるため、統制変数として年少人口比率を投入する。

仮説⑥——その他の社会保障（医療、住宅補助）

公教育・子育て支援以外の社会保障として、「医療」「住宅補助」に着目し、次の仮説を設定する。「医療支出が増えると、子育てしやすい医療環境がより整いやすくなるため、翌年の出生率が上がる」、「住宅補助支出が増えると、子育てしやすい住宅環境がより整いやすくなるため、翌年の出生率が上がる」。

ただし、医療の支出は、老年人口比率の変化によっても影響を受けるため、統制変数として老年人口比率を投入する。

仮説⑦——その他の社会経済状況（経済水準、失業率、労働時間、結婚率）

その他の社会経済状況として、以下の仮説を設定する。「一人当たりGDPが上がると、子どもが労働力から教育対象に変わることで、出生率が下がる（図6-1参照）」、「失業率が上がると、子育てする余裕がなくなるため、出生率が下がる」。「労働時間が長くなると、子育てする余裕がなくなるため、出生率が下がる」、「新規結婚率（再婚を含む法律婚の新規登録数を人口で割ったもの）が上がると、子育て可能な夫婦が増えるため、出生率が上がる」。

6・4　データと方法

分析に用いるデータの定義・出典・概要は、第2章第1および12節のとおりだ。

分析の方法は、一階階差ＧＭＭ推定（第2章第9～11節参照）を用いる。それにより、「女性労働力率」（仮説①）・「離婚率」（仮説②）・「移民人口比率」（仮説③）・「公的教育支出」（仮説④）・「子育て支援支出」（仮説⑤）・「医療支出・住宅補助支出」（仮説⑥）・「経済水準・失業率・労働時間・新規結婚率」（仮説⑦）のそれぞれが「合計特殊出生率」に与える影響を、統計的に検証する。

なお、２０００年以降の保育サービスは「就学前教育」を含んでいる。

6・5　結果

表6－1は、「合計特殊出生率」の規定要因を分析した結果だ。モデル5は、仮説①～⑦のすべてを最も慎重に検証したモデルであるため、ファイナルモデルとみなすことができる。

（一階階差 GMM 推定、ロバスト標準誤差）*3

（独立変数はすべて前年値＝外生変数）

モデル5	モデル6	モデル7	モデル8	モデル9	モデル10
1980-2009	1980-2009	1980-2009	1980-2009	1980-2009	1980-2009
0.273***	0.273***	0.271***	0.273***	0.262**	0.273***
0.276**	0.276**	0.269**	0.276**	0.277**	0.276**
-0.00000369	-0.00000371	-0.00000473	-0.00000369	-0.00000493	-0.00000372
0.00785	0.00787	0.00751	0.00786	0.00843	0.00785
-0.00274	-0.00273	-0.00241	-0.00274	-0.00228	-0.00269
-0.0667***	-0.0668***	-0.0670***	-0.0667***	-0.0706***	-0.0669***
	0.00507				
0.000131	0.000131	0.000141	0.000132	0.000146	0.000132
0.0419	0.0418	0.0413	0.0419	0.0379	0.0418
0.0858	0.0859	0.0876	0.0858	0.0909	0.0859
0.0551**	0.0551**	0.0568**	0.0550**	0.0594**	0.0551**
		-10.25*			
-0.0000672	-0.0000788	0.00109	-0.0000165	0.00249	0.0000761
			-0.00169		
-0.0326	-0.0325	-0.0307	-0.0326	-0.0235	-0.0323
				-0.216**	
0.00129	0.00129	0.00148	0.00129	0.00152	0.00129
0.00192	0.00193	0.00205	0.00192	0.00213	0.00193
-0.000557	-0.000556	-0.000428	-0.000557	-0.000393	-0.00055
-0.000718	-0.000717	-0.00164	-0.000695	-0.00221	-0.00068
-0.00476	-0.00486	-0.00503	-0.00476	-0.0087	-0.00502
-0.0698	-0.0699	-0.0704	-0.0698	-0.0674	-0.0699
0.105	0.105	0.103	0.105	0.0993	0.105
0.134*	0.134*	0.133*	0.134*	0.139*	0.134*
					-0.122
0.0189	0.019	0.0208	0.0189	0.0242	0.0189
0.0599	0.0598	0.0612	0.0599	0.0633	0.0598
下降上昇	下降上昇	下降上昇	下降上昇	下降上昇	下降上昇
投入	投入	投入	投入	投入	投入
-0.0379	-0.0384	0.445*	-0.038	-0.0417*	-0.037
1.185	1.182	0.844	1.184	1.326	1.189
224	224	224	224	224	224
19	19	19	19	19	19
225	225	225	225	225	225
0.2841	0.2855	0.306	0.2844	0.3136	0.286
0.6239	0.6248	0.6359	0.6283	0.7729	0.6288

参照。有意な係数は、セルを灰色で着色した。

表 6-1　合計特殊出生率の規定要因の分析結果

従属変数	合計特殊出生率			
モデル	モデル 1	モデル 2	モデル 3	モデル 4
分析期間	1990-2009	1992-2009	1989-2009	1980-2009
合計特殊出生率（前年）	0.485***	0.488***	0.453***	0.311***
合計特殊出生率（前々年）	0.179*	0.206*	0.252***	0.276***
一人当たり実質 GDP				
男性の失業率				
女性の失業率				
女性労働力率（対労働力人口%）			-0.0405**	-0.0700***
×日本ダミー				
労働時間				
年少人口比率	0.0161	0.0242	0.0326	0.0452
老年人口比率	-0.0177	0.00447	0.029	0.0725
移民人口比率				0.0439*
×日本ダミー				
新規結婚率				
×日本ダミー				
離婚率			-0.0157	-0.0316
×日本ダミー				
児童一人当たり初等教育支出（対一人当たり GDP%）				0.00148
生徒一人当たり中等教育支出				0.00178
学生一人当たり高等教育支出				-0.000288
医療支出（対 GDP%、以下同様）				
子育て支援支出　児童手当		-0.0292	-0.0287	0.00336
子育て支援支出　産休育休		-0.0495	-0.0393	-0.0602
子育て支援支出　特殊な現金		0.00327	0.0116	0.134**
子育て支援支出　保育	0.104***	0.125**	0.0922**	0.137*
×日本ダミー				
子育て支援支出　特殊な現物		-0.0123	-0.00645	-0.0127
住宅補助支出				
年特有固定効果	下降上昇	下降上昇	下降上昇	下降上昇
国特有線形時間傾向	投入	投入	投入	投入
日本特有線形時間傾向	0.012	-0.00000549	-0.00874	-0.0303
定数	0.451	0.0177	1.05	1.573
観測数	411	312	321	233
国数	28	21	21	19
操作変数（GMM 型＋標準型）の数	398	313	322	234
Sargan の過剰識別制約検定（有意確率）	0.2044	0.2733	0.3272	0.2854
Arellano-Bond の系列相関検定（2 次系列相関の有意確率）	0.6874	0.3593	0.2695	0.4669

* $p<0.05$、** $p<0.01$、*** $p<0.001$。使用データと変数の定義は第 2 章第 1 および 12 節を

仮説①の検証——女性の労働参加

「女性労働力率（前年）」の係数はすべてのモデル（モデル3〜10）で有意で負となっている。この結果は、「女性労働力率が上がると、翌年の出生率が下がる」という傾向があることを示しており、仮説①「女性の労働参加による出生率の低下」を支持している。*4

仮説②の検証——離婚

「離婚率（前年）」の係数はすべてのモデル（モデル3〜10）で非有意となっている。この結果は、「離婚率が上がると、翌年の出生率が下がる」という傾向が見られないことを示しており、仮説②「離婚の増加による出生率の低下」を支持しない。

ただし、モデル9を見ると、少なくとも日本においては、「離婚率が上がると、翌年の出生率が下がる」という傾向が有意に見られ、仮説②が支持されている。これは、少なくとも日本においては、離婚の増加が、子育てするにはあまりにも不安定な状況をもたらしており、出生行動の抑制につながっている、と考えられる。

仮説③の検証——移民の受け入れ

「移民人口比率（前年）」の係数はすべてのモデル（モデル4〜10）で有意で正となっている。この結果は、「移民人口比率が上がると、翌年の出生率が上がる」という傾向があることを示しており、仮説③「移民受け入れによる出生率の上昇」を支持している。

ただし、モデル7を見ると、少なくとも日本においては、「移民人口比率が上がると、翌年の出生率が下がる」という（上記とは逆の）傾向が有意に見られ、仮説③が否定されている。これは、少なくとも日本においては「移民受け入れによる出生率の上昇」が見られないことを示唆している（交互作用項の係数が非常に大きいが、これは、日本のケースが少ないため、そもそも誤差が大きいのが原因であると考えられる）。たとえ移民が、母国では出生率が高かったとしても、日本社会に入ると、そこでの労働環境（長時間労働など）・子育て環境（父親が子育てしにくく、近くに祖父母がおらず、保育サービスも不十分であるなど）が影響して、日本人と同様に、出生率が低くなってしまうのではないかと考えられる。

仮説④の検証——公教育

「公的教育支出（前年）」の係数はすべてのモデル（モデル4〜10）で非有意となっている。この結果は、「公的教育支出が増えると、翌年の出生率が上がる」という傾向が見られないことを示しており、仮説④「公教育の拡充による出生率の上昇」を支持しない。ただし、今回はあくまで1年後の短期的な効果を調べたにすぎない。何年以上にもわたる長期的な拡充であれば、出生率を引き上げる可能性は残されている。そのような長期的な効果の分析は、今後の課題である。

仮説⑤の検証——子育て支援（児童手当・産休育休・保育サービス）

「児童手当（前年）」と「産休育休（前年）」の係数は、すべてのモデル（モデル2〜10）で非有意となっている。他方で、保育サービスはすべてのモデル（モデル1〜10）で有意で正となっている。この結果は、「児童手当支出が増えると、翌年の出生率が上がる」という傾向は見られないが、「保育サービス支出が増えると、翌年の出生率が上がる」「産休育休支出が増えると、翌年の出生率が上がる」という傾向は見られることを示しており、仮説⑤のうち「保育サービスによる出生率の上昇」のみを支持している。

一般的に先進諸国の親たちは、仕事と子育ての両立（のための保育サービス）を求めているのであって、家計の一時的な補助（児童手当）や仕事を長期的に中断すること（産休育休）は、必ずしも出生行動を促すわけではないようだ。

なお、保育サービスについては、「逆の因果」への留意が必要である。もちろん、今回の分析モデルでは、保育サービスは出生率の一年前の値を使っているので、逆の因果は想定しづらい。また、最終モデル（モデル5）について、保育サービスを出生率と同じ年の値にすると係数は非有意になった。[*5] ここからも、逆の因果は基本的に含まれていないと考えられる。

仮説⑥の検証――その他の社会保障（医療・住宅補助）

「医療支出（前年）」と「住宅補助支出（前年）」の係数は、すべてのモデル（モデル5～10）で非有意となっている。この結果は、「医療支出が増えると、翌年の出生率が上がる」「住宅補助支出が増えると、翌年の出生率が上がる」という傾向が見られないことを示しており、仮説⑥「医療・住宅補助の拡充による出生率の上昇」を支持しない。ただし、今回はあくまで1年後の短期的な効果を調べたにすぎない。何年以上にもわたる長期的な拡充であれば、出生率を引き上げる可能性は残されている。

仮説⑦の検証――その他の社会経済状況（経済水準・失業率・労働時間・結婚率）

「経済水準・失業率・労働時間・結婚率（すべて前年）」の係数は、すべてのモデル（モデル5～10）で非有意となっている。この結果は、「一人当たりGDPが上がると、出生率が下がる」「失業率が上がると、出生率が下がる」「労働時間が長くなると、出生率が下がる」「新規結婚率が上がると、出生率が上がる」という傾向が見られないことを示しており、仮説⑦「経済水準・失業率・労働時間・結婚率の変化による出生率の変化」を支持しない。ただし、今回はあくまで1年後の短期的な効果を調べたにすぎない。何年以上にもわたる長期的な変化であれば、出生率を左右する可能性は残されている。

なお、新規結婚率は、再婚を含む法律婚の新規登録数を人口で割ったものだが、近年の欧米諸国では法律婚以外の結婚（事実婚）も増えており、法律婚は「人々の間の家族形成数の指標」とは言えなくなってきている。そのため、新規結婚率は、出生率を予測することができないと考えられる。ただ、日本では、事実婚がまだまだ少数派であり、結婚と出産の結びつきも強固であるため、「日本では新規結婚率の効果が有意に正になるのではないか」とも思われた。しかし、「新規結婚率と日本ダミーの交互作用」を投入しても、その交互作用は非有意だった（モデル8）。つまり日本でも、新規結婚率と出生率との間に、有意な関連は見られなかった（ただし、日本のサンプルサイズは30個にすぎないので、有意性を検出するには不十分である可能性もある）。

6・6　結論

以上の分析から、先進諸国において、出生率を引き上げるには、「保育サービスの拡充」と「移民の受け入れ」といった対策が有効だと考えられる。

ただし、日本では「移民の受け入れ」は有効ではなかった。つまり日本では、「移民人口比率が上がると出生率が上がる」という傾向は見られなかった。「出生率を上げるために労働移民を受け入れる」という政策は、先進諸国一般では有効だと考えられるが、少なくとも日本では有効ではない可能性が高い。日本の労働環境と子育て環境は、あまりにも子育てしにくい環境であり、もともと出生意欲が高い移民にとってさえも、子育てしにくい環境なのかもしれない。だとすれば、労働移民の受け入れは、「出生率を引き上げるため」ではなく、「労働人口（納税者）を増やすため」または「職場における人材の多様性を高めるため」または「人道的な意味で難民を受け入れるため」に行われることが検討されるべきだろう。

また日本では、離婚率が上がると出生率が下がる傾向が認められた。離婚を法的に規制することは、倫理的な意味でも難しい。しかし、「離婚した両親の子どもが、母親に引き取られ、父親が養育費を支払わなくなって、母子が貧困に陥ってしまう」というケースは頻繁に生じていることを考えると、「元夫による養育費の不払い」については、「元妻が望む場合は罰則規定を設ける」などによって、より厳格に防止する必要があるのではないだろうか。

また、公教育や医療、住宅補助などの効果は、長期的な効果も想定できるが、今回は検証できなかった。それは今後の課題である。

注

＊1　岩田・日本経済研究センター（2014：85）は、ＯＥＣＤ32ヵ国１９８０～２００９年のデータを分析し、「保育サービスをＧＤＰ比で１％ポイント増やすと、合計特殊出生率が０・５上昇する（上昇幅は不記載）」「児童手当には合計特殊出生率に対する効果がない」との傾向を報告している。しかし、この分析は、推定方法は明記されておらず不明である。保育サービスの効果量が本章の分析結果のおよそ10倍という非常に大きな値になっていることから、おそらくは逆の因果（子どもがたくさん生まれたから保育供給が増えた）を考慮できていない固定効果推定を使ったのではないかと思われる。また、おそらく、女性労働力率を経由した間接効果についても考慮していないと思われる。このように不明瞭な点が多いため、本章ではこの文献を先行研究としては挙げていない。

なお、日本の都道府県レベルのパネルデータを使った分析としては、「有配偶出生率の一階階差ＯＬＳ推定」の結果が京都府（2015：61-2）によって報告されている。それによれば、２０００年・２００５年・２０１０年の都道府県レベル３時点パネルデータを用いて、有配偶出生率の規定要因を一階階差ＯＬＳ推定で分析したところ（「15～49歳女性人口に占める団塊ジュニア（１９７１～74年生まれ）の割合」「男性完全失業率」「大学等進学率」などの主要な経済社会状況を統制）、「０～２歳児の保育所利用率（５年ラグ）」「５歳以下の子どものいる夫婦の共働き率（５年ラグ）」「子どもを対象としたボランティア活動行動者率（15歳未満人口比率で調整）」のみが５％水準で有意な効果を示し、いずれもプラスの効果だったという（自由度調整済み決定係数は0.62）。したがって、都道府県レベルで見ても、保育サービス利用率が増えると、（有配偶率が一定であれば）５年後の出生率が高まると考えられる。

＊2　本来は、所得移転のうち「児童手当」以外の部分である「税額控除」も考慮すべきだが、パネルデータの入手が困難である上に、「所得がある程度ないと享受できない支援」という意味で消極的な支援であるため、今回は扱っ

ていない。

＊3　なお、ファイナルモデル（モデル5）について、一階階差GMM推定の代わりに固定効果推定（被説明変数前年値・前々年値を投入、各変数で差分なし、個体内平均に中心化、ロバスト標準誤差）を行った。すると、係数が5%水準で有意に正／負だった説明変数に「＋／－」を付記し、係数が10%水準で有意に正／負だった説明変数に「(＋／－)」を付記すると、被説明変数前年値＋、被説明変数前々年値＋、女性労働力率－、中等教育支出（＋）、産休育休支出（－）。保育支出（＋）であり、その他の説明変数の係数は10%水準で非有意だった。つまり、（内生性の除去が弱いためか）一部の係数の有意性が多少弱くなったものの、それ以外の点では一階階差GMM推定での結果とほぼ変わらなかった。

＊4　なお、「女性労働力率と保育サービス支出（や子育て支援支出）の交互作用項」を投入して交互作用効果を検証してみたが、有意な効果は見られなかった（p≒0.975）。「保育サービス支出」の代わりにより広範な「子育て支援支出」にしても同様だった。つまり、「保育サービスや子育て支援が高度に充実すると、女性の労働参加そのものが（世帯稼得能力の安定化につながるため）出生率の上昇につながるようになる」という傾向は、本データでは見られなかった。

＊5　ちなみに、保育サービスを出生率の翌年の値にすると、係数は有意で0.106*となるが、前年値の場合の係数（0.134*）よりは小さい。

第７章

自殺を減らす政策

——職業訓練・結婚支援・女性就労支援・雇用奨励

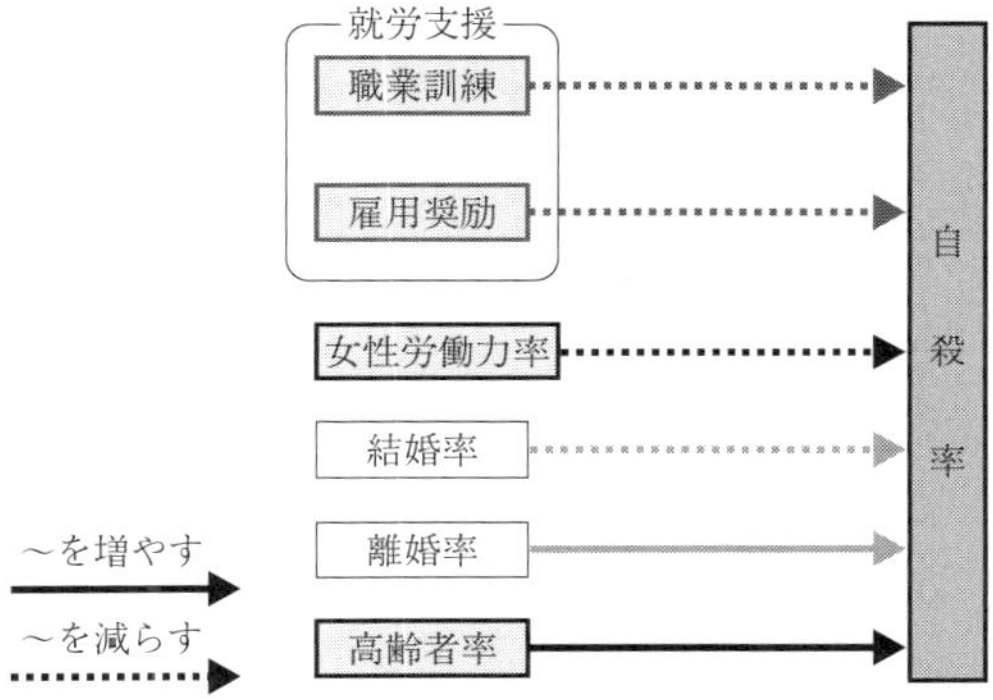

7・1　背景——自殺率という問題

第1章第2節で確認したように、ＯＥＣＤ諸国のほとんどでは、１９８０年代半ば以降、自殺率は下がる傾向にある。しかし日本と韓国だけは、その傾向から外れており、アジア通貨危機直後の１９９８年から自殺率が急上昇した（図1－4）。とりわけ２００３年以降の日本では、「若者」による自殺が増えた。ではその背景は何なのか。第1章第2節で確認したように、１９９８年以降の日本で増えた自殺の主な背景は、「貧困」と「孤立」であると考えられる。つまり、「自殺を好む人」が増えたのではなく、「貧困や孤立といった社会的状況によって否応なく不本意に自殺に追い込まれる人」が増えた（そしてその社会的状況はとりわけ「中年男性」や「若者」で悪化した）、と考えられるのだ。

であるならば、憲法第13条において「国民の生命の権利を最大限尊重すべき」とされている日本政府は、政策によって社会的状況を改善し、「不本意な自殺」を予防する責務を負っている。では、どのような政策が自殺の予防に有効なのか。本章ではそれを検討する。

7・2　先行研究で残された課題

ほとんどの先進諸国において、自殺率は年齢層によって異なっており、若年層よりも中高年層のほうが自殺率が高い傾向にある（WHO 2014）。ということは、高齢化などで人口の年齢構成が変化すると、それだけで、国内の（全年齢層での）自殺率が変化してしまう。そこで、社会保障政策や経済状況などの「人口年齢構成以外の社会的状況」の変化による自殺率の変化を、より正確に分析するには、自殺率のかわりに、「人口年齢構成を一定の構成（ここでは１９８０年のＯＥＣＤ諸国全体の人口年齢構成）に固定した場合の自殺率」（以下「年齢調整済み自殺率」）を、分析に用いればよい（Neumayer 2003: 316）。そこで本章では、その「年齢調整済み自殺率」を分析に用いることとする。なお、先行研究においても、本章と同様に「国内の（全年齢層での）自殺率」を分析する場合は、たいがい、「年齢調整済み自殺率」が用いられている。

自殺対策（うつ病対策や青色照明使用、自殺対策基金など）は、実際に自殺率抑制効果が認められている（澤田ほか 2013: 189, 193, 195）。しかしそれらの自殺対策は、対象者の心に自殺願望が生じた「後」で行われる「対症療法」にすぎない。つまり、自殺願望を生じさせるそもそもの要因（少なくとも１９９８年以降の日本で増えた自殺に関しては「貧困」と「孤立」）を、減らすことはできないのだ。

それに対して、職業訓練や雇用奨励などの「就労支援」は、失業者を、「貧困」と「孤立」から救うと考えられる。就労支援を受ける中で、失業者は、支援者（やさらに場合によっては自分以外の被支援者）との社会関係を得て、「孤立」から多少なりとも救われる可能性がある。また、就労支援を受けることで就職によって「貧困」（失業状態）から抜け出す希望を、少なくとも主観的には多少得ることができるだろう。[*1] したがって、就労支援は、自殺対策とは異なり、自殺願望を生じさせるそもそもの原因（たとえば「貧困」と「孤立」）を、少なくとも主観的には取り除くことにつながりうると考えられるのだ。

就労支援と自殺の関係についての先行研究としては、先進諸国の１９８０年代以降の国レベル・パネルデータを分析した研究（Stuckler et al. 2009; 柴田 2014b）と、日本の47都道府県１９７５〜２００８

年の都道府県レベル・パネルデータを分析した研究（澤田ほか 2013）のみを見つけることができる。

前者の国レベル分析の研究では、「社会保障政策のうち、職業訓練や雇用奨励などの就労支援に該当する『積極的労働市場政策』（Active Labor Market Policies, ALMP）に対する支出が増えると、『失業率の上昇に伴う65歳未満自殺率の上昇』（Stuckler et al. 2009）や『年齢調整済み自殺率』（柴田 2014b）が抑制される」との結果が得られている。*2

また後者の都道府県レベル分析の研究では、「失業率や離婚率、年ダミーなどを統制すると、行政投資（公共事業費など）と生活保護受給者率に加えて、失業対策費が、65歳未満男性自殺率を下げる」との結果が得られている（澤田ほか 2013）。なお日本の「失業対策費」は、その多く（約4割）が「物件費」（おそらく主に事業委託料や人件費）に使われており（総務省 2015：第50表）、実質的には「就労経験を積む機会の提供」に使われていると考えられ、「就労支援」としての機能も果たしていると考えられる。

したがって、先行研究では、国レベルで見ても都道府県レベルで見ても、就労支援が自殺率抑制に有効であることが明らかになっている。

しかし、先行研究で用いられた就労支援のデータ（「ALMP支出」や「失業対策費」）は、職業訓練や雇用奨励だけでなく、職業紹介・ワークシェアリング・障害者雇用・雇用創出・起業支援といった実に多様な支援が混在しうる、きわめて大雑把なデータにすぎなかった。そのため、「多様な就労支援のなかでも、とりわけどういった内容の支援が自殺率抑制効果をもつのか」は、先行研究ではいまだ明らかになっていなかった（柴田 2014c）。

そこで本章では、就労支援への支出（ALMP支出）を職業訓練などの具体的な内訳別に分けた、より詳細な支出データを、分析に用いた。そして、就労支援以外の有力な社会経済的変数を統制したうえで（仮説①〜⑤）、「多様な就労支援のなかでも、とりわけどういった内容の支援（への政府支出）が自殺率抑制効果を示すのか」を検証した（仮説⑥〜⑦）。

7・3　仮説

分析方法（第2章第11節）で述べたように、まずは、理論的な仮説を設定しておく必要がある。そこで以下で、本分析で設定した仮説を順に説明しておこう。

仮説①——失業率の上昇率

失業率が自殺率に与える効果については、先行研究でも結果が割れている。つまり、有意な正の効果がある（自殺率を増やす）という結果も多いが、有意な効果が見られないという結果もある。また、国によっては負の効果が見られたという結果もある。

正の効果を見出した先行研究としては、たとえば、国レベルのパネルデータ分析では、東欧を含む68ヵ国1980〜1999年のデータを固定効果モデルとランダム効果モデルで分析し、失業率の正の効果（ただし男性のみ）を指摘した研究（Neumayer 2003）がある。また、欧州15ヵ国1970〜1998年のデータを固定効果モデルで分析し、失業率の正の効果（ただし中年男性のみ）を指摘した研究（Andrés 2005）がある。さらには、欧州26ヵ国1970〜2007年のデータを固定効果モデルで分析し、失業率上昇幅の自殺率上昇率への正の効果を指摘した研究（Stuckler et al. 2009）がある。他方で、地域レベルでは、米国州1972～1991年や1982～1998年のデータを固定効果モデルで分析し、失業率の正の効果を指摘した研究（Ruhm 2000; Yoon and Bruckner 2009）がある。

それに対して、有意な効果を見出せなかった先行研究としては、たとえば、東欧を除く55ヵ国1980～1999年のデータをランダム効果モデルで分析した研究（Neumayer 2003）、OECD23ヵ国1960～1997年のデータを固定効果モデルで分析した研究（Gerdtham and Ruhm 2006）、OECD27ヵ国1980～2003年のデータを固定効果モデルで分析した研究（Chen et al. 2009）があり、それぞれ、失業率が自殺率に対して非有意であることを示した。また、負の効果を見出した先行研究としては、たとえば、ドイツ州1980～2000年のデータを一階階差GMMモデルで分析し、失業率が自殺率に対して負の効果をもつことを示した研究（Neumayer 2004）がある。

以上は失業率の「高さ」（水準）の効果を分析した先行研究だが、失業率の「上昇率」の効果を分析した先行研究もある。たとえば、日本の47都道府県1987～2001年のデータをGMMモデルで分析し、失業率上昇率が30～64歳男性自殺率に対して正の効果をもつことを示した研究（金子ほか2004）がある。

失業率の「高さ」ではなく「上昇率」が正の効果を示すことについては、つぎのような解釈が可能である。「失業率上昇率が高まると、失業者・就業者にとって、『思っていた以上に』就職が困難になったり、『思っていた以上に』あっさりと解雇されるなどの事態が生じるので、就業継続やそれを前提とした将来設計への期待感を失い（期待の基礎となっている規範が崩れる＝アノミー）、自殺する人が増える」。

なおこの事態は、「期待の基礎となっている規範が崩れる」という意味で、デュルケームの『自殺論』(Durkheim 1897=1985)で論じられた「アノミー」(規範の崩壊)の一種として解釈できるかもしれない。したがって、失業率の「水準」と「上昇率」を同時に式に投入すると、それらの変数の意味は、より限定されたものとなるだろう。つまり、「上昇率」が統制された場合での「水準」は、「その社会で失業という状態がどの程度『ありふれたもの』として見られているか」を意味するだろう。また、「水準」が統制された場合での「上昇率」は、「その社会で失業がどの程度『急に』増えたか」を意味するだろう。先に述べたアノミー的解釈で見れば、自殺率の上昇をもたらすのは、「水準」よりもむしろ「上昇率」だと考えられる。[*3]

そこで、次の仮説を設定する。「失業率の上昇率が上がると、同年の自殺率が上がる」。

仮説②――女性の労働参加

ほとんどの先進諸国において、自殺率は、女性よりも男性のほうが高い。また、上記の仮説①で見たように、自殺率は失業率と正の相関を示すことが多く、自殺率の変動は経済状況によって一定程度左右されている。これは、多くの先進諸国(とりわけ女性の労働参加が進んでおらず、「労働力人口のうち女性の占める割合」が低い国)では、経済活動(とくに家計)の担い手が男性に偏っており、それゆえに、経済状況の悪化(失業率の上昇)によって心理的負担を負う(それゆえに自殺のリスクが高まる)のが男性に偏っている、ということを示唆していると思われる。

だとすれば、女性の労働参加が進み、「労働力人口のうち女性の占める割合」(女性労働力率)が高まれば、その分、男性に偏っていた経済的責任とそれによる心理的負担が減り、男性の自殺率が減ると考えられる。その際には、女性の経済的責任とそれによる心理的負担が増えることにはなるが、比較的小さかった心理的負担が増えて平均的な負担になることによる自殺の増加は、比較的大きかった負担（自殺を引き起こすほどの過度な負担）が減って平均的な負担（おそらく多くの人にとっては自殺を引き起こすほどではない負担）になることによる自殺の減少を、下回ると考えられる（これは、心理的負担と自殺リスクとの関係が、線型的な関係ではなく、指数関数的に増加する非線形的な関係にあるだろう、という常識的な想定に依拠している）。したがって、男女を合わせた全人口での自殺率は、全体としては減ることになると考えられる。ただし、女性の労働参加の進行が男性の経済的責任と心理的負担の軽減につながるまでには、家計の負担構造の変化を媒介しているため、多少のタイムラグがあると考えられる。ここでは、1年間のタイムラグを想定しておこう。

そこで、次の仮説を設定する。「女性労働力率が上がると、翌年の自殺率が下がる」。

仮説③——人口の高齢化

多くの先進諸国では、高齢者のほうが非高齢者よりも自殺率が高い（WHO 2014）。そのような諸国では、人口の高齢化によって自殺率はどう変わるだろうか。

本分析での自殺率は、あくまでも、年齢構成を調整したものなので、「人口の年齢構成が変わること」そのものによる自殺率の変化（たとえば高齢者の割合が増えることによる自殺率の上昇）は、除去されている。しかし、「高齢者の割合が増える」ということは、「高齢者にとっても非高齢者にとっても、身近なところやマスメディアのニュースなどで、高齢者の自殺の事例をより頻繁に耳にするようになる」ということである。そのような情報環境の変化が、人々の自殺率を高める可能性がある。というのも、自殺にはいわゆる「伝染性」があるからだ。

日本の自殺率を時系列で分析したマクロな研究（Stack 1996）においても、ストックホルムの住民個人のパネルデータによって自殺行動の要因を分析したミクロな研究（Hedström et al. 2008）においても、他者（家族・同僚・マスメディア上の著名人）の自殺（前年のものを含む）が自己の自殺に与える影響（自殺の伝染性）は、統計的に無視できないことが指摘されている。すると、高齢者の割合が増えると、その分、人々が自殺の事例を耳にする頻度が増えて、それによって社会における自殺の伝染が（多少のタイムラグを伴って）増えて、翌年に自殺率が高まる、と考えられる。

そこで、次の仮説を設定する。「高齢者率が上がると、翌年の（年齢調整済みの）自殺率が上がる」。

仮説④——新規結婚率

デュルケームが『自殺論』（Durkheim 1897=1985）で論じたように、親密で安定的な人間関係（典型的には結婚関係）は、当事者の心理的安定を高めるとともに、社会経済的リスクを軽減する（たとえば自分が病気になったときに配偶者からのケアを期待できる）ことによって、当事者の自殺リスク（それは多くの場合、第1章第2節で確認したように、孤立と貧困に起因するだろう）を下げる効果があると考えられる。

実際、世界55ヵ国1980～1999年のデータをランダム効果モデルで分析すると、新規結婚率（その年に行政に新たに登録された法的婚姻の数の対人口比）が高い年には自殺率（年齢調整済み）が低い、という傾向が見られる（Neumayer 2003: Table 1&2, Column IV）。

本分析では、新たな結婚がその夫婦の自殺リスクの軽減につながるまでに1年間のタイムラグがあると想定して、次の仮説を設定する。「新規結婚率が上がると、翌年の自殺率が下がる」。

仮説⑤——離婚率

上述のように、結婚関係が、当事者の心理的安定を高め社会経済的リスクを軽減することによって、当事者の自殺リスクを下げる効果があるのだとすれば、結婚関係の喪失（つまり離婚）は、当事者の自殺リスクを上げる効果があるだろう。

そして、その効果は、失業による自殺リスクの上昇と同様に、直接的な心理的反応として、タイムラグをあまり伴わずに、生じると考えられる。そこで、次の仮説を設定する。「離婚率が上がると、同年の自殺率が上がる」。

仮説⑥——職業訓練

多様な就労支援（ALMP）のなかでも、とりわけ職業訓練（求職活動支援や求職期間での生活保障も含む）は、孤立リスクと貧困リスクを抱えた失業者にとって、「支援者とのコミュニケーションや、他の訓練参加者とのコミュニケーションを定期的に得られて、孤立感が軽減される」といった心理的効果や、「少なくとも主観的には、訓練プログラムによって将来の就職可能性が高まることで、貧困リスク認知が軽減される」といった心理的効果が、期待できるだろう。孤立リスクと貧困リスクは、第1章第2節で確認したように、自殺リスクの主要因だと考えられる。したがって、職業訓練は、失業者の自殺リスクを軽減する心理的効果を発揮しうると考えられる。

そこで、次の仮説を設定する。「職業訓練への公的支出（対GDP％）が上がると、同年の自殺率が下がる」。

仮説⑦——雇用奨励

多様な就労支援のなかで、雇用奨励（企業に補助金を給付することで新たな雇用を促す政策）は、失業者にとって、少なくとも一時的には雇用にありつけるため、彼らの孤立リスクと貧困リスクを軽減し、その結果として自殺リスクを軽減する効果があると考えられる。

なお、雇用創出（公的雇用、公共事業）も同様の効果をもつかもしれないが、雇用創出が一時的な公的雇用を供給するのに対して、雇用奨励は一時的な民間雇用を供給する。公的雇用と民間雇用の違いは、後者のほうが、民間企業での就労経験を積むことにつながるので、「民間企業での就職のための職業訓練」としての機能も果たしうるという点にある。多くの先進諸国では、雇用の過半数は公的雇用ではなく民間企業での雇用だ。したがって、失業者にとって、雇用創出は「いずれ民間企業に就職できる」（孤立リスクや貧困リスクを軽減できる）という主観的期待をもたらすことはあまりないが、雇用奨励はそのような主観的期待を（少なくとも一時的には）もたらすことが十分ありうるだろう。そして、そのような主観的期待をもつことで、失業者は、自らの自殺リスクを下げることになる。つまり、雇用奨励の政策は、一時的な（または部分的な）職業訓練を提供する機能を果たし、失業者たちの自殺リスクを軽減させる心理的効果を発揮すると考えられるのだ。

そこで、次の仮説を設定する。「雇用奨励への公的支出（対ＧＤＰ％）が上がると、同年の自殺率が下がる」。

なお、職業訓練・雇用奨励の他にも、同じ「就労支援」の政策としては、職業紹介・ワークシェアリング・障害者雇用・雇用創出・起業支援がある。しかし、自殺リスクの高い失業者はそもそも、就職の可能性が極めて低い（よって本人も絶望してしまうような）人々であり、職業紹介や起業支援だけによって就職への主観的期待が得られるとは考えづらい。また、ワークシェアリングで職を得られる失業者は、もともと就業能力が比較的高くてすぐに働くことができる人であり、上記のような就業能力が極めて低い失業者には該当しづらい。また、自殺リスクの高い失業者においても、障害者は多数派とは考えづらいため、障害者雇用が明確な効果を発揮するとは考えづらい。雇用創出が明確な自殺予防効果を発揮しがたいことについては、先述したとおりである。したがって、職業紹介・ワークシェアリング・障害者雇用・雇用創出・起業支援については、とくに積極的な仮説を立てずにおく。

また、就労支援（ＡＬＭＰ）以外の社会保障への公的支出としては、「病苦による自殺」を減らすと考えられる「医療支出」、家庭内ケア労働の負担を減らす「老年福祉支出（主に介護支出）」「子育て支援支出」、「貧困による自殺」を減らすと考えられる「老年福祉支出（主に年金）」「失業給付支出」「住宅補助支出」「生活保護その他支出」もありうる。

しかし、「医療支出」は、自殺リスクの高い病気やうつ病に限定されたデータではないので、仮説に用いるにはデータが不十分である（自殺対策に限定された医療費の国際比較時系列データは残念ながら存在しない)。

また、年によって増減する自殺の主な背景は「孤立」と「貧困」である(うつ病以外の病苦による自殺は数自体は多いが年によって大きく増減することはないだろう)と考えられるため、家庭内ケア労働の負担を理由とした自殺は多くないと考えられる。したがって、「老年福祉支出」や「子育て支援支出」が自殺の予防に明確な効果を示すとは考えにくい。

さらに、「年金」「失業給付」「住宅補助」「生活保護」は、いずれも、「職業訓練」とは違って、それを受給していても「将来の収入の上昇」が見込めない類の給付である。つまり、「将来、生活状況がもっと良くなる」という希望をもたらすものではない。しかし、自殺リスクを高めるほどの「貧困」とは、単に「現在、貧困状態にあること」だけではなく、「今後もずっと現在の貧困状態が続くだろう、と思われることによる絶望感」であるように思われる。つまり、自殺に追い込まれそうな人をその絶望から救うのは、「将来、生活状況がもっと良くなる」という希望であろう。だとすれば、「年金」「失業給付」「住宅補助」「生活保護」は、いずれも、自殺の予防に明確な効果を示すとは考えづらい。

したがって、「医療」「老年福祉」「子育て支援」「年金」「失業給付」「住宅補助」「生活保護」については、とくに積極的な仮説を立てずにおく。

7・4 データと方法

分析に用いるデータの定義・出典・概要は、第2章第1および12節のとおりだ。

分析の方法は、一階階差GMM推定（第2章第9～11節参照）を用いる。それにより、「失業率上昇率」（仮説①）・「女性労働力率」（仮説②）・「老年人口比率」（仮説③）・「新規結婚率」（仮説④）・「離婚率」（仮説⑤）・「職業訓練支出」（仮説⑥）・「雇用奨励支出」（仮説⑦）のそれぞれが「年齢調整済み自殺率」に与える影響を、統計的に検証する。

なお、先決変数を多く設定しすぎると推定が困難になるので、各説明変数にとって外生的な変数（労働時間、年少人口比率、新規結婚率）は先決変数に設定していない。

7・5 結果

表7－1は、「自殺率」の規定要因を分析した結果だ。モデル7とモデル9（モデル7の領域別の就労支援を前年値に変換）は、仮説①～⑦のすべてを最も慎重に検証したモデルであるため、いずれもファイナルモデルとみなすことができる。

仮説①の検証――失業率の上昇率

「失業率の上昇率」の係数は、前年の女性労働力率を統制しないすべてのモデル（モデル2・3・4・6）で、有意で正となっている。この結果は、「失業率上昇率が上がると、同年の自殺率が上がる」という傾向があることを示しており、仮説①「失業率上昇率の上昇による自殺率の上昇」を支持している。

仮説②の検証——女性の労働参加

「女性労働力率（前年）」の係数は、すべてのモデル（モデル7～12）で、有意で負となっている。この結果は、「女性労働力率が上がると、翌年の自殺率が下がる」という傾向があることを示しており、仮説②「女性労働力率の上昇による自殺率の低下」を支持している。

仮説③の検証——人口の高齢化

「老年人口比率（前年）」の係数は、すべてのモデル（モデル7～12）で、有意で正となっている。この結果は、「老年人口比率が上がると、翌年の自殺率が上がる」という傾向があることを示しており、仮説③「人口の高齢化による年齢調整自殺率の上昇」を支持している。

仮説④の検証——新規結婚率

「新規結婚率（前年）」の係数は、すべてのモデル（モデル7～12）で、有意で負となっている。この結果は、「新規結婚率が上がると、翌年の自殺率が下がる」という傾向があることを示しており、仮説④「新規結婚率の上昇による自殺率の低下」を支持している。

仮説⑤の検証——離婚率

「離婚率」の係数は、新規結婚率を統制したすべてのモデル（モデル7～12）で、有意で正となっている。この結果は、「離婚率が上がると、同年の自殺率が上がる」という傾向があることを示しており、

表 7-1　自殺率の規定要因の分析結果（一階階差 GMM 推定、ロバスト標準誤差）＊4

従属変数（斜体は先決変数）	自殺率（年齢調整済）											
モデル	モデル 1	モデル 2	モデル 3	モデル 4	モデル 5	モデル 6	モデル 7	モデル 8	モデル 9	モデル 10	モデル 11	モデル 12
分析期間	1994-2009	1994-2009	1994-2009	1994-2009	1994-2009	1994-2009	1980-2009	1992-2009	1980-2009	1980-2009	1980-2009	1985-2009
自殺率（前年）	0.258*	0.243*	0.272*	0.250*	0.242*	0.260*	0.307**	0.147	0.273*	0.307**	0.289**	0.277*
一人当たり実質 GDP 成長率（前年）							-0.0303	-0.0947*	-0.0334	-0.0308	-0.0403	-0.0418
×日本ダミー								0.168				
失業率	0.00471	-0.0602	-0.035	-0.0458	-0.0325	-0.0721	-0.016	-0.100*	-0.0167	-0.0158	-0.0117	0.00392
失業率の上昇率		0.0134*	0.00976*	0.0106**	0.00603	0.0109*	0.00617	0.00303	0.00144	0.00621	0.00588	0.00528
×日本ダミー								0.167***				
女性労働力率（対労働力人口%）(前年)							-0.564*	-0.340*	-0.701*	-0.566*	-0.685**	-0.854***
×日本ダミー								-3.294***				
労働時間							-0.00535	-0.007	-0.00739*	-0.0054	-0.00462	-0.00457
年少人口比率（前年）							0.0606	0.488	0.0131	0.0617	0.0571	0.0299
老年人口比率（前年）							1.007**	1.485*	0.565*	1.010**	0.929*	0.964**
×日本ダミー								1.855				
新規結婚率（前年）							-0.316*	-0.925*	-0.274*	-0.315*	-0.333*	-0.309*
×日本ダミー								-5.728***				
離婚率				1.521	1.335	1.397	1.705*	1.285*	1.263*	1.709*	1.707*	1.773*
×日本ダミー								12.51***				
老年福祉支出											-0.0966	
医療支出										-0.0146		
子育て支援支出											0.189	
就労支援支出　職業紹介						-2.285	-2.636	-3.441		-2.641	-3.035	-1.967
就労支援支出　職業紹介（前年）									1.428			
就労支援支出　職業訓練			-2.116*	-2.199*		-1.944*	-1.358*	-1.812		-1.351*	-1.637*	-2.066**
×日本ダミー								-350.5***				
就労支援支出　職業訓練（前年）					-2.270*				-2.152***			

就労支援支出　ワークシェアリング						0.935	-16.2	-6.835		-16.2	-17.16	-8.442
就労支援支出　ワークシェアリング（前年）									-14.31			
就労支援支出　雇用奨励金						-1.313	-3.016**	-0.875		-3.029***	-2.928***	-2.584**
就労支援支出　雇用奨励金（前年）									-0.654			
就労支援支出　援助付き雇用						3.108	1.766	5.233		1.757	2.091	3.849**
就労支援支出　援助付き雇用（前年）									-0.0263			
就労支援支出　雇用創出						-1.58	-0.643	-1.963		-0.64	-0.937	-1.146
就労支援支出　雇用創出（前年）									-0.916			
就労支援支出　開業奨励金						2.39	-1.93	-5.05		-1.986	-2.601	-2.608
就労支援支出　開業奨励金（前年）									-4.036			
失業給付支出												-0.0734
住宅補助支出												0.0312
生活保護その他支出												0.0235
年特有固定効果	低下	低下	低下	低下	低下	低下	低下	低下	低下	低下	低下	低下
国特有線形時間傾向	投入	投入	投入	投入	投入	投入	投入	投入	投入	投入	投入	投入
日本特有線形時間傾向	0.278***	0.290***	0.288***	0.251***	0.251***	0.333***	-0.214	-1.692	0.0769	-0.214	-0.121	-0.256
定数	13.43***	15.16***	15.21***	13.38**	14.36***	15.36***	27.92*	34.44	42.81*	28.04*	32.03*	42.62**
観測数	400	400	387	379	379	320	434	350	425	434	425	408
国数	27	27	27	27	27	25	25	25	25	25	25	25
操作変数（GMM 型＋標準型）の数	401	401	388	380	380	321	435	351	426	435	426	409
Sarganの過剰識別制約検定（有意確率）	0.3335	0.2568	0.1762	0.2103	0.276	0.2987	0.5216	0.2642	0.431	0.525	0.4011	0.4095
Arellano-Bond の系列相関検定（2 次系列相関の有意確率）	0.7406	0.654	0.5136	0.6594	0.949	0.5085	0.687	0.7722	0.2345	0.6877	0.5986	0.491

* p<0.05、** p<0.01、*** p<0.001。使用データと変数の定義は第 2 章第 1 および 12 節を参照。有意な係数は、セルを灰色で着色した。

仮説⑤「離婚率の上昇による自殺率の上昇」を支持している。

仮説⑥の検証――職業訓練

「職業訓練への公的支出（同年・前年）」の係数は、日本との交互作用を含まないすべてのモデル（モデル3～7、9～12）で、有意で負となっている。この結果は、「（たとえ失業率を統制した場合でも）職業訓練が拡充されると、同年と翌年の自殺率が下がる」という傾向があることを示しており、仮説⑥「職業訓練の拡充による自殺率の低下」を支持している。

なお、最終モデル（モデル7）について、職業訓練支出と日本ダミーとの交互作用は有意に負だった（モデル8）。したがって、職業訓練は、日本においても有意な自殺予防効果を発揮しているといえる。また、職業訓練支出を前年値にしても係数は有意のままだが（モデル9）、翌年値にすると係数は非有意になった（非表示）。したがって、「自殺減少→職業訓練増加」という逆の因果は想定しがたいことが確認できた。

仮説⑦の検証――雇用奨励

「雇用奨励金への公的支出（同年）」の係数は、女性労働力率などを統制した（ただし日本との交互作用を含まない）すべてのモデル（モデル7、10～12）で、有意で負となっている。この結果は、「（失業率・女性労働力率などの諸状況を統制した場合に）雇用奨励が拡充されると、同年の自殺率が下がる」という傾向があることを示しており、仮説⑦「雇用奨励の拡充による自殺率の一時的低下」を支持している。

なお、その他の社会保障への支出として、「医療支出」「老年福祉支出」「子育て支援支出」「失業給付支出」「住宅補助支出」「生活保護その他支出」も（多重共線性を抑えるために個別に）投入したが、いずれも有意な効果は示さなかった（モデル10〜12）。

7・6　結論

以上の分析から、自殺率を下げるには、「職業訓練」「結婚支援」「女性就労支援（第5章によれば保育サービス・産休育休などが有効である）」「雇用奨励」が有効だと考えられる。

注

＊1　「職業訓練などの就労支援が実際に就職につながる」という客観的な傾向があるかどうかについては、先行研究によって結果はまちまちである。第1章注5を参照。

＊2　さらに、「ALMP支出が大きくなるほど、結婚の自殺予防効果が大きくなり、離婚の自殺促進効果が小さくなる」という傾向も明らかになっている（柴田 2014d; Shibata 2015）。これは、ALMPが就労者の「今の職場への固執」を弱めるため、ワークライフバランスが改善されて、結婚がより親密な関係になるとともに、結婚・職場以外の人間関係も促進されるため、離婚による精神的ダメージが小さくなる、と解釈できる。また、ALMP支出の増加を促す社会的状況としては、「労働組合組織率が高いこと」が統計的に見出されている（柴田 2013a）。

＊3　失業率の「水準」と「上昇率」を同時に投入した研究として、自殺率の分析ではなく出生率の分析ではあるが、ゴーティエらの研究（Gauthier and Hatzius 1997）を挙げることができる。ゴーティエらは、欧米22ヵ国1973〜1990年データの一階階差GMMモデルで出生率を分析している。男性賃金・女性賃金・失業率・失業率上

昇率・出産休暇期間・出産休暇給付を統制すると、児童手当は出生率に有意な正の効果を示した。なお、失業率上昇率が負の効果を示した以外は、他の統制変数は有意な効果を示さなかった。

＊4　なお、ファイナルモデルの一つであるモデル7について、一階階差GMM推定の代わりに固定効果推定（被説明変数前年値を投入、各変数で差分なし、個体内平均に中心化、ロバスト標準誤差）を行った。すると、係数が5％水準で有意に正／負だった説明変数に「＋／－」を付記し、係数が10％水準で有意に正／負だった説明変数に「(＋／－)」を付記すると、被説明変数前年値＋、女性労働力率－、老年人口比率＋、新規結婚率（－）、離婚率＋、職業訓練支出（－）、雇用奨励金支出－であり、その他の説明変数の係数は10％水準で非有意だった。つまり、（内生性の除去が弱いためか）一部の係数の有意性が多少弱くなったものの、それ以外の点では一階階差GMM推定での結果とほぼ変わらなかった。

また、もう一つのファイナルモデルであるモデル9についても同様に固定効果推定で分析すると、被説明変数前年値（＋）、女性労働力率－、老年人口比率（＋）、新規結婚率（－）、労働時間（－）、離婚率＋、職業訓練支出－であり、その他の説明変数の係数は10％水準で非有意だった。つまり、（内生性の除去が弱いためか）一部の係数の有意性が多少弱くなったものの、それ以外の点では一階階差GMM推定での結果とほぼ変わらなかった。

第 8 章

子どもの貧困を減らす政策

――児童手当・保育サービス・ワークシェアリング

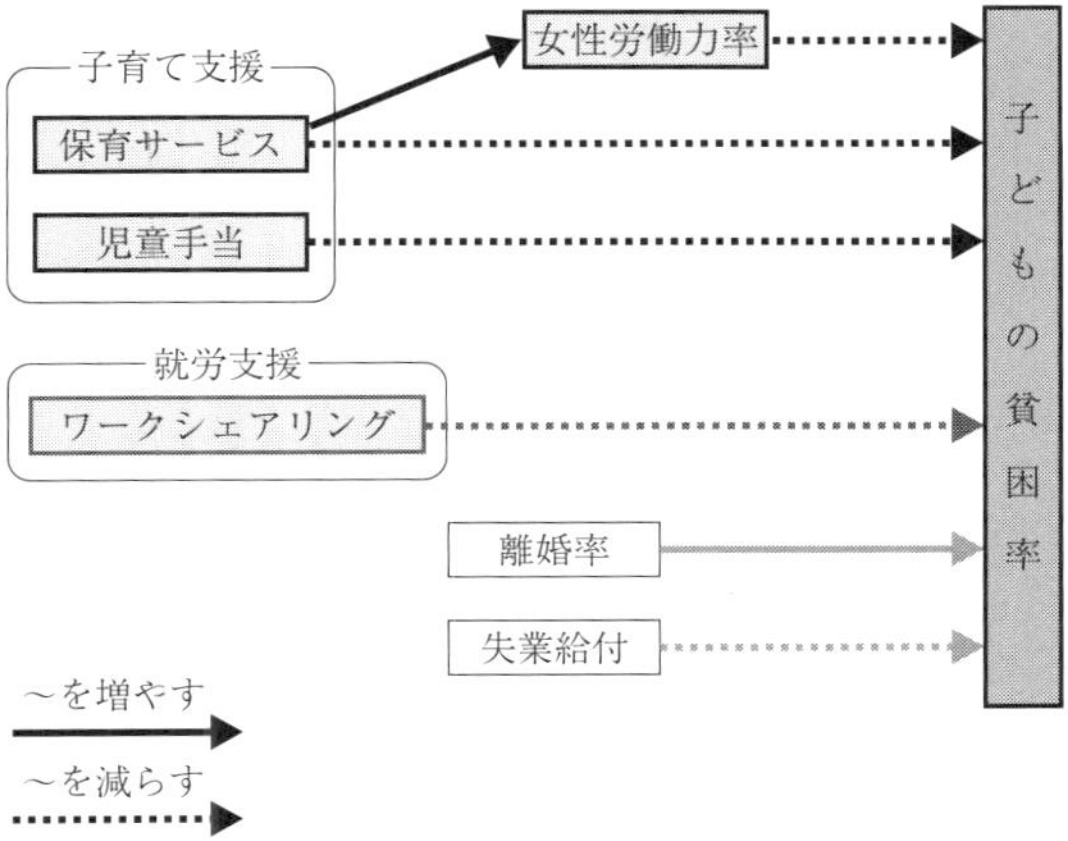

8・1　背景――子どもの貧困という問題

第1章第3節で論じたように、近年の日本では子どもの貧困が増えている。また、子どもの相対的貧困は、ほぼ確実に「機会の不平等」を発生させている。「機会の不平等」は、今日の社会では多くの人々によって「良くないこと」とみなされているものであるし、さらには、「才能のある子どもがその才能を発達させて社会貢献する機会」を減じてしまうため、社会全体にとっても大きな損失である。したがって政府は、「機会の不平等」を縮小させるために、子どもの貧困を減らす必要があるだろう。

8・2　仮説

分析方法（第2章第11節）で述べたように、まずは、理論的な仮説を設定しておく必要がある。そこで以下で、本分析で設定した仮説を順に説明しておこう。

仮説①――児童手当

児童手当（とりわけ貧困世帯に対象を絞り、貧困解消効果を高めた制度）を拡充すれば、子育て世帯（とくに貧困世帯）に所得が再分配されるため、0歳から18歳未満までの幅広い子どもの貧困が、減ると予測できる。そこで、次の仮説を設定する。「児童手当支出が増えると、子どもの相対的貧困率が下がる」。ただし、児童手当支出は人口構造によって左右され、子どもの貧困率も人口構造によって左右される可能性があるため（たとえば、高齢化が進むと、低所得の子育て世帯でさえも税負担が高くなるため、子どもの貧困が増える）、年少人口比率と老年人口比率を統制する。

仮説②――保育サービス

また、保育サービスが充実すると、主に未就学児を育てている親にとっては、高額な民間の保育サービスを利用する代わりに、安価な行政の保育サービスを利用できるようになるため、家計支出が減る。また、主に未就学の子どもの預け先がなかったために働けなかった親は、働けるようになるため、家計収入が増える。それらの結果、主に未就学児のいる子育て世帯の家計支出が減ったり家計収入が増えたりするため、主に未就学児の貧困が減ると予測できる。そこで、次の仮説を設定する。「保育サービス支出が増えると、子どもの相対的貧困率が下がる」。ただし、保育サービス支出は人口構造によって左右され、子どもの貧困率も人口構造によって左右される可能性があるため、年少人口比率と老年人口比率を統制する。

なお、児童手当・保育サービスの他にも、同じ「子育て支援」の政策としては、産休育休がある。しかし、産休育休は親たちの休業をもたらすだけであり、それによって親たちの所得が増えるわけではない。そのため、産休育休が子育て世帯の貧困を減らすとは考えづらいため、産休育休についてはとくに仮説を立てずにおく。

仮説③——共働き

父母の共働きが普及すると（つまりデータ上では女性労働力率が上がると）、子育て世帯の家計収入が増えるとともに安定化もするため、子どもの貧困は減ると予測できる。そこで、次の仮説を設定する。「女性労働力率が増えると、子どもの相対的貧困率が下がる」。ただし、女性労働力率は保育サービス支出などの各種子育て支援支出によって左右され、子どもの貧困率も各種子育て支援支出によって左右される可能性があるため、各種子育て支援支出を統制する。

仮説④——ワークシェアリング

ワークシェアリングによって、就業能力が少しだけ低いことによって失業している人々にも、仕事が分配されるようになるため、貧困世帯のうちの一部の世帯（就業能力が比較的高い世帯）の所得が増えて、子育て世帯の貧困がやや減ると予測できる。そこで、次の仮説を設定する。「ワークシェアリングのための公的支出が増えると、子どもの相対的貧困率が下がる」[*1]。ただし、ワークシェアリング支出は人口構造と失業率によって左右され、子どもの貧困率も人口構造と失業率によって左右される可能性があるため、人口構造と失業率を統制する。

なお、ワークシェアリングの他にも、同じ「就労支援」の政策としては、職業紹介・職業訓練・雇用奨励・障害者雇用・雇用創出・起業支援がある。しかし、まず職業紹介は、就業能力が高いのにミスマッチによって失業している人々を対象にした場合には就職に結びつくが、貧困な親たちの多くはそういう人々ではないだろう（不利な立場にある若年者を除いて、資本主義の労働市場においては、就業能力の高い人が失業状態にあるというミスマッチは、あくまで一時的な例外的事例だと考えられるからである)。職業訓練の政策は、職業訓練の機会や、就職活動サポート、訓練期間中の生活保障を与えるものだが、相対的貧困を強いられるほどに就業能力の低い人々にとっては、(第7章で確認できたように、孤立や絶望から救われて自殺リスクを下げるのには役立つとしても)就職にはなかなか結びつかないだろう。雇用奨励は、補助金によって新たな雇用を生み出すため、稼得能力の低い人々にとっては雇用される機会になる(そのため、第7章で確認できたように、彼らの自殺リスクを短期的に下げるのには役立つ)としても、そもそも必要なかった仕事を補助金によって生み出しているにすぎないため、長期的な雇用(彼らの貧困の長期的な解消)にはつながりにくいだろう。障害者雇用は、そもそも貧困な親たちを対象としたものではないため、彼らの雇用にはつながりにくいだろう。雇用創出(補助金による間接的創出ではなく直接の創出)もまた、そもそも必要なかった仕事を公的資金によって生み出しているにすぎないため、貧困者の長期的な雇用にはつながりにくいだろう。起業支援は、稼得能力の高い人々にとっては就労の機会創出になるが、貧困な親たちの多くは、そういう人々ではないだろう(職業紹介の場合に述べたのと同じ理由による)。したがって、職業紹介・職業訓練・雇用奨励・障害者雇用・雇用創出・起業支援については、とくに積極的な仮説を立てずにおく。

仮説⑤——失業給付・住宅補助・生活保護

失業給付・住宅補助・生活保護によって、失業者や貧困世帯の経済状況が改善されるため、子育て世帯の貧困が減ると予測できる。そこで、次の仮説を設定する。「失業給付・住宅補助・生活保護のための公的支出が増えると、子どもの相対的貧困率が下がる」。ただし、失業給付・住宅補助・生活保護の支出は失業率によって左右され、子どもの貧困率も失業率によって左右される可能性があるため、失業率を統制する。

仮説⑥——離婚率

離婚によって、一人親家庭が増え、一人親家庭は貧困に陥るリスクが高いため、貧困な子育て世帯が増えると予測できる。そこで、次の仮説を設定する。「離婚率が増えると、子どもの相対的貧困率が上がる」。*2

8・3 データと方法

分析に用いるデータの定義・出典・概要は、第2章第1および12節のとおりだ。子どもの貧困率は図1－7の「再分配後の子どもの相対的貧困率」のデータを用いている。

分析の方法は、欠損値のないサンプルのサイズが最大でも67（時点数は最大で4）とあまりにも小さいので、「一階階差GMM推定」は用いることができない（第2章第11節参照）。かわりに、よりシンプルな「一階階差OLS推定」は用いることができるので、それを用いた。被説明変数の時点は1985年、1995年、2000年、2010年の4時点のみなので、各時点間で一階階差をとった（後の時点の値から前の時点の値を差し引いた）。その上で、OLS推定を行った。国特有固定効果は一階階差によって除去されている。また、時代特有固定効果を除去するために、時点ダミーを投入した。さらに、国ごとの分散の不均一性を考慮するために、「標準誤差のロバスト修正」を施した（以上第2章第7節を参照）。なお、被説明変数のラグ項を投入するとサンプルサイズがわずか19になってしまうため、ラグ項は投入しない。

モデリング（説明変数の組み合わせ）においては、サンプルサイズが小さいため、説明変数の数はできるだけ少なくなるように配慮した。また、多重共線性を避けるため、すべての説明変数のＶＩＦ（分散拡大因子）を、およそ5以下になるようにした（第2章第11節参照）。

以上の方法により、「児童手当支出」（仮説①）・「保育サービス支出」（仮説②）・「女性労働力率」（仮説③）・「ワークシェアリング支出」（仮説④）・「失業給付支出・住宅補助支出・生活保護支出」（仮説⑤）・「離婚率」（仮説⑥）のそれぞれが「子どもの相対的貧困率」に与える影響を、統計的に検証する。

8・4　結果

表8－1は、「子どもの相対的貧困率」の規定要因を分析した結果だ。モデル4・8・9は、仮説①～⑥のそれぞれを最も慎重に検証したモデルであるため、いずれもファイナルモデルとみなすことができる。

（一階階差 OLS 推定、ロバスト標準誤差）

（独立変数はすべて１～５年前の平均値）					
モデル５	モデル６	モデル７	モデル８	モデル９	モデル 10
1985-2010	1985-2010	1985-2010	1985-2010	1985-2010	1985-2010
	-0.02	0.4	0.317	0.603	0.49
	0.139	0.283	0.262	0.375	0.314
			0.0882	0.0397	0.0172
				1.207*	0.361
-0.718	-1.763				
3.294	3.791				
-53.19**	-61.62*	-63.27*	-67.83*		
-9.581	-10.72				
-3.383	-3.819				
8.051	8.54				
23.12	20.59				
				-1.535*	-1.375
					-0.74
					-0.345
2.94	3.052	2.457*	2.348	0.201	0.312
1.651	1.743	1.647	1.648	0.936	1.021
ref	ref	ref	ref	ref	ref
1.105	1.051	1.022	0.996	0.028	0.0255
32	32	33	32	35	32
16	16	17	17	16	14
5.78	8.19	2.06	2.36	3.4	3.76
0.3575	0.3616	0.2729	0.2618	0.2439	0.2394
0.0947	0.0104	0.138	0.0847	0.0478	-0.0717

参照。有意な係数は、セルを灰色で着色した。

表 8-1　子どもの相対的貧困率の規定要因の分析結果

従属変数	子どもの相対的貧困率			
モデル	モデル 1	モデル 2	モデル 3	モデル 4
分析期間	1985-2010	1985-2010	1985-2010	1985-2010
年少人口比率	0.0444	0.024	0.186	0.0296
老年人口比率	0.161	0.167	0.406	0.321
失業率				
女性労働力率				-0.339***
離婚率				
子育て支援支出	-3.735*			
子育て支援支出　現金		-3.617*		
子育て支援支出　児童手当			-6.806**	-6.040**
子育て支援支出　産休育休			4.017	4.458
子育て支援支出　特殊な現金			-3.522	-2.583
子育て支援支出　現物		-4.052*		
子育て支援支出　保育			-6.136*	-7.370*
子育て支援支出　特殊な現物			-7.018	-5.834*
就労支援支出　職業紹介				
就労支援支出　職業訓練				
就労支援支出　ワークシェアリング				
就労支援支出　雇用奨励金				
就労支援支出　援助付き雇用				
就労支援支出　雇用創出				
就労支援支出　開業奨励金				
失業給付支出				
住宅補助支出				
生活保護その他支出　現金				
1985 ～ 1995 年間ダミー	0.905	0.894	1.208	-0.00304
1995 ～ 2000 年間ダミー	0.526	0.541	1.696*	1.068
2000 ～ 2010 年間ダミー	ref	ref	ref	ref
定数	1.452*	1.457*	1.858	1.799*
観測数	48	48	28	28
国数	17	17	12	12
VIF（分散拡大因子）の最大値	3.41	3.61	4.52	4.65
決定係数	0.1905	0.1922	0.5343***	0.7066***
自由度調整済み決定係数	0.0941	0.074	0.301	0.534

* $p<0.05$、** $p<0.01$、*** $p<0.001$。使用データと変数の定義は第 2 章第 1 および 12 節を

仮説①の検証――児童手当

「児童手当（1～5年前の平均）」の係数は有意で負だった（モデル3～4）。したがって、仮説①「児童手当支出が増えると、子どもの相対的貧困率が下がる」が支持された。

仮説②の検証――保育サービス

「保育サービスの係数（1～5年前の平均）」は有意で負だった（モデル3～4）。したがって、仮説②「保育サービス支出が増えると、子どもの相対的貧困率が下がる」が支持された。

仮説③の検証――共働き

「女性労働力率（1～5年前の平均）」は有意で負だった（モデル4）。したがって、仮説③「女性労働力率が増えると、子どもの相対的貧困率が下がる」が支持された。

仮説④の検証――ワークシェアリング

モデル5では、「就労支援支出」の全領域で、係数を比較している。これによると、「ワークシェアリング支出（1～5年前の平均）」の係数だけが有意で、負だった。

ただし、本来であれば「人口構造・失業率（1～5年前の平均）」を統制する必要があるため、モデル6～8では「ワークシェアリング支出」のみに変数を絞った上で、「人口構造・失業率」を統制した。それでもなお、「ワークシェアリング支出」の係数は有意性を保った（モデル8）。したがって、仮説④

「ワークシェアリング支出が増えると、子どもの相対的貧困率が下がる」が支持された。

ただし、モデル全体としては、有意な説明力を持たなかった（「決定係数が0である」という帰無仮説を棄却できなかった）。したがって、この結果が政策効果の予測に役立つかといえば疑問が付される。しかし、これはサンプルサイズが小さすぎることに起因している可能性もある。今後は、より大きなサンプルで再分析する必要があるだろう。

また、「ワークシェアリング」の係数（効果）は、「保育サービス」や「失業給付」の係数（効果）と比べると、数字上ははるかに大きい。しかし、もともと「ワークシェアリング」の支出額（対GDP％）は、「保育サービス」や「失業給付」の支出額よりもはるかに小さい。そのため、仮に「保育サービス」や「失業給付」と同じ規模の支出をした場合に、この「ワークシェアリング」の係数どおりの政策効果が得られるかどうかは疑わしい（たとえば、ワークシェアリングを希望する人が飽和状態になっていて新たに出てこないかもしれない）。この点は留意されたい。

仮説⑤の検証——失業給付・住宅補助・生活保護

「失業給付（1～5年前の平均）」の係数はその他の社会保障支出が統制されない場合は有意で負だった（モデル9）。他方、「住宅補助・生活保護（1～5年前の平均）」の係数は、いずれも非有意だった（モデル10）。したがって、仮説⑤「失業給付・住宅補助・生活保護の支出の増加による、子どもの相対的貧困率の低下」のうち、失業給付の効果のみが支持された。

ただし、決定係数とサンプルサイズについては、先述の留意が必要である。

仮説⑥の検証──離婚率

住宅補助・生活保護が統制されない場合は、「離婚率（1～5年前の平均）」の係数は有意で正だった（モデル9）。したがって、仮説⑥「離婚率の上昇による子どもの相対的貧困率の上昇」が支持された。住宅補助・生活保護が統制された場合は、離婚率の効果は、住宅補助・生活保護に一部吸収され、拡散してしまうのかもしれない。

ただし、決定係数とサンプルサイズについては、先述の留意が必要である。

8・5　結論

以上の結果から、子どもの貧困を減らすには、「児童手当」「保育サービス」「共働き」「ワークシェアリング」「失業給付」「離婚予防（たとえば結婚でのミスマッチを防ぐ、DVを予防するなど）」が有効だと考えられる。

なお、ほとんどのモデルで決定係数が非有意であったが、より大きなサンプルサイズを得られた場合には、有意になる可能性がある。また、離婚が「子どもの貧困」を引き起こす傾向があるのならば、とりわけその傾向を引き起こしているであろう「元夫による養育費の不払い」については、「元妻が望む場合は罰則規定を設ける」などによって、より厳格に防止する必要があるのではないだろうか。

また最後に、「児童手当」と「保育サービス」の効果（係数）の大きさの違いについて、少し補足をしておきたい。

「対GDP比」という単位で比較すると、「児童手当」よりも「保育サービス」のほうが、子どもの貧困を減らす効果が大きかった。しかしだからといって、必ずしも、「児童手当を減らしてその分保育サービスを増やしたほうが、より効率的に子どもの貧困を減らせる」というわけではない。

というのも、第一に、保育サービスには「需要の限界」があるからだ。潜在的待機児童の数（次章で述べるように現在の日本では80～100万人ほどと推計される）を上回って保育サービスを供給すると、供給過多になってしまう。日本の地方では、実際に認可保育所の閉鎖が起こっている。したがって、保育サービスの拡充は、地域でのサービス需要が完全に満たされるところまでしか、拡充はできない。

また第二に、保育サービスの恩恵を受けて貧困から救われる子どもは、主に小学校入学以前の子どもに限定されている。しかし子どもの貧困は、小学校入学以降の子どもも含めたすべての子どもの問題だ。小学校入学以降の子どもの貧困を減らすには、保育サービスよりも、小学校入学以降の子どもも対象に含まれている児童手当のほうが、直接的で有効だ。したがって、子どもの貧困を減らすには、児童手当も拡充されなければならない。

なお、児童手当の所得制限については、経済学者のアンソニー・B・アトキンソンが、つぎのように提案しており、傾聴に値する。つまり、「すべての子ども（の養育者）に対して、児童手当を十分に給付し、その給付金額を所得税の課税対象に含めれば、結果的に、貧困家庭の子どもに焦点を絞って、救済することができる。そのようなかたちの児童手当（子どもを対象としたベーシックインカム）は、不安定雇用が増加した現代社会においては、社会保障制度の中心に据えるべきだ」と（Atkinson 2015=2015: 237-52）。

他方で、子どもの将来をも視野に入れた長期的な視点で見ると、保育サービスは、「母親の就労環境を改善し世帯の脱貧困を支援する」だけでなく、「子どもの将来の就業能力を高める」という長期的効果も発揮し、社会保障の投資効果を長期的に高める。

というのも、経済学者のジェームズ・ヘックマンが報告しているように、アメリカで行われたランダム化比較実験によれば、つぎのことが判明しているからである。つまり、幼児は、十分な予算に支えられた良質な保育サービス（幼児教育や家庭訪問も含まれた保育サービス）[*3]を受けると、非認知的能力（意欲・忍耐力・協調性・計画力など）が高まり、その結果、学力・学歴・就業能力が30年間以上にわたって高まる。この効果は、幼児が幼ければ幼いほど顕著であり、また、貧困世帯であるほど顕著である。そして、こういった保育サービスによって社会にもたらされる経済的利益（幼児の将来の手取り収入と納税額の増加や社会保障費や犯罪関連費の減少などによる）は、当初の保育サービスに使われた予算額をはるかに上回る（その利益率は年率6～10％以上に相当する）（Heckman 2013=2015: 17, 29-42）。

よって、長期的に見れば、保育サービスは「子どもの貧困の親子間の再生産」を減らし、「社会保障の長期的な投資効果」を高める。その点で、保育サービスが「子どもの貧困の予防」に貢献する総合的な効果は、本章の分析で指摘された短期的効果よりももっと大きいと考えられる。さらには、保育サービスは、社会保障の投資効果を高めることにも貢献するのである。

注

＊1　たとえば生産年齢人口が増えて子ども人口が減った場合には、子どもの貧困率は減るだろう。

＊2　なお、「合計特殊出生率が下がると、平均的子育て世帯における子どもの数が減るため、その世帯の一人当たりの収入が増えて、子どもの貧困率が下がる」との仮説も考えられるが、合計特殊出生率（前年までの5年間平均値）を表8-1のどのモデルに入れても、係数が非有意だった。

＊3　逆に、「大卒以上の保育士が30％未満だったり、定期的な家庭訪問や面談が行われていなかったりした、低予算の保育サービス」だった場合には、「その後の非認知的能力などにもたらしたプラスの効果」は、限定的だったという（中室 2015: 191-2）。

第9章

政策効果の予測値

9・1　予測値の計算方法

本章では、第3章から第8章までの分析結果をもとにして、各種の社会保障政策が日本社会に与えるさまざまな効果を、具体的な数値で予測してみたい。具体的には、各章の分析で得られた係数[*1]を用いて、各種の社会保障支出の変化によって他の諸変数が（数年後に、ただし子ども貧困率については5～10年後に）どのように変化するかを、計算する。

なお、いくつか留意すべき点がある。まず、この計算は、第2章第8節で論じたように、「連立方程式の同時推定」（構造方程式モデリング）には基づいていない。また、高齢者率（老年人口比率）と失業給付が失業率に与える影響については、下表（表9-1）のモデル4の係数を用いる。また、出生率と翌年の高齢者率の関係は、固定効果モデル（ただし年ダミーと国特有線形時間傾向を回帰式に投入しないシンプルなモデル）によって推定された、出生率の翌年高齢者率に対する係数の推定値（−1.595）（p＝0.024）を用いる。[*2]

さらに、失業率が自殺率に与える影響については、失業率がある年に下がればその年は「失業率上昇率」が0から負の値へと下がるになるため、自殺率が下がるが、翌年には（失業率は下がらないとすれば）「失業率上昇率」が負の値から0へと上がるため、自殺率が上がり、元に戻る。したがって、失業率が下がっても、自殺率はその年だけ下がり翌年には上がって元に戻るため、結局は、実質的に自殺率を下げることにはつながらない。そのため、失業率から自殺率への影響（係数）は、0として設定している。

表 9-1　失業率の規定要因の分析結果（一階階差 GMM 推定、ロバスト標準誤差）

従属変数	失業率			
モデル	モデル 1	モデル 2	モデル 3	モデル 4
分析期間	2004-2009	2004-2009	2004-2009	2003-2009
失業率（前年）	0.555**	0.455	0.371	0.32
一人当たり実質 GDP 成長率（前年）		0.0435	-0.0957**	-0.0857
年少人口比率（前年）	4.308**	6.045**	3.413**	3.995**
老年人口比率（前年）	2.748*	3.594	2.237*	2.813*
就労支援支出　職業紹介（前年）				-1.483
就労支援支出　職業訓練（前年）				0.243
就労支援支出　ワークシェアリング（前年）				5.1
就労支援支出　雇用奨励金（前年）				-8.17
就労支援支出　援助付き雇用（前年）				5.966
就労支援支出　雇用創出（前年）				-0.363
就労支援支出　開業奨励金（前年）				0.375
失業給付支出（前年）			2.253**	2.273*
年特有固定効果	下降	下降	下降	下降
国特有線形時間傾向	投入	投入	投入	投入
日本特有線形時間傾向	-0.681	-0.956	-0.601	-0.726
定数	-150.1***	-210.3***	-123.8***	-137.6***
観測数	140	112	140	116
国数	28	28	28	24
操作変数（GMM 型＋標準型）の数	140	113	141	117
Sargan の過剰識別制約検定（有意確率）	0.2197	0.721	0.3026	0.3168
Arellano-Bond の系列相関検定（2 次系列相関の有意確率）	0.2201	0.1265	0.2636	0.4047

* p<0.05、** p<0.01、*** p<0.001。使用データと変数の定義は第 2 章第 1 および 12 節を参照。
有意な係数は、セルを灰色で着色した。

表 9-2　予測値計算に用いる係数

予測される変数	女性労働力率	出生率	高齢者率	失業率	労働生産性成長率	経済成長率	財政余裕（対GDP%）	年齢調整自殺率	子どもの相対的貧困率
係数を推定したモデル	表 5-1 モデル 6	表 6-1 モデル 5	（＊1）	表 9-1 モデル 4	表 4-1 モデル 19	（＊2）	表 3-1 モデル 4	表 7-1（＊3）	表 8-1（＊4）
保育サービス（対 GDP%）	+1.205	+0.134							-7.370
産休育休（対 GDP%）	+0.643								
児童手当（対 GDP%）									-6.040
失業給付（対 GDP%）				+2.273	+1.549				-1.535
起業支援（対 GDP%）					+61.07				
職業訓練（対 GDP%）								-2.152	
雇用奨励（対 GDP%）								-3.016	
ワークシェアリング（対 GDP%）									-67.83
女性労働力率		-0.067			+1.578			-0.701	-0.339
出生率（合計特殊出生率）			-1.595						
高齢者率（老年人口比率）				+2.813	-5.185			+1.007	
失業率					+0.507		-0.554		
労働生産性							+0.833		
労働生産性成長率						+1.222	+0.206（＊5）		

＊1　出生率を説明変数とした固定効果推定（年ダミーと国特有線形時間傾向は回帰式に投入しない）。

＊2　第 3 章第 2 節仮説④で行った経済成長率の時系列分析（OLS 推定）による。

＊3　職業訓練はモデル 9、雇用奨励はモデル 7。

＊4　保育サービスと児童手当はモデル 4、ワークシェアリングはモデル 8、失業給付はモデル 9。

＊5　参考値として「2009 年の日本の労働生産性の実測値（24.72）」×「1/100」×「財政余裕に対する労働生産性の係数（0.833）」を示した。

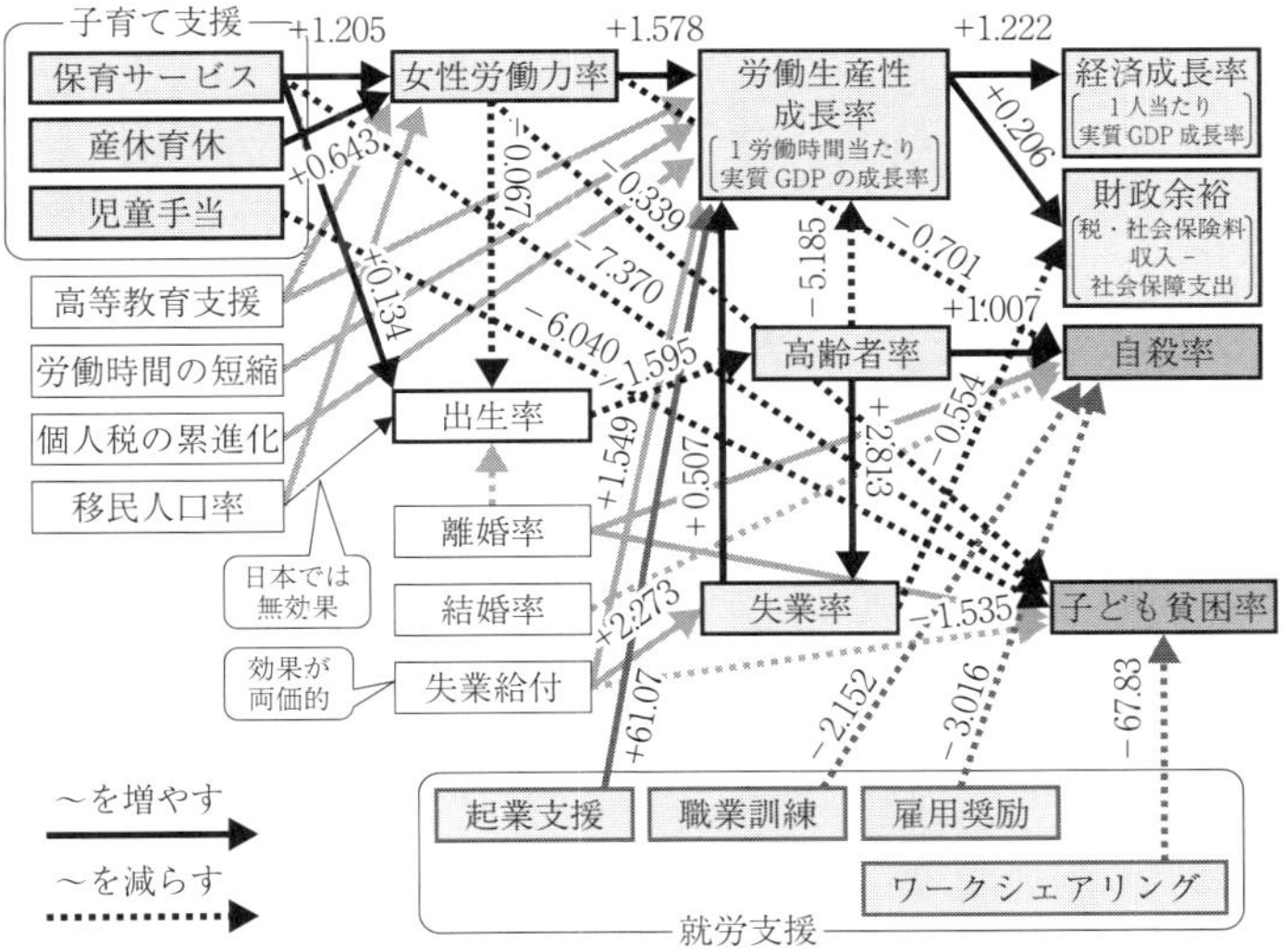

各係数の詳細については、表9-2を参照。

図9-1　予測値計算に用いる係数

以上の予測値の計算に使う係数を、一つの表にまとめると、表9－2のようになる。また、それらの係数を、全体の流れが分かりやすいように一つの図にまとめると、図9－1のようになる。

9・2　OECD平均まで拡充する場合の予算規模と波及効果

まず、各種社会保障のための政府支出（対GDP％）を、「OECD28ヵ国2000～2009年平均」（対象者の人口規模で調整した実質値）にまで高めた場合には（その他の諸条件には変化がないとして）、日本社会はどう変わるだろうか。その予測値を計算してみよう。

まず、「失業給付」への政府支出をOECD平均実質レベルに増やした場合には、労働生産性が大きく上がるものの、財政余裕（税・社会保険料収入－社会保障支出）は大きく減少する恐れがある。これは失業給付が失業率を高め、失業率の上昇が（おそらく納税額の減少をもたらすことで）財政余裕の減少をもたらすと予測されるからである。

したがって、「失業給付」は、本書が求めていた「財政を健全化させる政策」には該当しない。また、「自殺を減らす政策」にも該当せず、「子どもの貧困を減らす政策」としても実質的には効果が比較的小さい。

それに対して、「保育サービス」への政府支出をOECD平均実質レベルに増やすことは、「労働生産性の向上」「財政健全化」「自殺率の減少」「子ども貧困率の減少」のすべてに大きく貢献すると予測される。また、「児童手当」への政府支出をOECD平均実質レベルに増やすことは、「子ども貧困率の減少」に大きく貢献し、「起業支援」への政府支出をOECD平均実質レベルに増やすことは、「労働生産性の向上」と「財政健全化」に大きく貢献し、「職業訓練」への政府支出をOECD平均実質レベルに増やすことは、「自殺率の減少」に大きく貢献すると予測される。さらに、「産休育休」への政府支出をOECD平均実質レベルに増やすことは、保育サービス・児童手当・職業訓練ほどではないが「労働生産性の向上」「財政健全化」「自殺率の減少」「子ども貧困率の減少」にわずかに貢献し、「雇用奨励」への政府支出をOECD平均実質レベルに増やすことは、保育サービスや職業訓練ほどではないが「自殺率の減少」に貢献し、「ワークシェアリング」への政府支出をOECD平均実質レベルに増やすことは、保育サービスや児童手当ほどではないが「子ども貧困率の減少」に貢献すると予測される。

なお、「労働生産性成長率」と「子どもの相対的貧困率」に対する「開業奨励金」と「ワークシェアリング」の係数（効果）は、それらに対する「保育サービス」や「失業給付」の係数（効果）と比べると、数字上ははるかに大きい。しかし、もともと「開業奨励金」や「ワークシェアリング」の支出額（対GDP％）は、「保育サービス」や「失業給付」の支出額よりもはるかに小さい。そのため、仮に「保育サービス」や「失業給付」と同じ規模の支出をした場合に、この「開業奨励金」や「ワークシェアリング」の係数どおりの政策効果が得られるかどうかは疑わしい（たとえば、開業やワークシェアリングを希望する人が飽和状態になっていて新たに出てこないかもしれない）。この点は留意されたい。

つぎに以下では、上記の拡充のために必要な予算規模と、それによる波及効果を検討していこう。「保育サービス」「児童手当」「起業支援」「職業訓練」への政府支出をそれぞれOECD平均実質レベルに増やすには、合計で毎年GDP比0・66％の追加予算が必要である。GDP比0・66％の額面としては、２０１５年の名目ＧＤＰ４９９兆円（内閣府 2016）を用いて計算すると（以下の計算でも同様）、３・３兆円である。このような３・３兆円相当の拡充を行えば、数年後には、労働生産性の成長率（とそれに伴う経済成長率）は約０・97％ポイント増加し、財政余裕はＧＤＰ比で毎年約０・20％ポイント以上ずつ増加し（それによって財政赤字がＧＤＰ比で毎年約０・22％ポイント以上ずつ減少し）*3、年齢調整自殺率は人口10万人当たり約０・32人（２０１５年人口で推計すると約４７０人）*4減少し、子ども貧困率は約３・７％ポイント減少すると見込まれる。これは、財政余裕の増加幅以外は、十分に大きな数字である。

　これに加えて、「産休育休」「雇用奨励」「ワークシェアリング」への政府支出もそれぞれＯＥＣＤ平均実質レベルに増やすならば、上述の追加予算と合わせて、合計で毎年合計ＧＤＰ比０・78％（２０１５年名目３・９兆円）の追加予算が必要となる。それによって、労働生産性の成長率は約１・03％ポイント増加し、財政余裕はＧＤＰ比で毎年約０・22％ポイント以上ずつ増加し、年齢調整自殺率は人口10万人当たり約０・46人（２０１５年人口で推計すると約６８０人）減少し、子ども貧困率は約３・９％ポイント減少することになると見込まれる。これはさらに大きな数字である。

　ただいずれの場合も、財政余裕は毎年ほんの少しずつ増加するにすぎない。もし財政余裕を毎年もっと大きく増やしたいのであれば、「起業支援」をより拡充すべきである。起業支援以外の政策領域では、「その政策に使う支出（対ＧＤＰ％）を上回る規模で、財政余裕（対ＧＤＰ％）が毎年増える」ということはない（たとえば「保育サービス」では、支出の増加幅０・１５７％ポイントによって得られる財政余裕の当初の増加幅は０・０９７％ポイントである）。それに対して、「起業支援」では、支出の増加幅０・０１

0%によって得られる財政余裕の毎年の増加幅が0・124%ポイント以上なので、かなりの投資効果を期待できる。

たとえば、日本の財政余裕(2009年GDP比4・56%、2015年名目GDPなら23兆円)を10年間かけてOECD28ヵ国平均(2009年GDP比11・41%、日本の2015年名目GDPなら57兆円)まで(GDP比6・85%分、日本の2015年名目GDPなら34兆円分)増やすには、起業支援の(その10年間における)単年度予算(2002年~2007年では予算がついて2005年に0・002%でピークだったが2009年は0%)をGDP比0・048%(2015年名目GDPなら0・24兆円)だけ追加すればよい(GDP比0・048%にすればよい)計算になる。0・24兆円(10年間で2・4兆円)という追加予算によって、10年後に財政余裕が34兆円増える(それによって財政赤字が34兆円減る)のであれば、実に効率的な投資だといえるだろう。なお、2009年のOECD25ヵ国平均とフランスとドイツのGDP比はそれぞれ0・020%・0・039%・0・069%だったので、0・048%という予算規模はフランスとドイツの中間に相当し、決して非現実的なものではない。

9・3　待機児童解消のための予算規模

さて、以上のように政府支出の規模をOECD平均実質レベルに増やす場合には、「保育サービス」への政府支出は0・8兆円増えることになる。じつは、その程度の拡充であれば、すでに「一体改革」に伴う消費税増税(5%→8%→10%)と子育て支援予算0・7兆円増額によって、すでにおおよそ実行されてきている。しかし、その０・７〜０・８兆円程度の拡充では、就学前保育の潜在的待機児童（約１００万人）は、その半分程度の50〜56万人分しか解消されず、学童保育の待機児童（約40万人）も、不十分な30〜34万人分しか解消されないと見込まれる。これを、以下で詳しく見ていこう。

まず、「一体改革」というのは、消費税を５％↓（２０１４年４月から）８％↓（当初は２０１５年10月からの予定だったがその後変更となって２０１７年４月から）10％と増やしていくことを前提とした政府の社会保障改革、つまり、２０１３年12月５日に成立した「社会保障と税の一体改革」（厚生労働省2012a）と、それに沿って２０１４年６月24日に閣議決定された「日本再興戦略改訂２０１４」（首相官邸2014）のことである。

この一体改革に伴った消費税増税によって、子育て支援は拡充されることとなるが、その拡充規模は、消費税５％増税分のうちの０・３％分（０・７兆円）である。子育て支援の予算は、２０１２年度の４・８兆円から、２０１７年度の５・５兆円へ増えることとなる（厚生労働省2012a: 2, 9; 2012b: 5）。

その０・７兆円の内訳としては、就学前保育・学童保育などの「量的拡充」に０・４兆円、子育て支援の「質的改善」に０・３兆円が使われる予定だ。しかし、この０・７兆円を使っても、「質的改善」（私立認可保育所保育士の賃金改善など）[*5]にはあと０・３兆円強足りない見込みであり、しかも、その０・３兆円強の恒久財源はまだ確保できていない（内閣府2014b: 145-52）。

また、「量的拡充」の計画規模（０・４兆円）も、じつはまだまだ不十分だ。

「量的拡充」によって、たとえば「認可保育所」の定員は、（「一体改革」の消費税増税による40万人分と、「一億総活躍社会」の補正予算による10万人分を合わせて）２０１３年度から２０１７年度末までにかけて

「50万人」分増えるとされている（首相官邸 2015：8）。しかし2013年度時点の認可保育所の（潜在的）待機児童は、その「50万人」よりもはるかに多い「約100万人」だったと考えられるのである。

というのも、労働政策研究・研修機構が2011年に行った全国調査では、6歳未満の子どもをもつ専業主婦の61％（約154万人相当）と、6歳未満の子どもをもつ無業の非婚母親の45％（約4万人相当）は、「保育サービスがないので働いていない」と答えている（労働政策研究・研修機構 2011）。多少の誤差を考慮して少なめに見積もっても、潜在的な待機児童は「100万人以上」存在していたとみられる。

なお、2008年の厚労省調査データをもとに朝日新聞が推計したところでは、潜在的待機児童は「85万人」と推計された（朝日新聞 2009）。しかしその調査では、「働きたい」と答えた人のみに「保育サービスがほしいかどうか」を訊いていたため、「保育サービスがないので今は働きたくない」人の保育需要は、無視されてしまっていた（厚生労働省 2009）。また、世帯数などのデータに基づいて最大限に見積もると「潜在的待機児童は326万人」との試算もある（石川 2016）。ここでは控えめに見積もって「100万人以上」としておく。

さらにいえば、2012年の労働力調査では、20～40代女性の「8割」は働くことを希望している。しかし実際に働けている女性は「7割」に留まり、「職探しはしていないが実は働きたい」という20～30代の女性は、約140万人に上る（内閣府男女共同参画局 2013）。やはりここからも、「100万人以上」の子育て期の女性が「働きたいのに働けない状態」であったことが分かる。

つまり、政府の今後の「就学前保育」の計画は、まだまだ規模が足りないということである。しかし、計画規模が足りないのは、「就学前保育」だけではない。小学校1～3年生（低学年児童）を受け入れる

「学童保育」（放課後児童クラブ）もまた、計画規模が足りない。

「学童保育」の利用児童数（2014年時点で93万人）は、「社会保障と税の一体改革」では、「2017年度末」までに（129万人へと）「36万人分」増やす計画だった。しかし「日本再興戦略改訂2014」では、その計画さえもが削減・延期されて、「2019年度末」までに「30万人分」増やす計画になってしまった。

そして、その「30万人分」では、拡充規模として十分ではない。というのも、「学童保育」は、2014年時点で、潜在的待機児童が「40万人以上」と推定されていたからだ。全国学童保育連絡協議会によれば、2014年時点で、母親がフルタイム勤務に近い状態で働いている低学年児童は、約120万人いた（2013年「国民生活基礎調査」、2013年「労働力調査」）。そして、2014年時点での学童保育の利用児童約93万人のうち、低学年児童は約81万人であるため、潜在的待機児童は低学年に限っても約39万人であり、高学年を含めると40万人を超えていると推測されたのだ。

このように、一体改革（消費税5％増税によって子育て支援を0・7兆円分拡充する計画）では、就学前保育の潜在的待機児童（約100万人）は、その半分以下の40万人分しか解消されない予定だし、学童保育の待機児童（約40万人）も、不十分な30万人分しか解消されない予定だ。このままでは、就学前保育についても学童保育についても、待機児童の解消はまだまだ見込めないのが実態なのである。

そして、保育サービスの政府支出の規模をOECD平均実質レベルに増やすために、一体改革の予算規模を0・7兆円（＋補正予算）から0・8兆円（＋補正予算）にまで拡大したとしても、単純計算すれば、就学前保育の潜在的待機児童（約100万人）は、その約半分程度の56万人分しか解消されず、学童保育の待機児童（約40万人）も、不十分な34万人分しか解消されない見込みとなる。

　では、潜在的待機児童（就学前保育１００万人分、学童保育40万人分）を完全に解消するには、どの程度の規模の追加予算が必要だろうか。

　まず、先に見たとおり、一体改革が確保した就学前保育・学童保育などの「量的拡充（就学前保育40万人分と学童保育30万人分を含む）」と「質の部分的改善」の予算は、０・７兆円だ。このうち、学童保育の30万人分拡充と改善に必要な予算は５１８億円とされているため、０・７兆円のほとんどは就学前保育のための予算であることが分かる。なお、この０・７兆円に加えて、もし「私立認可保育所の保育士の賃金の５％改善」[*6]に必要な追加予算３８１億円（内閣府 2014b: 146）を上乗せするとしても、０・７兆円という規模は実質変わらない。

　すると、潜在的待機児童（就学前保育１００万人＋学童保育40万人）を完全に解消するには、政府の「就学前保育40万人分拡充＋学童保育30万人分拡充＝財源０・７兆円」という推計をそのまま応用すれば[*7]、「就学前保育１００万人分拡充＋学童保育40万人分拡充」にはおよそ（0.7×100/40＝）「１・８兆円」（２０１２年度子育て支援支出４・８兆円の４割相当）の予算が必要となる。そのうち０・７兆円は、消費税増税（５％→10％）によって確保されるので、残りの「１・１兆円」が、今後新たに調達すべき追加予算となる[*8]。

　なお、保育サービスのための予算を、具体的にどのような方法で使うのかは、いろいろと検討の余地があるだろう。たとえば、「保育事業者への公的補助をやめて、認可・認可外にかかわらず、すべての保育サービスの保育料を自由化した上で、低所得世帯の負担を減らすために、保育サービス（ベビーシッターや病児保育、幼稚園など多様なサービスを含む）にのみ使える『保育バウチャー』（引換券・割引券）を低所得世帯に政府が配布する」という方法（鈴木 2014: 194）も検討に値する。なぜなら、そうすれば、これまで認可保育所に入所しなければ公的補助を受けられなかった低所得の親（しかも非正規雇用の場合はそもそも認可保育所への入所に落選しやすい）が、子どもを認可外保育施設等に預けても公的補助を受けられるようになるからだ（鈴木 2014: 94）。さらに、これまで大量の公費投入によって守られていたことで非効率的に高コストだった認可保育所の運営費[*9]（鈴木 2014: 192-3）を、効率化できるからだ。保育料を自由化して、保育サービス予算を保育バウチャーに集約することで、これらの問題が解決される可能性がある。

9・4　その場合の波及効果

ここで、「保育サービス」の単年度予算を「1・1兆円」分増やした場合の波及効果を予測してみよう。予測に使うGDPの額面としては、ここでも2015年の名目GDP499兆円（内閣府 2016）を用いる。すると、保育サービス予算を1・1兆円分増やした場合、その数年後には、労働生産性の成長率は約0・52%ポイント増加し（それによって経済成長率は約0・64%ポイント増加し）、財政余裕はGDP比で毎年約0・14%ポイント以上ずつ増加し、年齢調整自殺率は人口10万人当たり約0・21人（2015年人口で推計すると約300人）減少し、子ども貧困率は約1・7%ポイント減少し、合計特殊出生率は約0・01ポイント上昇すると見込まれる。

9・5　他の目標のための予算規模

労働生産性成長率と、子ども貧困率、自殺率、出生率についても、目標を設定してみよう。

まず、日本の労働生産性成長率（2000〜2009年平均1・48％）をOECD28ヵ国平均（2000〜2009年平均1・64％）まで（0・16％ポイント）増やすには、保育サービスの単年度予算をGDP比0・07％（2015年名目GDPだと0・3兆円）だけ追加するか、起業支援の単年度予算をGDP比0・003％（2015年名目GDPだと0・02兆円）だけ追加すればよいだろう。これはすでに一体改革（保育サービスの量と質の向上に0・7兆円追加）ですでに十分見込まれる効果である。

ただ、労働生産性を「OECD平均」に引き上げるだけでは、本来の目標としては不十分だろう。というのも、「OECD平均」にしただけでは、理論上、国際的な市場競争において、OECD諸国の「半分」の国に負けてしまう（有利な立場を維持できない）からである。むしろ、保育サービス拡大（による労働生産性向上）の伸びしろを最大限に活かせる「潜在的待機児童（就学前保育100万人＋学童保育40万人）の解消」こそを、目標にしたほうが、労働生産性を最大限に高めることができる。

「潜在的待機児童の解消」のためには、先述のように、保育サービスの単年度予算を、消費税5％増税前の2013年度と比べて（つまり消費税5％増税によって確保される予定の0・7兆円と合わせて）、1・8兆円分（2015年名目GDP比0・36％分）増やす必要がある。そうすれば、数年後には、労働生産性の成長率は約0・85％ポイント増加し、財政余裕はGDP比で毎年約0・22％ポイント以上ずつ増加し、自殺者は約500人減少し、子ども貧困率は実に約2・8％ポイント減少し、合計特殊出生率は約０・02ポイント上昇すると見込まれる。[*10] なお、２００９年の日本の保育サービスはＧＤＰ比０・41％だから、０・36％ポイント増やすと、０・77％となり、これは２００９年のＯＥＣＤ28ヵ国平均の０・79％（子ども人口率非調整値）にほぼ等しいため、決して非現実的な規模ではない。[*11]

つぎに上記の目標に加えて、日本の「子どもの相対的貧困率」（２０１２年16・３％）[*12]を「ＯＥＣＤ19ヵ国平均」（２０１０年頃10・５％）まで（５・８％ポイント）減らす、という目標を設定してみよう。その場合、上記の保育サービス単年度予算のＧＤＰ比０・36％ポイント追加に加えて、児童手当の単年度予算をＧＤＰ比０・50％ポイント（２０１５年名目ＧＤＰだと２・５兆円）追加すればよいだろう。それによって、子ども貧困率は５・８％ポイント減ることになる（労働生産性・財政余裕・自殺率・出生率は上述と変わらない）。２００９年の日本の児童手当はＧＤＰ比０・35％だから、０・50％ポイント増やすと、０・85％となり、これは「ＯＥＣＤ28ヵ国２００９年平均」（子ども人口率非調整値）の０・90％を下回るため、決して非現実的な規模ではない。[*13]

他方で、自殺率と出生率については、「ＯＥＣＤ平均」に近づけることは、かなり難しい。これは、自殺率も出生率も、その国特有の歴史的経緯やそれによる文化・慣習が強く影響しているため、政策だけですぐに他国の値に近づけることは難しいからだろう。ともあれ、「20年間かけてＯＥＣＤ平均に近づける」という場合のシミュレーションをしてみよう。

日本の年齢調整自殺率（２００９年22・２）を20年間かけてＯＥＣＤ22ヵ国平均（２００９年12・８）まで（人口10万人当たり９・４人分、２０１５年人口だと１・４万人分）減らすには、以上の保育サービス単年度予算のＧＤＰ比合計０・36％ポイント追加に加えて、職業訓練の単年度予算を毎年ＧＤＰ比０・

21%ポイント（2015年名目GDPだと毎年1・0兆円）ずつ積み上げていく必要がある。2009年の日本の職業訓練はGDP比0・11%、OECD26ヵ国平均は0・17%（最大値はオーストリアの0・52%）であるから、20年間毎年0・21%ポイントずつ積み上げるというのは、現実的ではない。

職業訓練の代わりに雇用奨励を拡充するとすれば、多少は効率的になるが、それでも、上記の保育サービス単年度予算のGDP比0・36%ポイント追加に加えて、雇用奨励の単年度予算を毎年GDP比0・15%ポイント（2015年名目GDPだと毎年0・7兆円）ずつ積み上げていく必要がある。2009年の日本の雇用奨励はGDP比0・17%、OECD24ヵ国平均は0・12%（最大値はベルギーの0・51%）であるから、20年間毎年0・15%ポイントずつ積み上げるというのは、これもまた現実的ではない。

したがって、自殺予防については、職業訓練や雇用奨励だけでは、OECD平均の自殺率にまで下げることはほぼ不可能である。第7章の分析結果（表7-1）に依拠するならば、「結婚の支援」や「離婚（結婚ミスマッチ）の予防」といった対策も必要かもしれない。表7-1のモデル8の係数を使うと、仮に新規結婚率（2009年5・55）が1980年のレベル（6・7）まで上がると、それによって年齢調整自殺率は人口10万人当たり0・36人（2015年人口で推計すると約530人）減少する。また、仮に離婚率（2009年1・99）が1980年のレベル（1・22）まで下がると、それによって年齢調整自殺率は人口10万人当たり1・31人（2015年人口で約1930人）減少する。これらを合わせると、人口10万人当たり1・7人（2015年人口で約2500人）となり、それ自体は大きな数である。しかしそれでも、「OECD平均（2009年12・8）まで、人口10万人当たり9・4人分（2015年人口で1・4万人分）減らす」という目標は、2割ほどしか達成できない。

つぎに、出生率のシミュレーションをしてみよう。日本の出生率（２００９年１・37人）を20年間かけてＯＥＣＤ28ヵ国平均（２００９年１・73人）まで（０・36人分）高めるには、保育サービスの単年度予算を毎年ＧＤＰ比０・34％ポイント（２０１５年名目ＧＤＰだと１・７兆円）ずつ20年間追加していく必要がある。日本の保育サービスは２００９年でＧＤＰ比０・４％なので、これを20年後に６・７％ポイント増やして７・１％にまで引き上げることになる。しかし、２００９年で最高値のデンマークやスウェーデンでさえ保育サービスにはＧＤＰ比２・０％しか使っていない。しかも、潜在的待機児童（就学前保育１００万人＋学童保育40万人）は（消費税５％増税分を含めて）ＧＤＰ比０・36％（１・８兆円）分の保育サービス拡充で解消されるため、ＧＤＰ比６・７％ポイント分拡充するというのは、供給過多となり、計算通りには出生率引き上げ効果を発揮しないと考えられる。したがってこのプランは現実的ではない。

そこでかわりに、現実的な最大限の策として、保育サービス支出を、デンマークやスウェーデンと同じＧＤＰ比２・０％にまで（１・６％分）、10年間かけて引き上げるとすると、毎年０・８兆円ずつ追加することになり、出生率は10年後に０・09人分だけ増えて１・46人になるだろう。これでは効果は微々たるものである。したがって、「出生率を引き上げる」という政策目標は、不可能ではないが、その効果はあくまで小さい。

なお、保育サービス以外に有効と思われる対策は、「離婚（結婚ミスマッチ）の予防」くらいである。しかし、たとえ離婚率（２００９年１・99）が１９８０年のレベル（１・22）まで下がったとしても、それによる出生率の上昇幅は（表６－１のモデル９の係数を使うと）０・17人分にすぎない。やはりＯＥＣ

D平均（2009年1・73人）まで0・36人分高めるという目標は、半分程度しか達成できない。

したがって、「出生率の引き上げ」そのものを政策目標に掲げるよりも、それと関連しそうな他のもの、たとえば「労働生産性のさらなる向上（保育サービスなどを通じて）」や「子どもの貧困のさらなる減少（保育サービスと児童手当などを通じて）」を政策目標に掲げたほうが、はるかに現実的であり、効果が大きい。そして、長期的に見れば、労働生産性が高まればワークライフバランス（子育ての時間のとりやすさ）が改善されるだろうし、子どもの貧困が減るとともに、子どもを産むことの経済的負担も減るだろう。そうすれば、出生率は長期的に上昇していくと考えられる。

もちろん、以上に示した予測値はすべて、分析結果から単純に計算したものにすぎない。実際の社会現象はもっと複雑であるから、実際の数字が以上の予測値とは異なるであろうことは、当然である。あくまで「OECD28ヵ国を平均して見ればこういう傾向がある」というだけであり、国や時期によって傾向が異なることも十分に考えられる。したがって、これらの予測値だけで政策を論じるのは危険である。

しかし、政策効果の「おおよその規模」を推し量るには、まったく当てにならない数字というわけではないだろう。幅広い時期にOECD諸国で広く見られた効果は、今後の日本においても、多少似たような形で見られることは、十分にありうることだからである。とりわけ、「どの政策のほうがどういった側面でより効果が大きいのか」のような優先順位の判断には、とりわけ参考になるように思われる。

実際、上記で得られた結論も、「出生率を引き上げようとするよりも、保育サービスや児童手当などによって労働生産性や子どもの貧困を改善したほうが、現実的であり効果的である」という、比較論（優先順位の判断）であった。

9・6　結論——現実的な目標設定と予算規模

以上をまとめると、潜在的待機児童を完全に解消することで、労働生産性を最大限に伸ばし、子どもの貧困率を先進諸国平均にまで減らすには、単年度予算において、保育サービスは1・8兆円分、児童手当は2・5兆円分、合計4・3兆円（2015年名目GDPの0・9％）の追加予算が必要になる。それによって、潜在的待機児童（就学前保育100万人＋学童保育40万人）は完全に解消され、子どもの貧困率（2012年16・3％）はOECD平均（2010年頃10・5％）まで減り、労働生産性の成長率は約0・85％ポイント増加し、財政余裕はGDP比で毎年約0・22％ポイント以上ずつ増加し、合計特殊出生率は約0・02ポイント増え、年間の自殺者数は約500人減少すると見込まれる。

さらに、本章第2節で推計したように、日本の財政余裕を10年間かけてOECD28ヵ国平均までGDP比6・85％ポイント増やすには、保育サービスなどの他の社会保障を拡充しない場合は、起業支援の単年度予算（2009年ではGDP比0％）をGDP比0・048％へと増やせばよい。ここで、上記のとおり保育サービスを1・8兆円分拡充する場合には、それによって10年後の財政余裕はGDP比で2・29％ポイント増加すると見込まれる。したがって、残りの4・56％ポイントを増やすには、起業支援の単年度予算（0％）をGDP比0・034％（2009年フランスの非調整0・039％とほぼ同じレベル。2015年日本の名目GDPなら0・17兆円）へと増やせばよい。

したがって、潜在的待機児童を完全に解消することで、労働生産性を最大限に伸ばし、子どもの貧困率を先進国平均にまで減らし、財政余裕を10年間かけて先進国平均にまで増やすには、（消費税5％増税前の2013年度と比べた）単年度予算において、保育サービスは1・8兆円（追加後はOECD2009年非調整平均レベル）、児童手当は2・5兆円（追加後はOECD2009年非調整平均レベル以下）、起業支援は0・2兆円（追加後は2009年非調整フランスレベル）、合計4・5兆円の追加予算が必要になる。ただし、そのうちの保育サービスにおける0・7兆円は、すでに消費税5％増税によって「保育サービスの量的拡充と質的改善」として確保されているので、これから消費税5％増税後に新たに財源を確保しなければならない追加予算は、（保育サービス1・1兆円＋児童手当2・5兆円＋起業支援0・2兆円＝）合計3・8兆円（2015年名目GDPの0・8％）である。

それによって、消費税5％増税前の2013年度と比べると、潜在的待機児童（就学前保育100万人＋学童保育40万人）は完全に解消され、子どもの貧困率（2012年16・3％）はOECD平均（2010年頃10・5％）まで減り、労働生産性の成長率（と経済成長率）は約2・9％ポイント増加し、財政余裕（2009年GDP比4・56％）は10年後にOECD平均（2009年GDP比11・41％）にまで増え、合計特殊出生率は約0・02ポイント増え、年間の自殺者数は約500人減少すると見込まれる。

注

＊1　労働生産性成長率が経済成長率に与える影響については、第3章第2節仮説④で示された係数「＋1.222」を用いる。

＊2　この推定は、粗いモデルによる推定であるからあくまで参考値にすぎない。しかし、さまざまなモデルを試みるなかで、推定値が非有意（たとえば上記モデルに一人当たりGDPを投入した場合の－0.419、p=0.555）だったり、推定値が大きすぎたり（たとえば左記の一人当たりGDPを投入したモデルでサンプルを日本のみに絞った場合の－11.044、p＝0.032。ただしVIFは9.43となり多重共線性が生じてしまっている）と、さまざまな結果が得られたため、中庸をとって－1.595とした。

＊3　２００９年の日本の労働生産性の実測値である「24・72ドル（constant 1990 PPP $)」と、労働生産性成長率の増加量（正の値）を掛け合わせて、「労働生産性の毎年の上昇幅」の増加量（２０１０年予測値。それ以降は毎年さらに大きくなっていく）を推計し、それを、財政余裕の分析における労働生産性の係数0.833と掛け合わせることで、「労働生産性の毎年の上昇による財政余裕の毎年の上昇」の量（２０１０年予測値。それ以降は毎年さらに大きくなっていく）を推計した。以降の財政余裕の予測値計算でも同様。

＊4　２００２年から２００９年までは、日本の「年齢調整済み自殺率／年齢調整無し自殺率」の比率は約０・86でほとんど変わらない。そのため、０・86という比率を使えば、「年齢調整済み自殺率が約０・32人減る」ということは、「年齢調整無し自殺率が約０・37人減る」ということを意味する。これを２０１５年９月推計の総人口１２，６８８万人に単純に掛け合わせると、約４７０人減る計算になる。

＊5　政府の予測によれば、２０１７年度末までに40万人分の保育の受け皿を整備する「待機児童解消加速化プラン」に沿って認可保育所定員を増設すると、保育士は２０１７年度末時点で「約７・４万人」（50万人分の保育受け皿整備だと９万人）足りなくなる（厚生労働省 2013b）。他方で、「保育士資格を持っているが保育の仕事をしていない人」（潜在保育士）は「60万人」を超えていると見られている（内閣府 2014a: 5）。潜在保育士たちが保育の仕事をしていない背景には、私立認可保育所の保育士の賃金の低さがある（柴田 2014a）。民間の常勤保育士の平均年収は、全産業の平均年収と比べて、月換算で14万円も低い（平成27年賃金構造基本統計調査）。なお、保育サービスの担い手を増やすには、「保育士の賃金を改善する」だけでなく、「子育て経験の豊富な高齢者に有償保育サービスの担い手になってもらう」という方策も検討されるべきだと思われる。そのような高齢者による有償保育サービスの可能性を、現場のフィールドワークから検討した研究として、柴田（2013e）がある。

＊6　政府の「子ども・子育て支援新制度」の見立てでは、「5％の改善」によって不足保育士7・4万人を十分に確保できるとしているようだ（内閣府 2014b: 146）。はたして、ほんとうにたった5％の賃金引上げだけで不足保育士7・4万人を確保できるのかどうかは疑問が残る。これについては、後の脚注で詳しく補足する。

＊7　ただし、就学前保育の定員を40万人分増やしたとしても、待機児童の多い3歳未満定員は十分に増えない可能性がある。また、ここでの試算では、施設整備費（投資的経費）と年間運営費（恒常的経費）を区別せずに試算しているため、それらを区別したより正確な試算をして、3歳未満定員も十分に増やすとすれば、「0・7兆円」という数字は多少大きくなる可能性がある。

＊8　なお、政府の見立てに反して、「5％の賃金引上げ」ではなく「全産業平均への賃金引上げ」をしなければ不足保育士を確保できないと仮定すると、この「1・1兆円」に加えて、どのくらいの追加予算が必要になるだろうか。私立認可保育所の常勤換算保育士数は、2013年時点で24万人だった（公立認可保育所常勤換算保育士数と合わせれば37万人（平成25年社会福祉施設等調査））。これに加えて、2017年度末までに保育定員を100万人分増やすとすると、保育士の必要増員分22万人を仮にすべて私立認可保育所の保育士で増員するとすれば（50万人分の定員増のために必要な保育士数は1・29倍（厚生労働省 2015b））、2017年度末で必要な私立認可保育所常勤換算保育士数は計46万人である。ここで、民間の常勤保育士と全産業常勤労働者の年収差は2015年時点で166万円である（平成27年賃金構造基本統計調査）。よって、追加で年間およそ「0・8兆円」以上あれば、私立認可保育所保育士全員の年収を全産業平均レベルにまで引き上げることができる。

＊9　鈴木（2014: 192-3）によれば、とくに私立の認可保育所の運営費には、「経営主体の社会福祉法人の理事や役員への報酬」や「施設費・修繕引当」などが含まれているが、それらは、「同族経営・世襲制」や「土地建物への相続税非課税」などによって、非効率的に高くなっている傾向があるという。

＊10　消費税増税による0・7兆円を除いた1・1兆円の効果だけで見ると、先述のように、労働生産性成長率0・52％ポイント増加、財政余裕0・14％ポイントずつ増加、自殺者300人減少、子ども貧困率1・7％ポイント減少となる。

＊11　なお、子ども人口率で調整した実質レベルでは、2009年のOECD28ヵ国平均は0・60％であり、日本での

目標値０・79％のほうが高くなる。しかし、そもそも多くのＯＥＣＤ諸国（主に欧州諸国）よりも日本のほうが教育費の家計負担が大きい。そのため、保育サービスの政府負担が多少多めになったとしても、教育費を考慮に入れると、その差は十分相殺されるだろう。

＊12　第１章注11でも述べたとおり、日本の相対的貧困率は、２００９年「全国消費実態調査」で計算すると10・１％であり、かなり小さな値となる。しかし、「全国消費実態調査」の回答者は、時間的にゆとりのある世帯（つまり比較的高所得の世帯）に偏っている。そのため、相対的貧困率の算出のためには、「全国消費実態調査」のデータを使うよりも「国民生活基礎調査」のデータを使ったのほうが、実態に近い算出結果が得られると考えられる。

＊13　なお、子ども人口率で調整した実質レベルでは、２００９年のＯＥＣＤ28ヵ国平均は０・68％であり、日本での目標値０・83％のほうが高くなる。しかし、そもそも多くのＯＥＣＤ諸国（主に欧州諸国）よりも日本のほうが教育費の家計負担が大きい。そのため、児童手当の政府負担が多少多めになったとしても、教育費を考慮に入れると、その差は十分相殺されるだろう。

第 10 章

財源はどうするのか

——税制のベストミックス

10・1　行政コストの削減には限界がある

では、財源はどうすべきだろうか。

財源の話になると、まず筆頭に、「行政の無駄を削減すべき」という意見がよく出てくる。もちろん、無駄は削減すべきなのだが、「無駄の削減」がどの程度可能なのかを考慮しておく必要がある。

図10－1に示したように、就労人口における公務員（一般政府による被用者）の割合は、日本はＯＥＣＤ26ヵ国の中で最も小さい（２００５年データ）。アメリカの実に3分の1である。この実態を見れば、「国会議員などの公務員の数を減らす」としても、すでにかなり小さな数になっている人数をさらに減らすのであるから、（もちろん削減できる分は削減すべきではあるが）その削減量は大したものにはならないだろうし、その削減によって得られる新たな財源の規模も、大したものにはならないだろう。

したがって本章では、「行政コストの削減によって新たな財源をつくる」という方法は、必ず試みるべき方法ではあるが、「それによって得られる財源の規模はほとんどない」との（厳しいがかなり現実的な）想定のもとで、「その上で、新たな財源を得るにはどうすべきか」を検討することとしたい。

10・2　財政方式をどうするか

つぎに、「社会保障の財源を考えるには、まずは、社会保障の財政方式について考えなければならない」との考え方もある。財政方式が変われば、財政余裕も変わる可能性があるからだ。

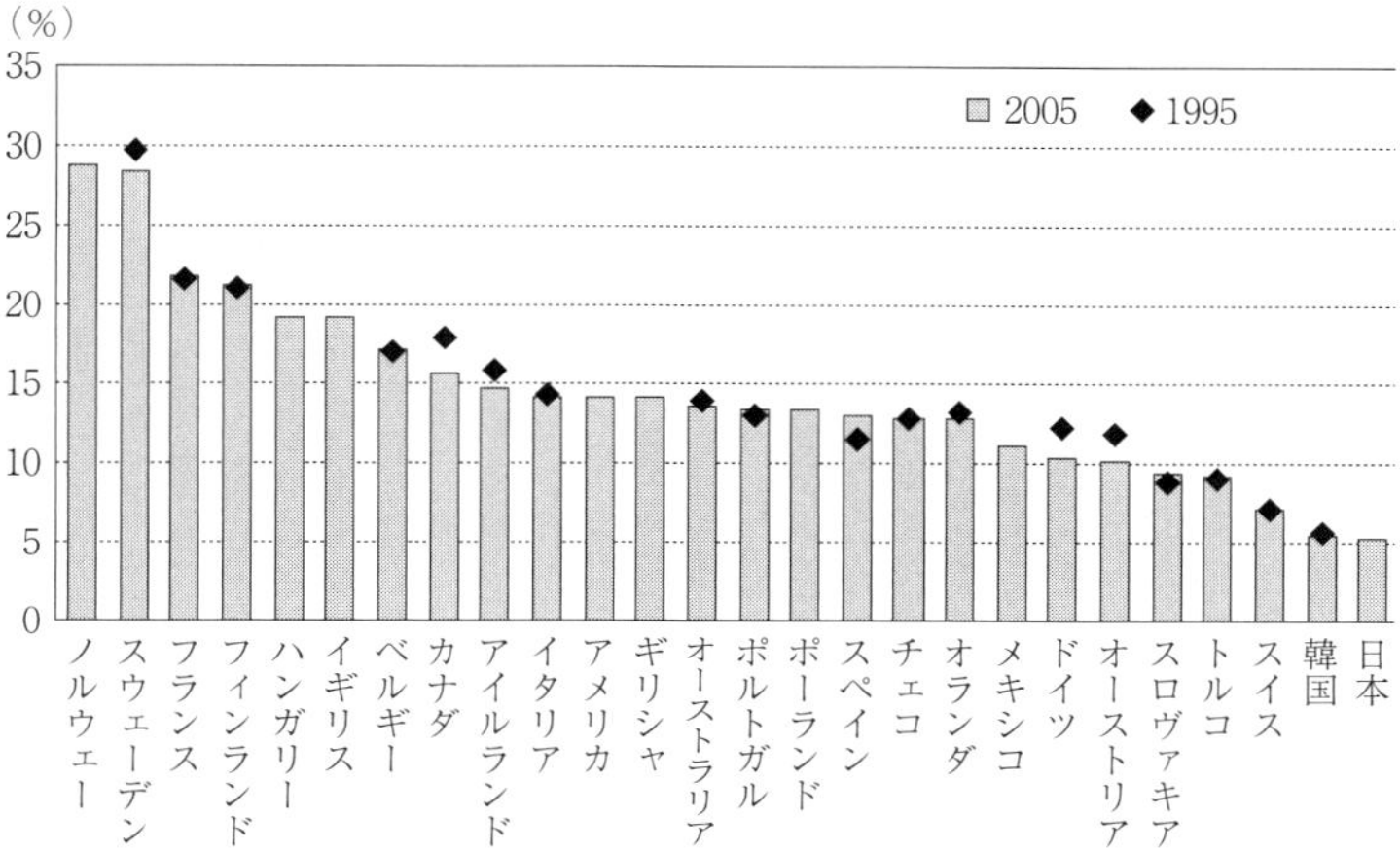

OECD（2010）Government at a Glance 2009 より作成。

図 10-1　一般政府による被用者（対就労人口%、1995・2005 年）

社会保障の財政方式は、主に、「税方式」（全世代の収める税で賄う方式）と「賦課方式」（現役世代の支払う保険料で賄う方式）と「積立方式」（各世代が現役時代に積み立てた保険料で賄う方式）の3つに分けることができる。

日本の社会保障は、税方式と賦課方式を組み合わせたものになっている。それに対して、日本の社会保障の財政方式について、「完全な税方式に近づける（橘木 2010：194）」「積立方式と税方式の組み合わせに近づける（鈴木 2012；小黒 2010）」などの議論がある。たしかに、財政方式を変えることで、財政余裕も変わる可能性がある。

ただし、「財政方式の変化が財政余裕に与える影響」を統計データで分析することは、「財政方式の変化」についての国際比較時系列データが乏しいため、難しい。そのため財政方式については、本書では論じず、今後の課題としたい。*1

10・3　個人所得税・社会保険料の累進化

さて、新たな財源を得るには、まずは、税収規模の大きい「個人所得税・社会保険料（図10－2・図10－3）の累進性」を強めるという方法がある。たとえ平均的な税率が変わらないとしても、累進性を強めれば、低所得者の減税額以上に、高所得者の納税額が増えるため、全体の納税額は増えることになる。それにより、新たな財源が得られるというわけだ。

累進性を高めると、労働生産性が上がる可能性も高い。第4章では、仮説⑨「個人所得税・社会保険料の累進性強化による労働生産性の成長」が支持された。つまり、個人の税負担を、「低所得者には軽く、中所得者には重く」したほうが、被用者全体の労働生産性は上がる傾向にある。

これは、高所得者は、増税があっても生活レベルに悪影響はほとんどないため、生産性を特に高めようとはしないだろうし、生産意欲を失うこともないのに対し、中所得者は、増税によって収入が減り生活レベルが実質的に低下するため、生活レベルを維持するために、生産性を高めようと工夫するからだと解釈できる。また、低所得者は、増税によって生活環境が深刻に悪化し、労働の再生産が困難になるため、生産性が下がると解釈できる。

したがって、個人所得税・社会保険料は、累進性を強化したほうが、全体の生産性がより高まると考えられる。であれば、個人の税負担を、「低所得者には軽く、高所得者には重く」しても、つまり、税率の累進性を高めても、全体の労働生産性は上がることになるだろう。

ただし、いくつかの懸念がある。

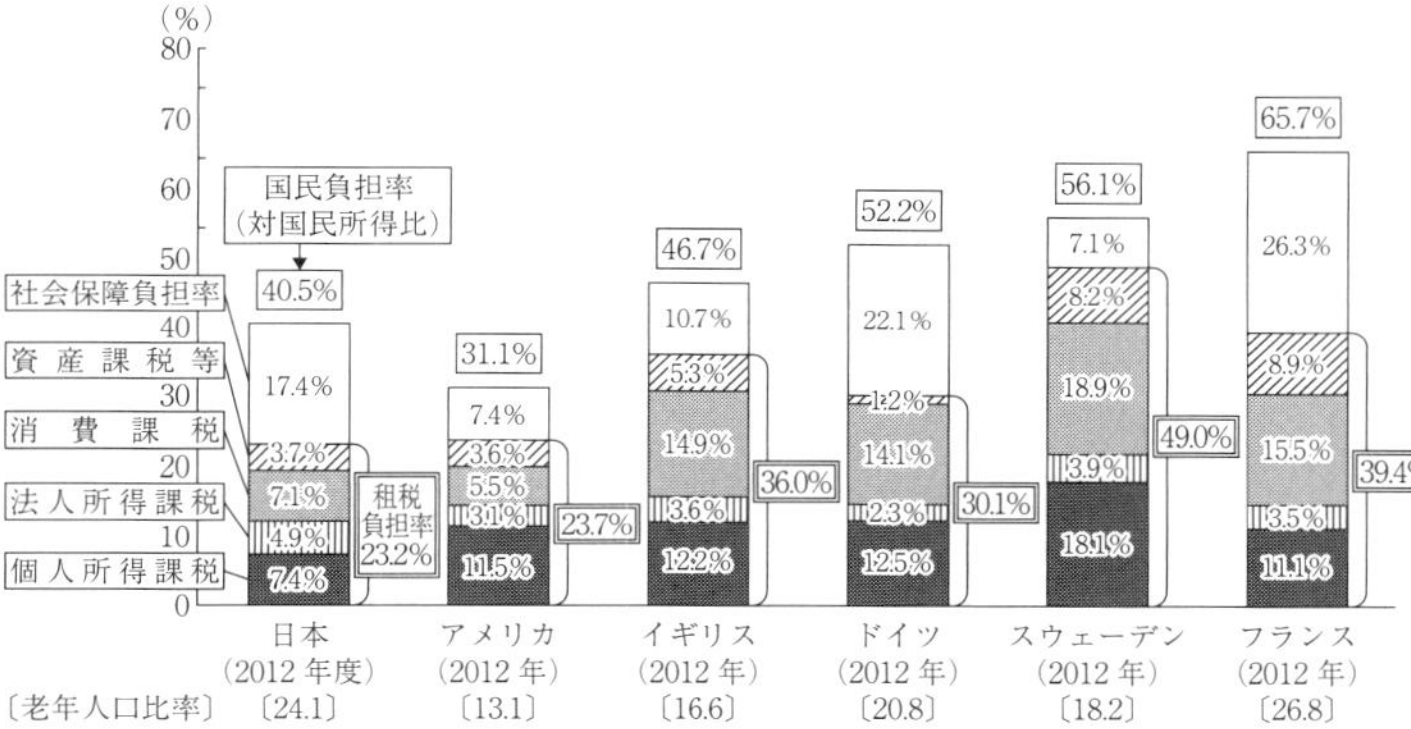

財務省(2015a)より引用。日本は平成24年度(2012年度)実績、諸外国は、OECD "Revenue Statistics 1965-2013" 及び同 "National Accounts" による。なお、日本の平成27年度(2015年度)予算ベースでは、国民負担率:43.4%、租税負担率:25.6%、個人所得課税:7.7%、法人所得課税:5.4%、消費課税:8.9%、資産課税等:3.6%、社会保障負担率:17.8%となっている。租税負担率は国税及び地方税の合計の数値である。また所得課税には資産性所得に対する課税を含む。四捨五入の関係上、各項目の計数の和が合計値と一致しないことがある。老年人口比率については、日本は2012年の推計値(総務省「人口推計」における10月1日現在人口)、諸外国は2010年の数値(国際連合 "World Population Prospects: The 2012 Revision Population Database" による)である。なお、日本の2015年の推計値(国立社会保障・人口問題研究所「日本の将来推計人口」(平成24年(2012年)1月推計)による)は26.8となっている。

図10-2　国民負担率の内訳の国際比較(対国民所得%)

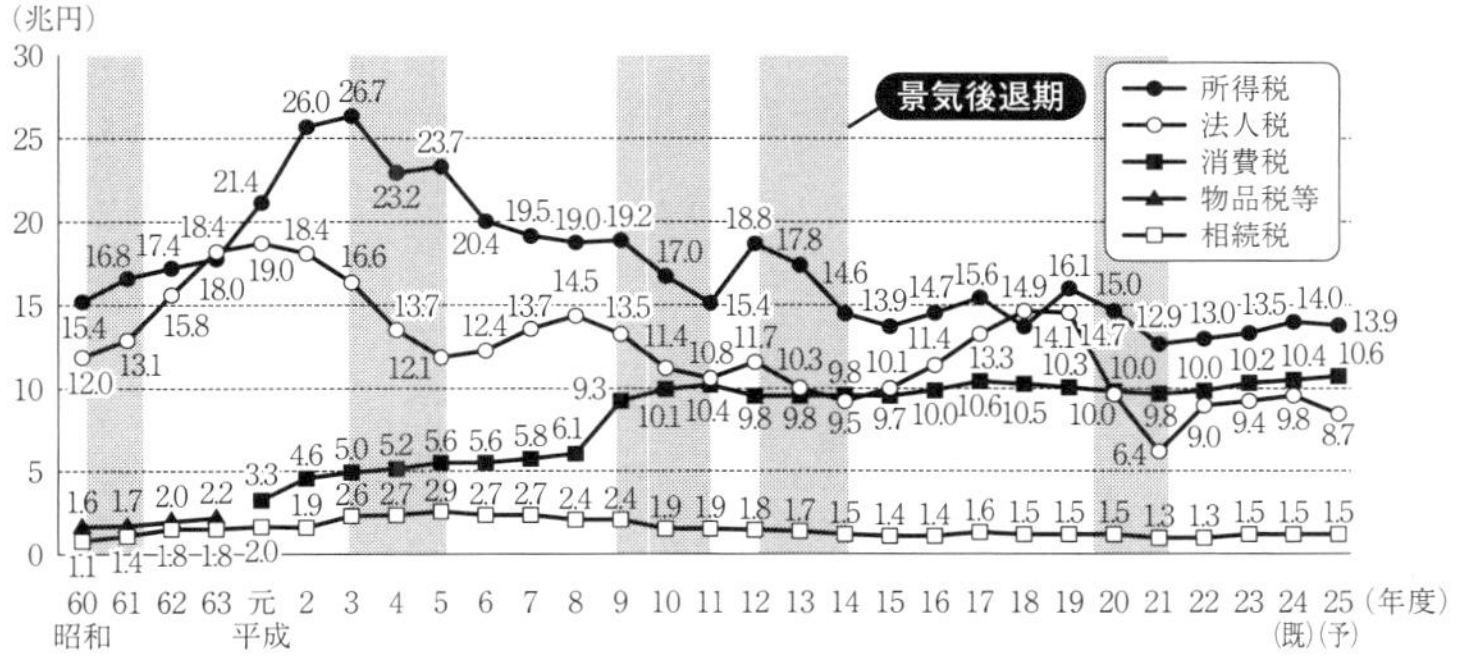

財務省(2015b)より引用。平成23年度以前は決算額、24年度は決算額(概数)、25年度は予算額。

図10-3　税目別の税収の推移(兆円)

第一の懸念は、「税率の上がる高所得者が、税負担を嫌がって、国外に流出（移住）してしまうのではないか」という懸念である。実際に日本でも、近年の個人所得税の累進性強化によって、そういう事例もすでに発生しているかもしれない。とりわけ、日本から近くて気候の温暖な東南アジアへの富裕層の移住は、マスメディアでたびたび報道されている。

しかし、「その数は、所得税増税による増収効果を打ち消すほどのものではないだろう」という楽観視もできるかもしれない。というのも、日本人の多くは（たとえ富裕層であっても）、郷土愛が強く、英語が苦手であるから、彼らにとっては、国外に移住することのデメリットは、所得税負担の増加によるデメリットを、上回るかもしれないからだ。いずれにせよ、実態がどうなっているのかは統計データが不足しているため分からない。

第二の懸念は、「個人所得税の累進性強化によって十分な税収を得るには、かなりの規模の増税になるのではないか（そうなると、有権者からの抵抗が大きくなるのではないか）」という懸念である。

先述のように、潜在的待機児童を完全に解消することで、労働生産性を最大限に伸ばし、子どもの貧困率を先進国平均にまで減らし、財政余裕を10年間かけて先進国平均にまで増やすには、単年度予算において、合計4・5兆円の追加予算が必要になる。ただし、そのうちの保育サービスにおける0・7兆円は、すでに一体改革の消費税増税（5％→10％）によって確保されているので、これから新たに財源を確保しなければならない追加予算は、合計3・8兆円である。

他方で、2013年税制改正（個人所得税については課税年収4000万円以上の税率を40％から45％に引き上げ）による個人所得税の増収見込み額は、2012年度税収14・0兆円（図10－3）を0・06兆円だけ増やすにすぎない（財務省 2013）。したがって、もし個人所得税増税だけで３・８兆円の必要財源を賄うとすれば、27％の増税になり、２０１３年税制改正の63倍の増税になる。これは、これまでの増税規模と比べたら、たしかに大増税である。

しかしそれでもまだ、増税後の個人所得税の税収規模は、先進諸国よりはかなり小さいままだ。27％の増税によって、個人所得税の税収規模（２０１２年度対国民所得比７・４％）は、対国民所得比９・４％になるが、これはフランス（11・４％）・アメリカ（11・５％）・イギリス（12・２％）・ドイツ（12・５％）・スウェーデン（18・１％）よりもまだまだ小さい（図10－２）。つまり、この増税は（たとえば10年ほどかけて漸次的に行われるのであれば）決して非現実的ではない。

以上の検討から、「個人所得税（およびそれと実質的に同様の機能をもつ社会保障財源調達方法である社会保険料）の累進性を高める」という方策については、十分実施に値すると考えられる。

ただし問題は、個人所得税・社会保険料は、有権者の大部分を占める「就労者」から徴税するものであるため、増税への抵抗は大きいという点である。その分、十分な規模（27％増税）の実現可能性は低いと考えられる。

10・4　年金課税の累進化

つぎに、「老齢年金給付金への課税（年金課税）の累進性を高める」という案を考えてみよう。

先述のように、本書が提案している政策を実施するには、これから新たに財源を確保しなければならない追加予算は、合計3・8兆円（年間）である。

その3・8兆円を、「高資産高齢者の年金課税の税率を高める」という方法によって捻出するなら、どうなるだろうか。2014年の数字で見れば、老齢年金給付は53兆円だから、その約7％を年金課税の増税によって回収することになる。そのためには、（支援の乏しい独居高齢者はひとまず増税の対象から外すとして）「資産の多い非独居の高齢者」に支払われている老齢年金の課税を高めて、一世帯当たり毎月3～6万円ほどを回収すればよい。

具体的には、「公的年金や恩給の受給者がいる2人以上世帯」（2014年では1978万世帯）（厚生労働省 2014）のうち、「貯蓄額が3000万円以上の世帯」（約23％＝455万世帯）（総務省統計局 2009）から一世帯当たり毎月3万円（455万世帯×3万円×12ヵ月＝年間1・6兆円）を回収し、それと同時に、「住宅・宅地資産額が3000万円以上の世帯」（約28％＝554万世帯）（総務省統計局 2009）から一世帯当たり毎月3万3000円（554万世帯×3・3万円×12ヵ月＝年間2・2兆円）を回収すれば、合計で年間3・8兆円を回収できる。

しかし、実現可能性は低いだろう。というのも、年金課税は、人口規模も大きく投票率も高い「高齢者」から徴税する税だからである。高齢者からの反発を恐れて、与党はそのような年金課税増税をためらうだろう。

10・5 被扶養配偶者優遇制度の限定

つぎに、「被扶養配偶者優遇制度（所得税・住民税の配偶者控除と配偶者特別控除、国民年金の第3号被保険者の保険料免除、健康保険の被扶養配偶者の保険料免除）を低所得世帯のみに限定する」という案を考えてみよう。副次効果として、高所得世帯の被扶養配偶者の就労が促されるため、それによって税収がさらに増えるというメリットもある。

まず、年収103万円以下（住民税については約100万円以下）の配偶者を扶養している場合に受けられる「配偶者控除」を仮に全廃すると、「所得税年間0・6兆円程度＋個人住民税年間0・5兆円程度」の税収増が見込まれる。また、配偶者特別控除を仮に全廃すると、「所得税年間0・03兆円程度＋個人住民税年間0・03兆円程度」の税収増が見込まれる。したがって合計で、年間1・2兆円程度の税収増が見込まれる（2009年度予算ベース）（総務省 2009）。

つぎに、「国民年金での年収130万円未満の第3号被保険者」（2012年度末で960万人）の全員から国民年金保険料（年間18・3万円）を徴収できるようになると、年間1・8兆円程度の保険料増収が見込まれる（堀江 2014）。

さらに、「健康保険での年収130万円未満の被扶養配偶者」（約960万人）の全員から国民健康保険料を徴収できるようになると、保険料は市区町村によって異なるが、仮に年間5万円を全員から徴収すると仮定すると、年間0・5兆円程度の保険料増収が見込まれる。

したがって、これらすべての合計で、年間3・5兆円程度の税・社会保険料増収が見込まれる。つまり、本書の提案する政策に必要な追加予算3・8兆円を、大部分賄うことができる。

しかし、生涯未婚率（2010年男性20％・女性11％）（国立社会保障・人口問題研究所 2014：表6－23）

やフルタイム共働き率（２００９年で核家族妻の15％）（山田 2013）がわずか２割以下の現状では、被扶養配偶者優遇制度の全廃は、とりわけ低所得世帯の被扶養配偶者からの抵抗が大きく、実現はかなり困難だろう。

そのため、「低所得世帯のみに対象を限定する」「幼い子ども（および要介護高齢者）のいる世帯のみに対象を限定する」などの限定案を検討する必要があるだろう。しかし後者については、少なくとも幼い子どもがいればすでに児童手当は給付されているわけであるし、「一人親の子ども」（配偶者控除の恩恵を受けられる）と「一人親の子ども」（配偶者控除の恩恵を受けられない）のあいだで控除の差を設けるというのは、一人親への冷遇を意味してしまい、倫理的に正当化できない。したがって、前者の「低所得世帯のみに対象を限定する」という方法によって、被扶養配偶者優遇制度の規模を縮小する、というのが現実的だと思われる。

10・6　消費税の増税

では、「消費税の増税」ならばどうだろうか。

消費税ならば、５％から10％への５％増税分の見込み税収が13・５兆円だから、もし消費税増税だけで３・８兆円の必要財源を賄うとすれば、さらに２％分の増税（12％への増税）をすれば５・４兆円の財源が得られるので十分に足りる。増税によって消費が鈍る可能性はもちろん高いが、それは一時的なものである。個人所得税や年金課税よりは、比較的現実的な財源確保策だといえるだろう。

ただし消費税は、すべての有権者（消費者）から徴税する税であるため、抵抗はかなり大きく、わずか2％の増税であっても、実現がなかなか困難であることは、これまでの日本での消費税増税の歴史が示すとおりである。また、消費活動を（たとえ一時的でも）抑制してしまうリスクもある。

10・7　資産税の累進化

他方で、「資産税（固定資産税[*2]、金融資産税など[*3]）の累進性強化」も検討に値する。とりわけ資産税は、資産のフロー（年によって大きさがまちまちで不安定）に課税する相続税・贈与税とは異なり、資産のストック（大きさが比較的安定している）に課税するため、安定的な財源といえる。

仮に、資産税として、「総世帯」（2014年では5043万世帯）（厚生労働省 2014）のうち、「純資産（＝資産－負債）の総額が5000万円～1億円の世帯」（約14％＝706万世帯）（総務省統計局 2009）から一世帯当たり毎月2万6000円（706万世帯×2・6万円×12ヵ月＝年間2・2兆円）を追加徴収し、「純資産総額が1億円以上の世帯」（約5・3％＝267万世帯）（総務省統計局 2009）から一世帯当たり毎月5万円（267万世帯×5万円×12ヵ月＝年間1・6兆円）を追加徴収すると、年間合計3・8兆円の税収増が見込める。

しかし、「資産の正確な補足」は難しく、高資産者が国外に資産を隠してしまう可能性がある。山口（2009：65-7）によれば、タックス・ヘイブンにある富裕層の資産によって、世界全体で年間2550億ドルの税収が失われているとの推計があり、また、富裕層のタックス・ヘイブンの濫用によって、ドイツでは年間300億ユーロ（2007年の税収総額の7・3％）、米国では年間1000億ドル（2007年の税収総額の3・4％）の税収が失われているとされているという。

ただ、日本における個人の資産でみれば、国税庁ウェブサイトで公表されている「報道発表資料」によれば、「海外資産に係る（相続税の）申告漏れ課税価格」は、2004年から2014年まで26～163億円のあいだで上下しており、とくに上昇傾向はない（国税庁 2015）。「海外資産に係る相続税の申告漏れ」が200億円以下ということであれば、「海外資産に係るストック資産税の申告漏れ」は大きくても1兆円程度にすぎないと見込まれる。これは、日本国内の家計全体が保有する合計1600兆円ほどの金融資産（日本銀行調査統計局 2013）と比べれば、あまり大きな問題にはならないと思われる。

また、資産税の累進性を強化すると、貯蓄と投資が抑制され、国内経済にマイナスの影響も生じるかもしれない。さらに、生活資源になっている（住んでいたりそこから生活費を得ていたりする）固定資産や金融資産を、売却する必要が生じることも多く、その場合は、当人の生活水準が下がることになる。そのため政治的には、資産家（有権者の一部）からの抵抗が生じやすいと考えられる。[*4]

10・8　相続税の拡大

これまで、個人所得税、年金課税、被扶養配偶者優遇制度、消費税、資産税を検討してきた。これらの税は、「有権者（の大部分または一部）が現在保有している財」から徴収する税・社会保険料であるため、増税への抵抗が比較的大きいと考えられる。

それに対して、相続税は、有権者からすれば、「現在自分が保有していない（親族等の）財」から徴収される税なので、抵抗は比較的小さいのではないかと考えられる。[*5] また、相続遺産は毎年37～85兆円ほど発生しているとみられるが（立岡 2013: 102）、かなり大きな遺産でないと課税対象にならないため、相続税収は、２０１２年度は１・５兆円、２０１５年からは基礎控除引き下げと税率引き上げによって毎年１・８兆円の見込みだ（財務省 2013）。つまり、まだまだ増税の余地があるといえる。

そこで次に、「相続税（およびそれとセットになる贈与税。以下同様）の拡大」（基礎控除引き下げや、税率引き上げ、累進性強化）について検討してみたい。ただし、拡大の対象は、ひとまず（資産保有者の住居として使われている可能性のある固定資産を対象から外して）金融資産に絞ることを想定しておく。[*6]

「相続税の拡大」が検討に値する理由は、次の４つである。

第１に、「人口動態」に着目すると、「日本では今後２１００年頃まで、国民全体の死亡率が上がっていく」と予測されている（国立社会保障・人口問題研究所 2012）。したがって、人口に対する死亡件数は増えていくため、相続税は、あと１００年は「安定的な財源」として期待できる。

第２に、相続税の拡大は、高資産高齢者の消費を促進するため、経済に良い循環をもたらすと考えられる（ただし「資産の国外逃避」「貯蓄と投資の減少」「中小企業の事業継承の困難化」「国際的な二重課税」などの問題への法的対応は、課題として残るだろう[*7]）。

第３に、「預金」の規模（国内全体で８６０兆円）に着目すると、日本の「一人当たりの預金額」（６７６万円）や「預金が家計金融資産で占める割合」（54％）は、欧州やアメリカよりも大きい（図10－４）。

そもそも預金は、直接は運用されていないため、税収（運用利益からの所得税収や、運用手数料からの消

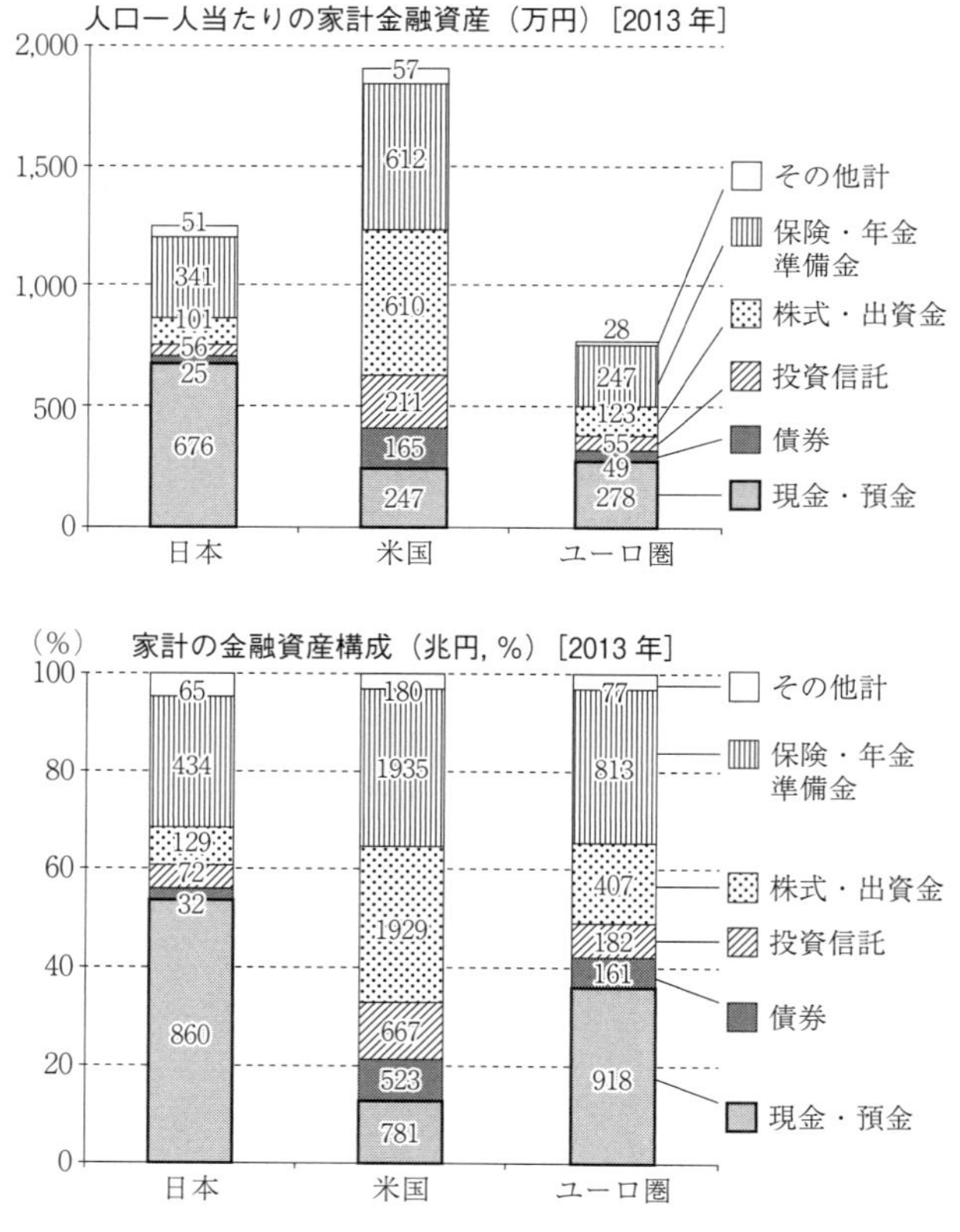

日本銀行調査統計局（2013）、2013年の年間平均為替レート（*Principal Global Indicators*）、日本・米国・欧州連合の公式発表推計人口（2013年7月時点）をもとに作成。

図 10-4　家計の金融資産の日米欧比較（2013年）

費税収）に結びつきにくい。しかし、相続税を拡大すれば、その860兆円もの預金（の一部）から、税収を得られるようになる。[*8]

第4は、倫理的な理由だ。資産の相続は、所得格差を親子間で再生産し、「子どもの相対的貧困」（機会の不平等）を親子間で再生産してしまう。子や孫への相続や生前贈与は、できるだけ縮小させる（税収や消費に回す）ほうが、「相対的貧困の再生産」を予防できるので、倫理的に公正だといえるだろう。

以上の4点から考えれば、相続税（と贈与税）は、（「資産国外逃避」「投資減少」「中小企業事業継承」「国際的二重課税」などの問題を深刻にしない範囲内で）可能な限り拡大すべきではないだろうか。[*9]

10・9　相続税拡大だけならベルギーの1・2倍

では、前章で提案した社会保障の拡充を行うには、相続税をどのくらいの規模で拡大すればよいのだろうか。そして、その規模は、はたして現実的に可能な規模なのだろうか。

前章で推計したように、潜在的待機児童を完全に解消することで、労働生産性を最大限に伸ばし、子どもの貧困率を先進国平均にまで減らし、財政余裕を10年間かけて先進国平均にまで増やすには、単年度予算において、保育サービスは1・8兆円、児童手当は2・5兆円、起業支援は0・2兆円、合計4・5兆円の追加予算が必要になる。ただし、そのうちの保育サービスにおける0・7兆円は、すでに一体改革の消費税5％増税によって「保育サービスの量的拡充と質的改善」として確保されているので、これから消費税5％増税後に新たに財源を確保しなければならない追加予算は、（保育サービス1・1兆円＋児童手当2・5兆円＋起業支援0・2兆円＝）合計3・8兆円である。

それによって、潜在的待機児童（就学前保育100万人＋学童保育40万人）は完全に解消され、子どもの貧困率はOECD平均まで減り、労働生産性の成長率は約2・9％ポイント増加し、財政余裕は10年後にOECD平均にまで増え、合計特殊出生率は約0・02ポイント増え、年間の自殺者数は約500人減少すると見込まれる。

他方で、2012年度の相続税・贈与税の合計税収は1・5兆円（図10－3）である。また2013年税制改正によって、2015年からは、基礎控除引き下げ（2,570億円増収）と税率引き上げ（210億円増収）が行われて、相続税収は0・3兆円増えて1・8兆円となる見込みだ（財務省 2013）。そこで、この「2015年の相続税拡大」による増収規模を参考にしながら、今後さらに必要な相続税拡大の規模を試算してみよう。

のちに他国との比較をしたいので、他国の相続税収規模のデータがそろっている2011年頃の相続税収を基準（拡大前の規模）とする。ここでは、2012年度の相続税収1・5兆円を使おう。つまり、この1・5兆円に3・8兆円を加えて、5・3兆円へと相続税収を「3・5倍」に拡大するプランを考えてみよう。

2012年度の「3・5倍」に拡大した場合、相続税収は他国と比べてどの程度の規模になるのだろうか。そこで、他国と比較してみよう。[*10] OECDデータによれば、2011年の「相続税（贈与税含む）」の税収規模（対GDP％）は、最大のベルギー（0・666％）では、日本（0・312％）の「2・1倍」である。さらに、このベルギーと日本の相続税収の規模を、両国の高齢者人口比率で割って、「高齢者一人当たり」に変換すると、ベルギーは実質的には日本の「2・9倍」にもなる[*11]（OECD 2014b）。よって、「3・5倍」という税収規模は、実質的にはベルギーの税収規模の（3.5÷2.9＝）1・2倍の大きさといえる。まったく非現実的というわけではないだろう。

また、先述のとおり、相続税収は2015年から0・3兆円増える見込みだ。それだけで相続税収は2012年度の1・2倍（1・8兆円）になる。よって、1・8兆円を5・3兆円にすればよいので、実質的には2015年現在の「2・9倍」にすればよいだけだ。

とはいっても、「2・9倍への拡大」は、「2015年の相続税拡大（1・2倍）」の倍以上の拡大であるため、やはり世論では争点とならざるをえないだろう。相続税の拡大だけで必要財源3・8兆円の「すべて」を賄うのは、かなり難しいかもしれない。

もちろん、制度的には可能だ。たとえば、拡大課税対象を金融資産に限定せずに、毎年発生する相続遺産として比較的新しい推計である「37・0〜62・9兆円」（立岡 2013：102）を前提とすると、配偶者がいる場合の基礎控除を2000万円、子どもがいる場合の基礎控除を子ども一人当たり100万として、税率を一律20％とすれば、少なくとも「2・8〜7・9兆円」（5・4兆円前後）の追加税収を見込める。またこれを、配偶者基礎控除を1000万円とすれば、少なくとも「3・9〜9・0兆円」（6・5兆円前後）の追加税収を見込める。しかし、そのような大幅な税制改革が有権者に支持されるかどうかは、また別の政治的な問題なのだ。

10・10　小規模ミックス財源

したがって、どの個々の税制改革も、「それ単体で」必要財源３・８兆円を賄うとなると、有権者からの大きな抵抗に遭うと想定される。おそらく実際的にベストなのは、有権者からの抵抗が小さくなる（税制改革を実現できる）ように、これらのさまざまな税制改革を「小規模ずつ」組み合わせていくことだろう。つまり、「個人所得税の累進化」「年金課税の累進化」「被扶養配偶者優遇制度の（低所得世帯への）限定」「消費税の増税」「資産税の累進化」「相続税の拡大」の一部またはすべてを、小規模ずつミックスして実施する、ということだ。

そうすれば、それぞれの利害関係者における痛税感が小さくなるため、有権者全体からの抵抗は小さくなるだろう。改革領域が分散されれば、「改革による副作用のリスクが分散される」というメリットもある。

あとは、どの改革をどの程度ずつ組み合わせていくのかを、日本の有権者が熟議の上で決定していくだけだ。

そこで、本書の提案する政策（保育サービス１・１兆円、児童手当２・５兆円、起業支援０・２兆円）に必要な３・８兆円の財源を確保する一案として、たとえば以下のような組み合わせを検討したらどうだろうか。この案では、増税の規模を「過去の前例」に合わせたり、増税幅を小さく抑えたりして、できるだけ無理のない増税案にしている。

まず「個人所得税」だが、２０１３年税制改正（課税年収４０００万円以上の税率を40％から45％に引き上げることで0・06兆円の税収増）は、世論で大きな争点にならず、比較的容易に実行できた。したがって、同じ程度（0・1兆円程度）の増税規模であれば、有権者からの抵抗が少ないままに、さらなる累進化が可能だろう。これによって、0・1兆円の税収増が見込まれる。よって、さらに確保すべき財源はあと3・7兆円分となる。

つぎに「相続税」だが、同じく2013年税制改正によって、2015年からは、基礎控除引き下げと税率引き上げによって、相続税収は0・3兆円増える見込みとなった。この増税も、世論では大きな争点とならずに、比較的容易に実行できた。そこで、この「2015年の相続税拡大」と同じ規模の相続税拡大を行うことで、0・3兆円の税収増を見込むことができる。すると、さらに確保すべき財源はあと3・4兆円分となる。

つぎに「被扶養配偶者優遇制度」だが、「所得税・住民税の配偶者控除と配偶者特別控除」「国民年金の第3号被保険者制度」「健康保険の被扶養配偶者保険料免除」を仮に全廃すると合計で年間3・5兆円程度の税・社会保険料増収が見込まれる。しかし全廃は被扶養配偶者からの抵抗が大きく、実現しにくいだろう。そこで、全廃ではなく、優遇対象世帯を世帯所得下位54%の低所得世帯（世帯年収約700万円以下）へと絞り込む。そうすると、1・6兆円の税・社会保険料増収が見込まれる。それにより、さらに確保すべき財源はあと1・8兆円分となる。

つぎに「資産税」だが、「純資産総額が5000万円〜1億円の世帯」（706万世帯）から一世帯当たり毎月1万円（706万世帯×1万円×12ヵ月＝年間0・8兆円）を追加徴収し、「純資産総額が1億円以上の世帯」（267万世帯）から一世帯当たり毎月3万円（267万世帯×3万円×12ヵ月＝年間1・0

兆円）を追加徴収すると、年間合計1・8兆円の税収増を見込むことができる。これで、確保すべき財源3・8兆円分が、すべて確保されたことになる（消費を抑制する「消費税」や、高齢者からの反発を招く「年金課税」には手をつけずに済む）。

このような「小規模ミックス財源」の案であれば、前例に従っていたり、増税幅が小さかったりするので、それぞれの利害関係者における痛税感が小さく、有権者全体での合意形成はかなり容易になるのではないだろうか。

10・11 最小限の改革――潜在的待機児童80万人の解消

さらに、改革の規模を最小限にした場合も、考えてみよう。

2013年度時点の潜在的待機児童を小さめに見積もって「就学前保育80万人」のみとし、その潜在的待機児童の解消のみを目標としてみよう。そうすると、今後（消費税増税分の0・7兆円に加えて）必要な保育サービス拡充のための追加予算は0・7兆円（2015年名目GDPの0・1％）となる。[*12]これによって、翌年の「労働生産性成長率」は約0・3％ポイント、「経済成長率」は約0・4％ポイント上昇し、その後の「子どもの貧困率」は約1・1％ポイント減少すると見込まれる。さらに、翌年の「合計特殊出生率」は約0・01上がり、「財政余裕」（対GDP％）は約0・1％ポイント増えて、[*13]「自殺」は約200人減ると見込まれる。小さく見積もった潜在的待機児童を解消するだけでも、このようにさまざまなプラスの波及効果が期待できるのだ。

では、その0・7兆円の財源を得るために必要な税制改革を、試算してみよう。

まず「所得税の累進化」。2013年税制改正と同規模の増税を行うことを想定する。すると、0・1兆円の税収増が見込まれる。よって、0・7兆円増税のために確保すべき財源は、あと0・6兆円分となる。

つぎに「相続税の拡大」。同じく2013年税制改正と同規模の相続税拡大を行うことを想定する。すると、0・3兆円の税収増を見込むことができる。よって、さらに確保すべき財源はあと0・3兆円分となる。

つぎに「被扶養配偶者優遇制度の限定」。「所得税・住民税の配偶者控除と配偶者特別控除」「国民年金の第3号被保険者制度」「健康保険の被扶養配偶者保険料免除」での優遇対象者を世帯所得下位94％の世帯に限定する。つまり、上位6％の高所得世帯（世帯年収約1100万円以上）のみを対象外とする。そうすると、0・2兆円の税・社会保険料増収が見込まれる。それにより、さらに確保すべき財源はあと0・1兆円分となる。

最後に「資産税の累進化」。「純資産総額が5000万円～1億円の世帯」から1世帯当たり毎月1000円（706万世帯×0・1万円×12ヵ月＝年間0・08兆円）を追加徴収し、「純資産総額が1億円以上の世帯」から1世帯当たり毎月2000円（267万世帯×0・2万円×12ヵ月＝年間0・06兆円）を追加徴収すると、年間合計0・1兆円の税収増を見込むことができる。これで、確保すべき財源0・7兆円分が、すべて確保されたことになる（「消費税」や「年金課税」には手をつけずに済む）。

このような最小限のミックスであれば、それぞれの利害関係者における痛税感はさらに小さく、有権者全体での合意形成はさらに容易になるのではないだろうか。

注

＊1　長期的には、高齢者率の上昇によって、年金積立金がいずれ枯渇してしまう危険性が残る。そのため根本的には、できるだけ早めに、年金制度の「賦課方式から積立方式への移行」（①）を検討すべきかもしれない。現役世代に「二重の負担」が生じないかたちの切り替え方法も、すでに具体的に提案されている（鈴木 2012）。しかし、①は、制度的な変化が大きいため、既得権益集団からの抵抗が大きく、なかなか進んでいない。よって、①だけを目指していると、なかなか現状は変わらないのが現実である。そこで、既得権益集団からの抵抗が比較的小さい「漸進的な改善」（②）も、同時に行っていく必要がある。つまり、①の実施方法と②の実施方法を、同時に検討・提言する必要がある。①の実施方法の検討は鈴木（2012）がすでに十分行っている。それに対して、本書は、②の実施方法を検討してきた。

＊2　日本の固定資産税（土地、住宅などの固定資産への課税）はほとんど累進性がない。そのため、固定資産税を増税する場合は、高資産世帯のみで累進性を高めるだけでも、税収を増やすことができる。

＊3　現在の日本では、ストックの金融資産（貯蓄現在高〔預貯金、保険掛金、有価証券等〕、耐久消費財、ゴルフ会員権貯蓄など）には税金がかからない。なお、金融資産から得られるフローの所得（配当所得や利子所得など）に対しては、所得税として課税されているが、ここでの議論は、そのような課税を累進化することも視野に入れることができるだろう。

＊4　たとえば、自民党の支持者の多くはおそらく資産家であり、「資産税の累進性強化」は彼らからの抵抗に遭うだろう。したがって、「資産税の累進性強化」は、自民党（およびそれと同様に支持者の多くが資産家の政党）以外の政党が政権を握ったときにしか、実現しづらいと考えられる。

＊5　しかし、自民党の支持者の多くはおそらく（広い農地などを保有している）資産家であり、「資産税の累進性強化」だけでなく「相続税の拡大」もまた、彼らからの抵抗に遭うだろう。したがって、それらの方策は、自民党

（およびそれと同様に支持者の多くが資産家の政党）以外の政党が政権を握ったときにしか、実現しづらいと考えられる。

＊6　日本での相続資産額の推計値（資産構成別）は、平均ケース（遺産を平等分割相続）では、相続資産規模は37兆円で、その内訳は金融資産が52％、土地が37％、土地を除く固定資産が10％である。最大ケース（遺産を一人だけが相続）では、相続資産規模は63兆円で、その内訳は金融資産が51％、土地が37％、土地を除く固定資産が11％である（立岡2013：103）。固定資産に大きな相続税がかかると、相続人の実質的な生活資源になっている（住んでいたりそこから生活費を得ていたりする）土地や住宅を、売却する必要が生じることが多く、その場合は、相続人の生活水準が下がることになる（相続税について分割納税をできるようにすれば、そのような問題はすぐには生じにくくなるだろうが、いずれ固定資産の売却は必要になるだろう）。そのため、ここではひとまず、固定資産を相続税拡大の対象から外して議論を進めておく。はたして固定資産を対象から外してよいのかどうかは、今後検討すべき論点である。

＊7　この「良い循環」についての統計的根拠を見つけられているわけではない（そもそも相続税についての国際比較時系列データが整備しにくいという問題もある）。また、「資産の正確な補足」は難しく、高資産者が国外に資産を隠してしまう可能性がある。資産の国外逃避については今後の検討課題だが、日本での「海外資産に係る相続税の申告漏れ」は毎年２００億円以下（本文先述参照）なので、相続税を２０１５年現在の２・９倍（本文後述参照）に拡大したとしても、それによって得られる相続税収合計５・３兆円（本文後述参照）に対して、資産の国外逃避によって失われる相続税収は、０・06兆円か、あるいは増えたとしても０・１兆円ほどにすぎないだろうから、実質的な問題にはならないと思われる。なお、「中小企業の事業継承の困難化」と「国際的な二重課税」に対しては、欧州委員会が勧告を行い、特に前者の問題については欧州諸国政府や日本政府は法的対応を行った（２００８年「中小企業経営承継円滑化法」）（立岡 2013：106）。

＊8　ただし、家計金融資産は、銀行に預けられて、銀行による国債の購入に使われている。そのため、家計金融資産が大幅な相続税拡大によってあまりにも急激に減っていくことになれば、国債が売れにくくなり、政府は国債を発行しにくくなるかもしれない。この点については今後検討が必要だろう。

＊9　なお、抜本的な社会保障改革を提案している鈴木亘は、社会保障を補う財源として、「相続税を一律20％にすること」（ただし投資の減少を避けるために30年間程度の時限的措置）を提案している。そうすれば、相続税から毎年10～20兆円の税収を得られるという。しかも、現在の相続税の最高税率は50％（２０１５年度からは55％）なので、それが20％に下がれば、資産の海外逃避を防ぐ効果も発揮されて、税収はさらに上がるかもしれないという（鈴木 2014：140-1）。また、経済学者のトマ・ピケティも「資産課税の拡充」（とりわけ「資産から負債を差し引いた純資産」への累進課税の強化）を提案している。なお彼はそれに加えて、富裕層やその資産が国外流出しないようにするために、「資産課税の国際的取り決め」も提案している（Piketty 2013=2014）。

＊10　先進諸国の相続税（遺産税方式・取得税方式・法定相続分方式などがある）は、20世紀後半以降、縮減または廃止される傾向にあった。しかし２０００年代後半以降は、一部の先進諸国で、相続税を再び拡大させる動きが始まっている。立岡健二郎がまとめたところによれば、「税収に占める相続・贈与税収のシェア」は、１９６５年から１９８５年にかけて、日本・韓国を除くほとんどのＯＥＣＤ諸国で大幅に低下した。その中で、１９７０年代にはカナダ、オーストラリアが、１９９０年代にはニュージーランドが、２０００年代に入ってからはスウェーデン、ポルトガル、オーストリアが、相続税を廃止した。２０１０年にはアメリカも一時廃止した。ところが、１９９０年代以降は、「税収に占める相続・贈与税収のシェア」に低下の傾向は読み取れない。ベルギー、ドイツなどでは、むしろシェアが上昇傾向にある（高齢化などの非政策的要因もありうるが）。さらに、イギリス（２０１０年～）、アメリカ（２０１１年～）、アイスランド（２０１１年～）、フランス（２０１2年～）、フィンランド（２０１２年～）では、税率を引き上げたり、控除を引き下げたり、あるいは「控除額の水準などを物価と連動させる措置」を凍結・廃止したりする動きが見受けられる（立岡 2013）。

＊11　したがって、日本の相続税の税収規模（２０１５年１・８兆円）を、ベルギーの規模に（高齢者率を考慮して）実質的に近づければ、年間３・４兆円の税収増を見込めることになる。

＊12　ただし、この追加予算の「０・７兆円」（と消費税増税分の０・７兆円の合わせて１・４兆円）によって、就学前保育の定員を80万人分増やしたとしても、待機児童の多い３歳未満定員は十分に増えない可能性がある。また、ここでの試算では、施設整備費（投資的経費）と年間運営費（恒常的経費）を区別せずに試算しているため、それ

らを区別したより正確な試算をして、３歳未満定員も十分に増やすとすれば、「０・７兆円」という数字は多少大きくなる可能性がある。

さらに、政府の見立てに反して、「５％の賃金引上げ」ではなく「全産業平均への賃金引上げ（２０１５年では51％の引き上げ）」をしなければ不足保育士を確保できないと仮定すると、この追加予算「０・７兆円」に加えて、およそ「０・７兆円」のさらなる追加予算が必要となる。というのも２０１３年時点で常勤換算保育士数は、私立認可保育所で24万人、公立認可保育所で13万人、合計37万人だった（平成25年社会福祉施設等調査）。これに加えて、２０１７年度末までに保育定員を80万人分増やすとすると（上述のとおり80万人分では足りない可能性もあるのだが）、常勤換算保育士数の必要増員数は18万人である（保育所定員を40万人増やすために追加で必要な保育士数は1.235倍〔厚生労働省 2015b〕であるため）。その18万人を、仮にすべて私立認可保育所の常勤保育士で増員するとすれば、２０１７年度末で必要な私立認可保育所常勤換算保育士数は計42万人である。ここで、２０１５年時点で民間の常勤保育士（平均年収３２３万円）と全産業常勤労働者（平均年収４８９万円）の年収差は１６６万円である（平成27年賃金構造基本統計調査）。よって、追加で年間およそ（42×166÷10000＝）「０・７兆円」あれば、私立認可保育所常勤保育士全員の年収を全産業平均レベルにまで引き上げることができる。

なお同様の方法で、もっとシンプルかつ最小限の予算規模を試算すると、２０１４年時点での私立認可保育所保育士（常勤換算で約25万人）の月給を10万円引き上げるだけなら、「年間約０・３兆円」の予算があれば足りる。また、政府の計画どおり保育所定員を50万人分増やした２０１７年度時点での私立認可保育所保育士（常勤換算で約35万人）の月給を10万円引き上げるなら、「年間約０・４兆円」の予算で足りる。

＊13　なお、財政余裕は38年後に「先進国平均の半分」にまで増える計算となる。

第 11 章

結論

――子育て支援が日本を救う

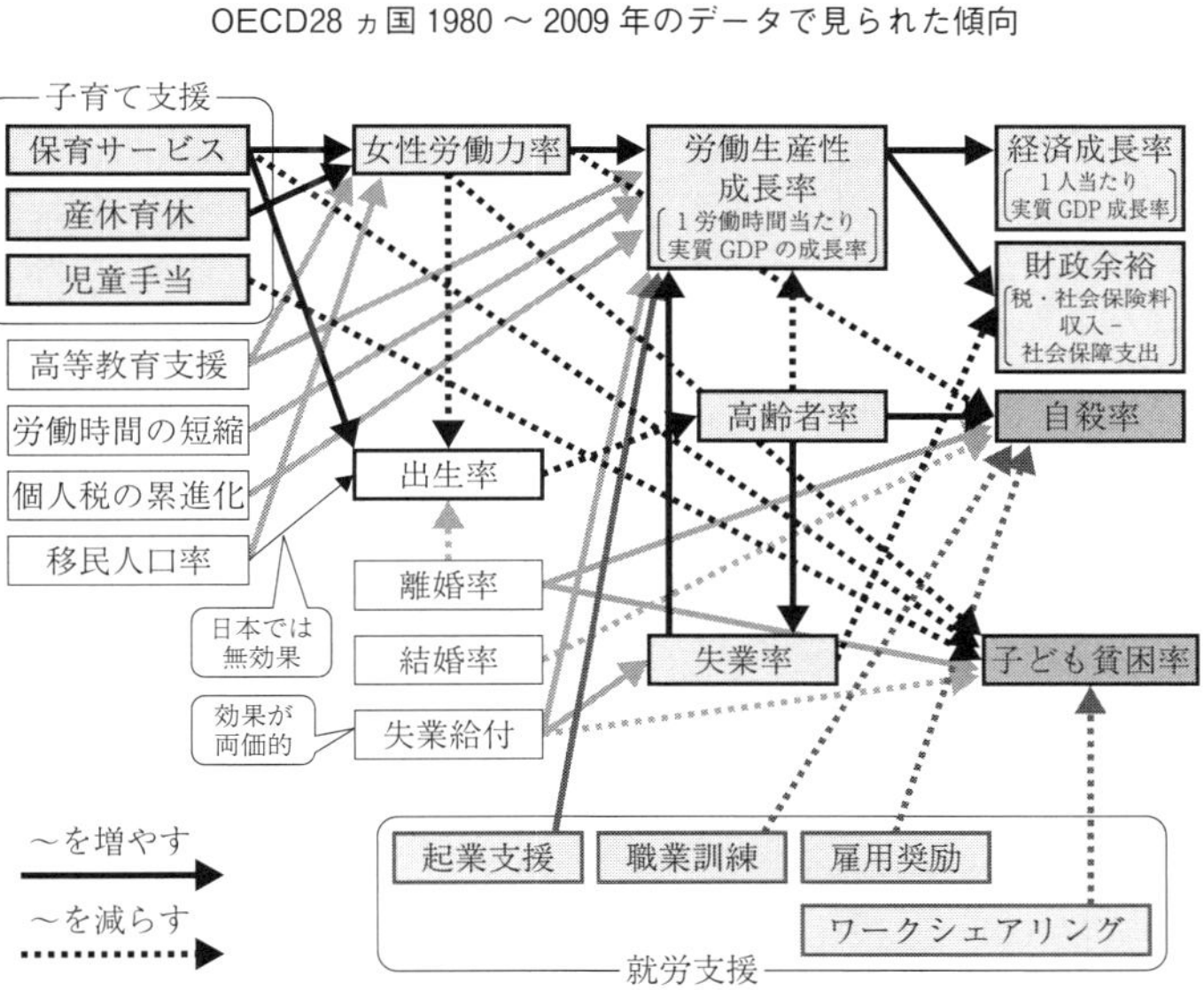

11・1　右派（保守）と左派（リベラル）の合意点

結論を述べよう。

潜在的待機児童を完全に解消することで、労働生産性を最大限に伸ばし、子どもの貧困率を先進国平均にまで減らし、財政余裕を10年間かけて先進国平均にまで増やすには、単年度予算において、保育サービスは1・8兆円（追加後はOECD2009年非調整平均レベル）、児童手当は2・5兆円（追加後はOECD2009年非調整平均レベル以下）、起業支援は0・2兆円（追加後は2009年非調整フランスレベル）、合計4・5兆円の追加予算が必要になる。ただし、そのうちの保育サービスにおける0・7兆円は、すでに一体改革の消費税5％増税によって「保育サービスの量的拡充と質的改善」として確保されているので、これから消費税5％増税後に新たに財源を確保しなければならない追加予算は、（保育サービス1・1兆円＋児童手当2・5兆円＋起業支援0・2兆円＝）合計3・8兆円（2015年名目GDPの0・8％）である。

それによって、潜在的待機児童（就学前保育100万人＋学童保育40万人）は完全に解消され、子どもの貧困率（2012年16・3％）はOECD平均（2010年頃10・5％）まで減り、労働生産性の成長率は約2・9％ポイント増加し、財政余裕は10年後にOECD平均（2009年GDP比11・41％）にまで増え、合計特殊出生率は約0・02ポイント増え、年間の自殺者数は約500人減少すると見込まれる。

そして、この3・8兆円の追加予算のための新たな財源は、「所得税の累進化」「相続税の拡大」「被扶養配偶者優遇制度の（低所得世帯への）限定」「資産税の累進化」を小規模ずつ組み合わせれば十分に確保できる（小規模ミックス財源）。それらをどのように組み合わせるにせよ、３・８兆円によって実現可能な上記の政策は、潜在的待機児童を完全に解消し、労働生産性を最大限に伸ばし、子どもの貧困率を先進国平均にまで減らし、財政余裕を10年間かけて先進国平均にまで増やし、出生率を高め、自殺を減らすと見込まれる。

さらには、潜在的待機児童を80万人と小さめに見積もり、その解消だけを行う最小限の改革であれば、追加予算は保育サービス拡充のための０・７兆円だけで済む。その場合でも、労働生産性成長率は約０・３％ポイント、経済成長率は約０・４％ポイント上昇し、子どもの貧困率は約１・１％ポイント減少し、合計特殊出生率は約０・01上がり、財政余裕は約０・１％ポイント増えて、自殺は約２００人減ると見込まれる。そのために必要なミックス財源の規模は、ますます小さくなり、有権者の抵抗もますます小さくなるだろう。

したがって、これらの改革案は、労働生産性の上昇や経済成長や財政再建を求める「（いわゆる）保守」（右派）にとっても、子どもや困窮者の人権保障を求める「（いわゆる）リベラル」（左派）にとっても、望ましい選択肢といえるのではないだろうか。つまり、「保守」と「リベラル」の合意点として、「保育サービス・児童手当・起業支援・小規模ミックス財源」、あるいは少なくとも「保育サービス・小規模ミックス財源」という選択肢は、今後の日本で中心的な政策になりうると予想できる。[*1]

「保育サービス」という旗のもとであれば、保守とリベラルは協調することができる。そうすれば、日本の社会構造（女性労働力率の低さなど）は根本的にバージョンアップされて、生産性が向上し、日本は救われるのである。つまり、保育サービスを中心とした「子育て支援」こそが、日本を救うのだ。

いずれにせよ、そのような「日本を救うであろう道」を選ぶのか、それとも、「日本を救わないであろう道」（現状の放置）を選ぶのかを、日本の有権者は熟議の上で選択していく必要があるだろう。[*2] そしてその選択が、これからの日本を大きく左右するにちがいない。

11・2 残された課題

本書は、OECD28ヵ国1980〜2009年の国レベル・パネルデータと、一階階差GMM推定（経済成長率については日本データでのOLS推定、子ども貧困率についてはOECD17ヵ国データでの一階階差OLS推定）という分析方法にもとづいて、議論を展開してきた。

しかし、そのデータも、分析方法も、それぞれに限界がある。2010年以降の（執筆時点では十分には入手できなかった）データも加えた場合や、28ヵ国以外の（執筆時点では十分には入手できなかった）先進国のデータを加えた場合、また、一階階差GMM推定（や一階階差OLS推定）よりも精緻な分析方法を用いた場合には、分析結果（の少なくとも一部）が決定的に変わる可能性はゼロではない。そういった場合での再分析は、現時点の私にとっては、入手データの制約上、また、能力的な制約上、行うことができない。しかし、いずれ、より最近のデータやより広範なデータが得られたり、より精緻な分析方法を使えるようになれば、再分析が試みられるべきだ。

また、第2章第1節で述べたように、本書では、主に数年間以内の短期的な政策効果を（中長期的な効果よりも）優先して分析した。しかし、政策は、そのような短期的な効果をもたらすだけでなく、5

年単位や10年単位の中長期的な効果をもたらすこともありうる。したがって、本来は中長期的な政策効果についても検証すべきだ（たとえば公的教育支出が出生率に与える中長期的効果について）。そのため今後の課題としては、経年パネルデータを5年間や10年間の平均値に変換して、新たなパネルデータを作成し、中長期的な政策効果も分析すべきだろう。

以上のような再分析や追加分析は、私だけでなく、本書のテーマに関心を寄せるすべての人々にとっても、今後に残された課題だ。いつかその課題が達成されて、子育て支援などの社会保障政策の効果の分析が、より精緻で実りあるものになることを祈りながら、本書を閉じることとしたい。

注

＊1　社会の経済発展とともに身近な関係性が人々に幸福感をもたらしやすくなる傾向があること（柴田 2010）や、日本人のなかで「身近な人（家族など）との関係性」を重視する価値観がこの数十年間で広まってきたこと（阪口・柴田 2014）から、とりわけ「子育て支援」は合意可能性が高いと思われる。また、そもそも「子育て支援」は、「機会の平等」を保障する機能が明白に期待できる政策であるため、「自己決定主義」（自己決定の機会は誰にでも保障されるべきだとの考え方）が暗黙の前提となっている現代社会（柴田 2008）においては合意されやすいと思われる。

＊2　そしてその「選択」の具体的な方法としては、「投票」だけでなく「ロビー活動」や「請願」「デモ」「マスメディアの活用」などもある。とくに、与党議員や官僚との直接交渉がしやすい「ロビー活動」（ロビーイング）は、かなり有力な方法だ。そのためアメリカでは、ロビー活動を行う個人・集団である「ロビイスト」（lobbyist）が専門職として確立され、１９４６年以降の規制法によって登録や収支報告などが義務づけられている（柴田 2012b）。

あとがき

本書の結論を一言でいえば、「これからの日本を救うのは、保育サービスを中心とした子育て支援である」ということだ。たとえ少子化によって子どもが減っていくとしても、子どもたち・親たちのニーズを満たす質・量ともに十分な子育て支援こそが、日本を救うのである。

「救う」というのは、何から日本を救うのか。それは、短期的には、「労働生産性の低さから救う（労働生産性を高める）」（第4～5章）、「急激な少子化から救う（出生率を高める）」（第6章）、「自殺率の高さから救う（自殺率を下げる）」（第7章）、「子どもの貧困率の高さから救う（貧困の子どもを減らす）」（第8章）ということだ。また、長期的には、「財政難から救う（財政余裕を増やす）」（第3章）、「格差の固定化から救う（貧困の親子間連鎖を減らす）」「社会保障の非効率性から救う（社会保障の投資効果を高める）」（第8章第5節）ということだ。さらに、労働生産性が高まれば、経済成長率も高まる傾向があるため、税収も増えて、高齢者福祉・障害者福祉・貧困対策・就労支援・教育支援なども充実させることができる。

本書で試みたさまざまな統計分析から総合的にいうと、潜在的待機児童を完全に解消することで、労働生産性を最大限に伸ばし、子どもの貧困率を先進国平均にまで減らし、財政余裕を10年間かけて先進国平均にまで増やすには、消費税5％増税後に新たに必要な追加予算は、（保育サービス1・1兆円＋児

童手当2・5兆円＋起業支援0・2兆円＝）合計3・8兆円（2015年名目GDP499兆円の0・8％）だ。

それによって、潜在的待機児童（就学前保育100万人＋学童保育40万人）は完全に解消され、労働生産性成長率は約2・9％ポイント増加し、子どもの貧困率（2012年16・3％）はOECD平均（2010年頃10・5％）まで減り、合計特殊出生率は約0・02ポイント増え、年間自殺者数は約500人減少し、財政余裕は10年後にOECD平均（2009年GDP比11・41％）にまで増えると見込まれる。

労働生産性の成長率が2・9％ポイントも増加するというのは、かなり大きすぎる数字だ。もちろんそこには誤差が伴うし、効果の逓減《ていげん》もありうるので、おそらく実際には1・5％ポイント前後の上昇ではないかと思われる。しかしそれでも十分に大きな数字だ。

0・02ポイントという出生率上昇の効果は、あくまで短期的な効果しか推計できていないので、数字としては小さい。しかし、労働生産性がおそらく大きく上昇すると見込まれるため、それを受けて、労働時間を徐々に減らすことができ、結果として長期的には、ワークライフバランスや子育てしやすい環境が整い、出生率はさらに上昇していくだろう。

他方で、潜在的待機児童を小さめに見積もって就学前保育80万人のみとし、その潜在的待機児童の解消のみを目標とすると、消費税5％増税後に新たに必要な追加予算は、保育サービス拡充のための0・7兆円（2015年名目GDPの0・1％）だけになる。これだけでも、翌年の労働生産性成長率は約0・3％ポイント、経済成長率は約0・4％ポイント上昇し、子どもの貧困率は約1・1％ポイント減少すると見込まれる。さらに、合計特殊出生率は約0・01上がり、自殺は約200人減り、財政余裕（対GDP％）は約0・1％ポイント増えると見込まれる（なお、「保育士の処遇改善」も含めれば、保育サービスの追加予算は０・７兆円増えて１・４兆円になり、以上の政策効果はおよそ倍増する）。

労働生産性の成長率が０・３％ポイント増加するというのは、なかなか現実的な数字だ。そして長期的に見れば、労働生産性がこれまで以上のスピードで上昇するので、日本社会により大きな恩恵をもたらすと期待できる。保育サービスを０・７兆円（ＧＤＰ比０・１％）分拡充するだけでも、そういうプラスの効果が見込めるのである。

就労支援（第９章第１節参照）や医療（第４章注５参照）にも労働生産性を高めるなどのプラスの効果が見込めるが、保育サービスほど幅広い波及効果は期待できない。つまり、保育サービスは、他のどの政策よりも、これからの日本にとってプラスの効果が大きいと期待できるのだ。そしてその効果によって、労働生産性と経済成長率が上がれば、税収が増えて、高齢者福祉・障害者福祉・貧困対策・就労支援・教育支援なども充実させることができる。

だから私は、何度でも繰り返して言いたい。「これからの日本を救うのは、保育サービスを中心とした子育て支援だ」。子育て支援が日本を救うのである。

３・８兆円や０・７兆円の財源については、第10章で述べたように、「相続税の拡大」「資産税・所得税の累進化」「被扶養配偶者優遇制度の（低所得世帯への）限定」などを小規模ずつで組み合わせること（小規模ミックス財源）で、十分に現実的に確保できる。あとは、有権者・政治家・官僚が、超党派で合意形成するだけである。

＊

本書は、名前を挙げればきりのないほどの多くの方々に支えられて、完成した。

本書の着想を最初に得たのは、２００９年のことだった。それから7年以上の歳月をかけて、国内学会・国際会議・研究会・インターネット・マスメディア・政治家勉強会・私的交流などの場で、何度もアイデアを発表し、そのたびに国内外のさまざまな方々からご意見をいただき、それらを受けて何度も改善を重ねてきた。

もちろん、第11章第2節に明記したように、本書にはまだ多くの限界があり、まだ多くの課題を残す結果となっている。しかしそれでも、本書がなんとかまとまって出版できる形になり、世に問える形になったのは、まさにこれまでご意見をくださった数多くの方々のおかげである。心から感謝申し上げたい。なおいうまでもなく、本書で書かれたことの責任はすべて筆者の私にある。

本書が日本の有権者・政治家・官僚の方々にとって、日本のこれからを考える上で少しでも参考になるものとなっていれば、また、本書が出版されることによって、日本のこれからについての人々の議論が少しでもより実りあるものになるとしたら、筆者としてこれ以上の幸せはない。

最後に、勁草書房の渡邊光さんには、本書の企画がスタートした２０１１年から、試行錯誤しながらの執筆を辛抱強く見守ってくださり、さまざまに生産的なご意見もいただいた。この場を借りて、心から御礼申し上げたい。また私事ではあるが、障害者福祉の現場と政策形成に生涯をささげ私に一つの生き方を示してくれた両親の洋弥・やよい、本書の執筆過程で何度もめげそうになった私を精神面・生活面・研究面などでさまざまに支えてくれた妻はるよに、心から感謝したい。

著者略歴

1978 年生まれ。京都大学大学院人間・環境学研究科准教授。博士（人間・環境学）。京都大学総合人間学部卒業。京都大学大学院人間・環境学研究科博士後期課程修了。日本学術振興会特別研究員PD、同志社大学政策学部任期付准教授、立命館大学産業社会学部准教授を経て現職。

専門　社会学、社会保障論。

著書　共編著に『ポスト工業社会における東アジアの課題』（ミネルヴァ書房、2016 年）、共著に *Labor Markets, Gender and Social Stratification in East Asia*（Brill, 2015）、『変革の鍵としてのジェンダー』（ミネルヴァ書房、2015 年）、『比較福祉国家』（ミネルヴァ書房、2013 年）など。

子育て支援が日本を救う　政策効果の統計分析

2016年 6 月25日　第 1 版第 1 刷発行
2018年 7 月20日　第 1 版第 6 刷発行

著 者　柴《しば》田《た》　悠《はるか》

発行者　井村寿人

発行所　株式会社　勁《けい》草《そう》書房

112-0005 東京都文京区水道2-1-1　振替　00150-2-175253
（編集）電話 03-3815-5277／FAX 03-3814-6968
（営業）電話 03-3814-6861／FAX 03-3814-6854
本文組版 プログレス・堀内印刷・松岳社

ISBN978-4-326-65400-0　Printed in Japan

人名索引

事項索引

参考文献

日本語文献

明るい選挙推進協会、2015、「衆議院議員選挙」(http://www.akaruisenkyo.or.jp/070various/071syugi/693/, 2015.12.1)。

朝日新聞、2009、「「保育所使いたい」　潜在待機児童85万人　厚労省調査」『朝日新聞』2009年4月8日記事。

安保則夫、2005、『イギリス労働者の貧困と救済』明石書店。

石川和夫、2016、「<潜在待機児童数171～326万人>厚労省の試算5万人とはケタ違い?」(http://blogos.com/article/43784/, 2016.4.1)。

岩田一政・日本経済研究センター編、2014、『人口回復――出生率1.8を実現する戦略シナリオ』日本経済新聞出版社。

大竹文雄・小原美紀、2011、「貧困率と所得・金融資産格差」岩井克人ほか編『金融危機とマクロ経済――資産市場の変動と金融政策・規制』東京大学出版会、137-53。

大野太郎、2009、「租税条約と海外直接投資の実証分析」『フィナンシャル・レビュー』(財務省財務総合政策研究所)94: 172-90。

大藪元康、2006、「ノルウェーにおける社会福祉サービス供給体制のあり方」『中部学院大学・中部学院大学短期大学部研究紀要』7: 45-50。

小黒一正、2010、『2020年、日本が破綻する日――危機脱却の再生プラン』日本経済新聞出版社。

小塩隆士、2012、『効率と公平を問う』日本評論社。

加藤久和、2011、『世代間格差――人口減少社会を問いなおす』筑摩書房。

金子能宏・篠崎武久・山崎暁子、2004、「自殺の社会経済的要因と自殺予防の経済効果」『季刊社会保障研究』40(1): 75-87。

上村泰裕、2015、『福祉のアジア――国際比較から政策構想』名古屋大学出版会。

川口章、2007、「女性の離職率・均等度・企業業績」労働政策研究・研修機構編『仕事と家庭の両立支援にかかわる調査』(http://www.jil.go.jp/institute/research/2007/037.html, 2015.12.1)。

北村行伸、2005、『パネルデータ分析』岩波書店。

北村行伸、2009、『ミクロ計量経済学入門』日本評論社。

京都府、2015、『京都府少子化要因実態調査報告書』。

黒田祥子、2013、「日本人の働き方と労働時間に関する現状」(内閣府規制改革会議雇用ワーキンググループ資料、2013年10月31日)(http://www8.cao.go.jp/kisei-kaikaku/kaigi/meeting/2013/wg2/koyo/131031/item2.pdf, 2015.12.1)。

警察庁、2016、「交通事故死者数について」(https://www.npa.go.jp/toukei/koutuu48/toukei.htm, 2016.3.1)。

厚生労働省、2005、「自殺死亡統計の概況　人口動態統計特殊報告」(http://www.mhlw.go.jp/toukei/saikin/hw/jinkou/tokusyu/suicide04/, 2015.12.1)。

厚生労働省、2009、「新待機児童ゼロ作戦に基づくニーズ調査〈調査結果〉」(www.mhlw.go.jp/bunya/kodomo/pdf/tyousa-kekka01.pdf, 2015.12.1)。

厚生労働省、2010、「人口動態統計に基づいた自殺の特徴に関する分析」(http://ikiru.ncnp.go.jp/ikiru-hp/pdf/1003301.pdf, 2015.12.1)。

厚生労働省、2012a、「社会保障・税一体改革で目指す将来像」(http://www.mhlw.go.jp/seisakunitsuite/bunya/hokabunya/shakaihoshou/dl/shouraizou_120702.pdf, 2015.12.1)。

厚生労働省、2012b、「社会保障に係る費用の将来推計の改定について(平成24年3月)」(http://

www.mhlw.go.jp/seisakunitsuite/bunya/hokabunya/shakaihoshou/dl/shouraisuikei.pdf, 2015.12.1)。

厚生労働省、2013a、「平成 25 年国民生活基礎調査の概況」(http://www.mhlw.go.jp/toukei/saikin/hw/k-tyosa/k-tyosa13/, 2015.12.1)。

厚生労働省、2013b、「保育を支える保育士の確保に向けた総合的取組」(http://www.mhlw.go.jp/stf/houdou/0000026239.html, 2015.12.1)。

厚生労働省、2014、「国民生活基礎調査」(http://www.e-stat.go.jp/SG1/estat/NewList.do?tid=000001031016, 2014.12.1)。

厚生労働省、2015a、「平成 27 年就労条件総合調査結果の概況」(http://www.mhlw.go.jp/toukei/itiran/roudou/jikan/syurou/15/, 2015.12.1)。

厚生労働省、2015b、「平成 28 年度保育対策関係予算(案)の概要(参考資料)」(http://www.mhlw.go.jp/file/06-Seisakujouhou-11900000-Koyoukintoujidoukateikyoku/0000108724.pdf, 2016.3.1)。

ゴールドマン・サックス、2014、「ウーマノミクス 4.0 ——今こそ実行の時(短縮版)」(http://www.goldmansachs.com/japan/our-thinking/pages/womenomics4.0-2014/womenomics4.0.pdf, 2015.12.1)。

国税庁、2015、「報道発表資料」(https://www.nta.go.jp/kohyo/press/press/press.htm, 2015.12.1)。

国立国会図書館調査及び立法考査局、2010、「国際比較にみる日本の政策課題　総合調査報告書」(http://www.ndl.go.jp/jp/data/publication/document/2010/200902.pdf, 2015.3.1)。

国立社会保障・人口問題研究所、2012、「日本の将来推計人口(平成 24 年 1 月推計)」(http://www.ipss.go.jp/syoushika/tohkei/newest04/sh2401top.html, 2015.12.1)。

国立社会保障・人口問題研究所、2014、「人口統計資料集(2014 年版)」(http://www.ipss.go.jp/syoushika/tohkei/Popular/Popular2014.asp?chap=0, 2015.3.1)。

財務省、2013、「平成 25 年度の税制改正(内国税関係)による増減収見込額」(http://www.mof.go.jp/tax_policy/tax_reform/outline/fy2013/25taikou_05.htm, 2015.12.1)。

財務省、2015a、「国民負担率(対国民所得比)の内訳の国際比較(日米英独仏瑞)」(https://www.mof.go.jp/tax_policy/summary/condition/020.htm, 2015.12.1)

財務省、2015b、「もっと知りたい税のこと」(http://www.mof.go.jp/tax_policy/publication/brochure/zeisei2507/04.htm#042, 2015.12.1)。

阪口祐介・柴田悠、2014、「生活目標のコーホート分析——いかなる時代・世代に日本人の生活目標は変化したのか?」『ソシオロジ』(社会学研究会) 59(1): 21-37。

佐々木仁、2006、「輸入競争と製造業雇用」日本銀行ワーキングペーパーシリーズ No.06-J-19 (http://www.boj.or.jp/research/wps_rev/wps_2006/wp06j19.htm, 2014.9.1)。

澤田康幸・崔允禎・菅野早紀、2010、「不況・失業と自殺の関係についての一考察」『日本労働研究雑誌』52(5): 58-66。

澤田康幸・上田路子・松林哲也、2013、『自殺のない社会へ——経済学・政治学からのエビデンスに基づくアプローチ』有斐閣。

柴田悠、2008、「自己は環境に適応すべきか——前期デューイ「進化と倫理」における非進化論的諸前提をめぐって」『哲学』(日本哲学会) 59: 179-93。

柴田悠、2010、「近代化と友人関係——国際社会調査データを用いた親密性のマルチレベル分析」『社会学評論』(日本社会学会)、61(2): 130-49。

柴田悠、2012a、「ゲノッセンシャフト」見田宗介編集顧問、大澤真幸・吉見俊哉・鷲田清一編『現代社会学事典』弘文堂、352。

柴田悠、2012b、「ロビー活動」見田宗介編集顧問、大澤真幸・吉見俊哉・鷲田清一編『現代社

会学事典』弘文堂、1363。

柴田悠、2013a、「イベントヒストリー分析――変容に関する因果分析」鎮目真人・近藤正基編『比較福祉国家――理論・計量・各国事例』ミネルヴァ書房、143-82。

柴田悠、2013b、「いま優先すべきは『子育て支援』」『G2』(講談社) 13: 86-104。

柴田悠、2013c、「いま優先すべきは『子育て支援』」(全4回連載)『現代ビジネス』(講談社)(http://gendai.ismedia.jp/search?fulltext=いま優先すべきは「子育て支援」, 2015.12.1)。

柴田悠、2013d、「子育て支援こそ成長戦略」(総力大特集　安倍総理「長期政権」への直言　気鋭の若手論客10人の提言を聞け)『文藝春秋』91(13): 109-11。

柴田悠、2013e、「子育て支援と高齢者労働力活用はどうすれば両立できるか――高齢者が働く保育施設における「ばあば」概念の脱血縁化とその可能性」水野英莉編『「再本質化」される親密圏と新たなシチズンシップ』(京都大学グローバルCOEプログラム「親密圏と公共圏の再編成をめざすアジア拠点」ワーキングペーパー次世代研究101)、55-81。

柴田悠、2014a、「「子育て支援」を「相続税」で拡充せよ――新成長戦略の限界とその克服」『シノドス』(http://synodos.jp/authorcategory/shibataharuka, 2015.12.1)。

柴田悠、2014b、「自殺率に対する積極的労働市場政策の効果」『社会学評論』(日本社会学会) 65(1): 116-33。

柴田悠、2014c、「書評　澤田康幸・上田路子・松林哲也著『自殺のない社会へ』」『季刊 家計経済研究』(家計経済研究所) 101: 76-7。

柴田悠、2014d、「積極的労働市場政策は親密性の自殺予防効果を高めるか―― 1980年から2007年における日韓を含むOECD27ヵ国の動学的パネル分析」太郎丸博編『東アジアの労働市場と社会階層』京都大学学術出版会、111-35。

柴田悠、2015、「最優先課題としての「子育て支援」――政策効果の統計分析」落合恵美子・橘木俊詔編『変革の鍵としてのジェンダー――歴史・政策・運動』ミネルヴァ書房、257-85。

首相官邸、2014、「「日本再興戦略」改訂2014 ――未来への挑戦」(https://www.kantei.go.jp/jp/singi/keizaisaisei/pdf/honbun2JP.pdf, 2015.12.1)。

首相官邸、2015、「一億総活躍社会の実現に向けて緊急に実施すべき対策――成長と分配の好循環の形成に向けて」(https://www.kantei.go.jp/jp/singi/ichiokusoukatsuyaku/kinkyu_taisaku/hontai.pdf, 2015.12.1)。

末石直也、2015、『計量経済学――ミクロデータ分析へのいざない』日本評論社。

鈴木亘、2012、『年金問題は解決できる!――積立方式移行による抜本改革』日本経済新聞出版社。

鈴木亘、2014、『社会保障亡国論』講談社。

全国学童保育連絡協議会、2014、「2014年5月1日現在の学童保育の実施状況調査結果　報道発表資料」(http://www2s.biglobe.ne.jp/Gakudou/2014kasyosuu.pdf, 2015.12.1)。

総務省、2009、「参考資料」(http://www.soumu.go.jp/main_content/000048366.pdf, 2015.12.1)。

総務省、2015、「平成27年版地方財政白書」(http://www.soumu.go.jp/menu_seisaku/hakusyo/chihou/27data/2015data/27czs01-04.html#s050, 2015.12.1)。

総務省統計局、2009、「平成21年全国消費実態調査」(http://www.stat.go.jp/data/zensho/2009/index.htm, 2015.12.1)。

総務省統計局、2011、「平成23年社会生活基本調査」(http://www.e-stat.go.jp/SG1/estat/List.do?bid=000001044385&cycode=0, 2015.12.1)。

橘木俊詔、2010、『安心の社会保障改革――福祉思想史と経済学で考える』東洋経済新報社。

立岡健二郎、2013、「相続税の課税方式に関する理論的考察」『JRIレビュー』(日本総合研究所) 4(5): 88-110 (http://www.jri.co.jp/MediaLibrary/file/report/jrireview/pdf/6703.pdf,

2015.12.1)。

千木良弘朗・早川和彦・山本拓、2011、『動学的パネルデータ分析』知泉書館。

筒井淳也、2011、「OLS 回帰分析」筒井淳也・平井裕久・水落正明・秋吉美都・坂本和靖・福田亘孝『Stata で計量経済学入門　第 2 版』ミネルヴァ書房、57-95。

東京大学教養部統計学教室編、1991、『統計学入門』東京大学出版会。

内閣府、2011-2015、『自殺対策白書　平成 23 ～ 27 年版』。

内閣府、2011、「平成 23 年度　親と子の生活意識に関する調査」。

内閣府、2012、「アメリカ経済」『世界経済の潮流 2012 Ⅱ』(http://www5.cao.go.jp/j-j/sekai_chouryuu/sa12-02/s2_12_1_4.html, 2016.1.15)。

内閣府、2014a、「子ども・子育て支援新制度　説明会資料 6「女性が輝く日本」の実現に向けて(抜粋)」(http://www8.cao.go.jp/shoushi/shinseido/administer/setsumeikai/h260604/pdf/s6.pdf, 2015.12.1)。

内閣府、2014b、「子ども・子育て支援新制度について」(http://www8.cao.go.jp/shoushi/shinseido/outline/pdf/setsumei.pdf, 2015.12.1)。

内閣府、2015、「第 1 部　第 1 節　人口」『平成 27 年版　子ども・若者白書』(http://www8.cao.go.jp/youth/whitepaper/h27honpen/b1_01_01.html#z1_1_03, 2016.2.1)。

内閣府、2016、「国民経済計算(GDP 統計)主要統計データ」(http://www.esri.cao.go.jp/jp/sna/menu.html, 2016.3.20)。

内閣府・警察庁、2016、「平成 27 年中における自殺の状況」(http://www8.cao.go.jp/jisatsutaisaku/toukei/h27.html, 2016.3.18)。

内閣府・総務省・厚生労働省、2015、「相対的貧困率等に関する調査分析結果について」(http://www.stat.go.jp/data/zensho/2009/pdf/hinkonritsu.pdf, 2016.1.15)。

内閣府男女共同参画局、2013、「第 1 部　特集　第 2 節　女性の労働力率(M 字カーブ)の形状の背景　3　非労働力人口における就業希望者」『男女共同参画白書　平成 25 年版』(http://www.gender.go.jp/about_danjo/whitepaper/h25/zentai/html/honpen/b1_s00_02.html, 2015.12.1)。

中室牧子、2015、『「学力」の経済学』ディスカヴァー・トゥエンティワン。

日本銀行調査統計局、2013、「資金循環の日米欧比較(2013 年 10 月 4 日、ユーロ圏は 12 月 19 日)」(2013 年 6 月末現在)(http://www.boj.or.jp/statistics/sj/sjhiq.pdf, 2013.12.1, 12.20)。

林正義、2002、「ESRI Discussion Paper Series No.21　社会資本の生産性と同時性」内閣府経済社会総合研究所(http://www.esri.go.jp/jp/archive/e_dis/e_dis021/e_dis021.html, 2015.12.1)。

堀江奈保子、2014、「働き方に中立な年金制度の構築を」(みずほ総合研究所)(http://www.mizuho-ri.co.jp/publication/research/pdf/insight/pl140516.pdf, 2015.1.15)。

本川裕、2014、「米国の人種・民族別合計特殊出生率」(http://www2.ttcn.ne.jp/honkawa/8650.html, 2014.12.1)。

水落正明、2011、「時系列データの分析」筒井淳也・平井裕久・水落正明・秋吉美都・坂本和靖・福田亘孝『Stata で計量経済学入門　第 2 版』ミネルヴァ書房、97-132。

森川正之、2008、「サービス産業の生産性は本当に低いのか?」(http://www.rieti.go.jp/jp/publications/rd/025.html, 2014.12.1)。

森田果、2014、『実証分析入門――データから「因果関係」を読み解く作法』日本評論社。

文部科学省、2013、「図表でみる教育(Education at a Glance)OECD インディケータ　2013 年版　D5　教員の構成」(http://www.mext.go.jp/b_menu/toukei/002, 2014.12.1)。

籔長千乃、2011、「スウェーデンにおける取組と日本への示唆」内閣府男女共同参画局『諸外国における専門職への女性の参画に関する調査　報告書』(http://www.gender.go.jp/

research/kenkyu/sekkyoku/h23shogaikoku.html, 2014.12.1)。

山口一男、2011、「労働生産性と男女共同参画——なぜ日本企業はダメなのか、女性人材活用を有効にするために企業は何をすべきか、国は何をすべきか」(RIETI Discussion Paper Series 11-J-069)(http://www.rieti.go.jp/jp/publications/nts/11j069.html, 2015.12.1)。

山口和之、2009、「タックス・ヘイブン規制の強化」『レファレンス』(国立国会図書館調査及び立法考査局)2009年11月号、55-75。

山田昌弘、2013、「増えないフルタイム共働き、減り続ける小遣い」『共同参画』(内閣府男女共同参画局)平成25年12月号:14(http://www.gender.go.jp/public/kyodosankaku/2013/201312/201312_08.html, 2015.3.1)。

労働政策研究・研修機構、2011、「第1回子育て世帯全国調査」(http://www.jil.go.jp/institute/research/2012/095.html, 2015.12.1)。

労働政策研究・研修機構、2012、「第2回子育て世帯全国調査」(http://www.jil.go.jp/institute/research/2013/109.html, 2015.12.1)。

労働政策研究・研修機構、2014、「データブック国際労働比較2014」(http://www.jil.go.jp/kokunai/statistics/databook/index.html, 2015.12.1)。

外国語文献(邦訳文献を含む)

Adserà, Alícia. 2004. Changing fertility rates in developed markets. The impact of labor market institutions. *Journal of Population Economics* 17: 17-43.
Alvarez, Javier and Manuel Arellano. 2003. The time series and cross-section asymptotics of dynamic panel data estimators. *Econometrica* 71(4): 1121-59.
Anderson, Karen M. 2009. The church as nation? The role of religion in the development of the Swedish welfare state. Kees van Kersbergen and Philip Manow eds. *Religion, Class Coalitions and Welfare States*, Cambridge University Press, 210-35.
Andrés, Antonio Rodríguez. 2005. Income inequality, unemployment, and suicide: A panel data analysis of 15 European countries. *Applied Economics* 37: 439-51.
Angrist, Joshua David and Jörn-Steffen Pischke. 2009. *Mostly Harmless Econometrics: An Empiricist's Companion*. Princeton University Press.(=2013、大森義明・小原美紀・田中隆一・野口晴子訳『「ほとんど無害」な計量経済学——応用経済学のための実証分析ガイド』NTT出版。)
Arellano, Manuel and Stephen Bond. 1991. Some tests of specification for panel data: Monte Carlo evidence and an application to employment equations. *Review of Economic Studies* 58: 277-97.
Asai, Yukiko and Ryo Kambayashi, and Shintaro Yamaguchi. 2016. Crowding-Out Effect of Publicly Provided Childcare: Why Maternal Employment Did Not Increase (http://ssrn.com/abstract=2634283, 2016.3.1).
Atkinson, Anthony Barnes. 2015. *Inequality: What Can Be Done?* Harvard University Press.(=2015、山形浩生・森本正史訳『21世紀の不平等』東洋経済新報社。)
Barro, Robert J. 1991. Economic growth in a cross section of countries. *The Quarterly Journal of Economics* 106(2): 407-43.
Barro, Robert J. 1997. *Determinants of Economic Growth: A Cross-Country Empirical Study*. Cambridge, MA: The MIT Press.(=2001、大住圭介・大坂仁訳『経済成長の決定要因——クロス・カントリー実証研究』九州大学出版会。)
Bassanini, Andrea and Romain Duval. 2006. Employment patterns in OECD countries:

Reassessing the role of policies and institutions. *OECD Social, Employment and Migration Working Papers 35*.

Boldrin, Michele, Mariacristina De Nardi, and Larry E. Jones. 2005. Fertility and social security. *NBER Working Paper 11146*. Cambridge, MA: National Bureau of Economic Research (http://www.nber.org/papers/w11146, 2015.12.1).

Bradshaw, Jonathan, Yekaterina Chzhen, Gill Main, Bruno Martorano, Leonardo Menchini, and Chris de Neubourg. 2012. Relative Income Poverty among Children in Rich Countries. *Innocenti Working Papers 2012-01* (UNICEF Innocenti Research Centre) (http://www.unicef-irc.org/publications/655/, 2015.12.1).

Chen, Joe, Yun Jeong Choi, and Yasuyuki Sawada. 2009. How is Suicide Different in Japan? *Japan and the World Economy* 21(2): 140-50.

Ciccone, Antonio and Marek Jarociński. 2010. Determinants of economic growth: Will data tell? *American Economic Journal: Macroeconomics* 2(4): 222-46.

Cingano, Federico. 2014. Trends in Income Inequality and its Impact on Economic Growth. *OECD Social, Employment and Migration Working Papers, No. 163*. Paris: OECD Publishing (http://www.oecd-ilibrary.org/social-issues-migration-health/trends-in-income-inequality-and-its-impact-on-economic-growth_5jxrjncwxv6j-en, 2015.12.1). (=2014、OECD訳「所得格差は経済成長を損なう」http://www.oecd.org/els/soc/Focus-Inequality-and-Growth-JPN-2014.pdf, 2015.12.1。)

Cuaresma, Jesus Crespo and Gernot Doppelhofer. 2007. Nonlinearities in cross-country growth regressions: A Bayesian averaging of thresholds (BAT) approach. *Journal of Macroeconomics* 29: 541-54.

D'Addio, Anna Cristina and Marco Mira d'Ercole. 2005. Trends and determinants of fertility rates in OECD countries: The role of policies. *OECD Social, Employment and Migration Working Papers No. 27* (http://www.oecd-ilibrary.org/social-issues-migration-health/trends-and-determinants-of-fertility-rates_880242325663, 2015.12.1).

Diamond, Jared M. 1997. *Guns, Germs, and Steel: The Fates of Human Societies*. New York: W.W. Norton. (= 2000、倉骨彰訳『銃・病原菌・鉄—— 1万3000年にわたる人類史の謎』草思社。)

Drukker, David M. 2008. Econometric analysis of dynamic panel-data models using Stata. *Summer North American Stata Users Group meeting* (http://cc10.aubg.bg/students/PVS110/ECO311/Panel_GMM/GMM_Drukker_xtdpd.pdf, 2014.8.12).

Durkheim, Émile. 1897. *Le suicide: Etude de sociologie*. Paris: Presses Universitaires de France. (=1985、宮島喬訳『自殺論』中央公論社。)

Fieldhouse, Edward, Mark Tranmer, and Andrew Russell. 2007. Something about young people or something about elections? Electoral participation of young people in Europe: Evidence from a multilevel analysis of the European Social Survey. *European Journal of Political Research* 46(6): 797-822.

Esping-Andersen, Gøsta. 1990. *The Three Worlds of Welfare Capitalism*. Cambridge, UK: Polity Press. (=2001、岡沢憲芙・宮本太郎監訳『福祉資本主義の三つの世界——比較福祉国家の理論と動態』ミネルヴァ書房。)

Gauthier, Anne Hélène and Jan Hatzius. 1997. Family benefits and fertility: An econometric analysis. *Population Studies* 51: 295-306.

Gerdtham, U. G., and C. J. Ruhm. 2006. Deaths rise in good economic times: Evidence from the

OECD. *Economics & Human Biology* 4(3): 298–316.

Goody, Jack. 1983. *The Development of the Family and Marriage in Europe*. Cambridge University Press.

Heckman, James Joseph. 2013. *Giving Kids a Fair Chance: A Strategy That Works*. MIT Press.（＝2015、古草秀子訳『幼児教育の経済学』東洋経済新報社。）

Hedström, Peter, Liu Ka-Yuet, and Monica K. Nordvik. 2008. Interaction domains and suicide: A population-based panel study of suicides in Stockholm, 1991–1999. *Social Forces* 87: 713–40.

ILO. 2014. 公正な移民労働―― ILO としての課題設定（2014 年第 103 回 ILO 総会 事務局長報告）（http://www.ilo.org/tokyo/information/publications/WCMS_250499/lang--ja/index.htm, 2015.12.1）.

IMF. 2014. *World Economic Outlook Databases*（October 2014 version）（http://www.imf.org/external/pubs/ft/weo/2014/02/weodata/index.aspx, 2014.12.1）.

International Social Survey Programme. 2015. *Archive and data*（http://www.issp.org/page.php?pageId=4, 2015.5.1）.

Kahl, Sigrun. 2009. Religious doctrines and poor relief: A different causal pathway. Kees van Kersbergen and Philip Manow eds. *Religion, Class Coalitions and Welfare States*. Cambridge, UK: Cambridge University Press, 267–95.

Kalwij, Adriaan. 2010. The impact of family policy expenditure on fertility in western Europe. *Demography* 47(2): 503–19.

Luther, Martin. 1520. *An den christlichen Adel deutscher Nation von des christlichen Standes Besserung*.（＝1979、成瀬治訳「キリスト教界の改善についてドイツ国民のキリスト教貴族に与う」松田智雄編『ルター』中央公論社、79-180。）

Luther, Martin. 1523. *Ordenūg eyns gemeynen kastens: Radschlag wie die geystlichen gutter zu handeln sind*. Wittenberg: Cranach & Döring.（＝1967、石居正己訳「共同基金の規定」ルター著作集委員会編『ルター著作集第 1 集第 5 巻』聖文舎、227–67。）

Marmot, Michael G. and George Davey Smith. 1989. Why are the Japanese living longer? *British Medical Journal* 299(6715): 23–30.

Mauro, Paolo. 1995. Corruption and growth. *The Quarterly Journal of Economics* 110(3): 681–712.

Neumayer, Eric. 2003. Are socioeconomic factors valid determinants of suicide? Controlling for national cultures of suicide with fixed-effects estimation. *Cross-Cultural Research* 37(3): 307–29.

Neumayer, Eric. 2004. Recessions lower（some）mortality rates: Evidence from Germany. *Social Science & Medicine* 58(6): 1037–47.

Ochiai, Emiko. 2009. Care Diamonds and Welfare Regimes in East and South-East Asian Societies: Bridging Family and Welfare Sociology. *International Journal of Japanese Sociology* 18(1): 60–78.

OECD. 2004. 基調報告　ヨーロッパにおける人の移動――傾向および将来の見通し（http://www.jil.go.jp/foreign/event_r/event/documents/2004sopemi/2004sopemi_session_2.pdf, 2015.12.1）.

OECD. 2006. *Boosting jobs and incomes: policy lessons from reassessing the OECD jobs strategy*（*OECD employment outlook 2006*）.（＝ 2007、樋口美雄監訳・戎居皆和訳『世界の労働市場改革 OECD 新雇用戦略――雇用の拡大と質の向上、所得の増大をめざして』明石書店。）

OECD. 2007. Factbook 2007（http://stats.oecd.org/BrandedView.aspx?oecd_bv_id=factbook-

data-en&doi=data-00375-en#, 2014.12.1).
OECD. 2009. *Factbook 2009* (http://www.oecd-ilibrary.org/economics/oecd-factbook-2009_factbook-2009-en, 2015.5.1).
OECD. 2013a. *.Stat* 2013 (http://stats.oecd.org/, 2013.12.1).
OECD. 2013b. *Tax Database* (http://www.oecd.org/tax/taxpolicyanalysis/oecdtaxdatabase.htm, 2013.3.1).
OECD. 2014a. *Factbook 2014* (http://www.oecd-ilibrary.org/economics/oecd-factbook-2014_factbook-2014-en, 2014.12.1).
OECD. 2014b. *.Stat* 2014 (http://stats.oecd.org/, 2014.12.1).
OECD. 2015. *Education at a Glance 2015* (http://www.oecd.org/edu/educationataglance2015indicators.htm, 2015.12.1).
OECD Tokyo Centre. 2013. Value of education rises in crisis but investment in this area is falling, says OECD（= 2013、OECD 東京センター訳「経済危機の中、教育の価値は上がっている」)(http://www.oecd.org/tokyo/newsroom/value-of-education-rises-in-crisis-says-oecd-japanese-version.htm, 2015.12.1).
Oshio, Takashi, Shinpei Sano, Miki Kobayashi. 2010. Child poverty as a determinant of life outcomes: Evidence from nationwide surveys in Japan. *Social Indicators Research* 99(1): 81-99.
Padovano, Fabio and Emma Galli. 2001. Tax rates and econmic growth in the OECD countries (1950-1990). *Economic Inquiry* 39(1): 44-57.
Piketty, Thomas. 2013. *Le capital au XXIe siècle*. Seuil.（=2014、山形浩生・守岡桜・森本正史訳『21 世紀の資本』みすず書房。)
Rawls, John. 1999. *A Theory of Justice, Revised Edition*. Harvard University Press.（= 2010、川本隆史・福間聡・神島裕子訳『正義論　改訂版』紀伊国屋書店。)
Rock, Michael T. and Heidi Bonnett. 2004. The comparative politics of corruption: Accounting for the East Asian paradox in empirical studies of corruption, growth and investment. *World Development* 32(6): 999-1017.
Ruhm, Christopher J. 2000. Are recessions good for your health? *Quarterly Journal of Economics* 115: 617-50.
Sakamoto, Takayuki. 2005. Economic performance of 'weak' governments and their interaction with central banks and labou: Deficits, economic growth, unemployment and inflation, 1961-1998. *European Journal of Political Research* 44: 801-36.
Sala-i-Martin, Xavier, Gernot Doppelhofer, and Ronald I. Miller. 2004. Determinants of long-term growth: A Bayesian averaging of classical estimates (BACE). *The American Economic Review* 94(4): 813-35.
Satchachai, Panutat and Peter Schmidt. 2008. "GMM with more moment conditions than observations." *Economics Letters* 99(2): 252-55.
Shibata, Haruka. 2015. Can Active Labor Market Policies Enhance the Suicide-Preventive Effect of Intimacy? A Dynamic Panel Analysis of 27 OECD Countries Including Japan and Korea, 1980 to 2007. Hiroshi Tarohmaru ed., *Labor Markets, Gender and Social Stratification in East Asia: A Global Perspective*. Leiden, Netherlands: Brill Academic Publishers, 112-39.
Stack, Steven. 1996. The effect of the media on suicide: Evidence from Japan, 1955-1985. *Suicide and Life-Threatening Behavior* 26(2):132-42.
StataCorp LP. 2015. xtabond: Arellano-Bond linear dynamic panel-data estimation.

Longitudinal-Data/Panel-Data Reference Manual Release 14（http://www.stata.com/manuals14/xtxtabond.pdf, 2015.12.1）.

Steinberg, Chad and Masato Nakane. 2012. *Can Women Save Japan?*（IMF Working Paper）（https://www.imf.org/external/pubs/cat/longres.aspx?sk=40048.0, 2015.12.1）.

Stuckler, David, Sanjay Basu, Marc Suhrcke, Adam Coutts, and Martin McKee. 2009. The public health effect of economic crises and alternative policy responses in Europe: An empirical analysis. *Lancet* 374：315-23.

The World Bank. 2015. *World Development Indicators*（http://databank.worldbank.org/data/reports.aspx?source=world-development-indicators, 2015.12.1）.

Todd, Emmanuel. 1990. *L'invention de l'Europe*. Paris: Éditions du Seuil.（＝1992/1993、石崎晴己・東松秀雄訳『新ヨーロッパ大全Ⅰ・Ⅱ』藤原書店。）

Todd, Emmanuel. 2011. *L'origine des systèmes familiaux, Tome 1: L'Eurasie*. Paris: Gallimard.

United Nations. 2013. *Demographic Yearbook*（http://unstats.un.org/unsd/demographic/products/dyb/dyb2013.htm, 2013.12.1）.

United Nations. 2014. *World Population Prospects: The 2012 Revision*（http://esa.un.org/unpd/wpp/index.htm, 2014.12.1）.

Weber, Max. 1920. Die protestantische Ethik und der «Geist» des Kapitalismus. *Gesammelte Aufsätze zur Religionssoziologie* 1：17-206.（＝1989、大塚久雄訳『プロテスタンティズムの倫理と資本主義の精神』岩波書店。）

Whiteford, Peter and Willem Adema. 2007. What Works Best in Reducing Child Poverty. *OECD Social, Employment and Migration Working Papers*（http://www.oecd.org/dataoecd/30/44/38227981.pdf, 2015.12.1）.

WHO. 2014. *Mortality Database*（Updated as of July 2014）（http://apps.who.int/healthinfo/statistics/mortality/whodpms/, 2014.12.1）.

Widmalm, Frida. 2001. Tax structure and growth: Are some taxes better than others? *Public Choice* 107：199-219.

Wooldridge, Jeffrey M. 2010. *Econometric Analysis of Cross Section and Panel Data. Second Edition*. Cambridge, MA: The MIT Press.

Yamaguchi, Shintaro. 2015. Family Policies and Female Employment in Japan（http://ssrn.com/abstract=2634281, 2016.3.1）.

Yay, Gülsün and Asuman Oktayer. 2009. Financial development and economic growth: A comparative analysis. *Romanian Journal of Economic Forecasting* 6(3)：56-74.

Yoon, Jangho and Tim A. Bruckner. 2009. Does deinstitutionalization increase suicide? *Health Services Research* 44(4)：1385-405.